KB218448

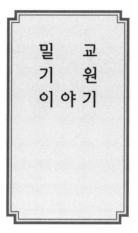

밀　교
기　원
이 야 기

밀교 기원 이야기

최종웅惠淨 지음

들어가며

이 글을 쓰는 것은 해탈에 목적이 있습니다. 교화문에서 수행하면서 설한 설법도 해탈을 위한 것이었습니다. 부처님의 가르침인 경전의 말씀으로 해탈과 열반과 성불이라는 용어가 있습니다. 수행하는 사람들이 성불을 목적하든 열반을 목적하든 그것과는 상관없이 나는 해탈을 위하여 서원하고 정진하였습니다. 사람으로 태어난 이 몸은 인과응보로 형성되어 있기 때문입니다. 인과응보의 몸은 육대로 구성되어 있으며, 불성이 주인입니다. 불성을 마음이라 하며, 마음은 곧 부처이며, 비로자나불입니다. 육대로 형성된 이 몸은 인연이 다하면 다시 오대로 흩어지게 되어있습니다. 흩어지기 전에 이 몸을 움직이게 하는 것이 마음입니다. 이 마음은 본래 무심無心으로 형상도 없고 볼 수도 없습니다. 이것이 비로자나불의 마음이라 하며, 밀교에서는 이법신理法身과 지법신智法身으로 표현합니다. 이법신은 무심 그대로 빛이라 하며, 지법신을 빛의 작용을 뜻합니다. 이법신에는 성불, 열반, 해탈을 구분할 수 없습니다. 지법신에서 해탈, 열반, 성불을 말하는 것입니다.

　　이제 빛으로 태어나 빛으로 살아가면서 빛의 여행을 떠나고

자 합니다. 인신난득人身難得이요 불법난봉佛法難逢이라. 사람 몸 받기 어려운데 사람으로 태어났으며, 부처님 법 만나기 어려운데 부처님 법까지 만났습니다. 그 한량 없는 은혜, 어떻게 하여야 보답할 수 있겠습니까? 부처님 법을 믿고 수행 정진할 뿐입니다. 부처님의 말씀을 옮긴 불경은 후세의 제자들이 규칙적인 교리로 결집하였습니다. 규칙적인 교리를 '불교의 생활화 생활의 불교화'로 수행하고 교화하는 도반을 찾아 함께 즐기고자 합니다.

중생의 자리에서 중생의 눈으로 보면, 비밀이란? 하늘이 비밀이요 땅이 비밀이며, 물이 비밀이요 불이 비밀이며, 바람이 비밀이요 구름이 비밀이며, 허공이 비밀이요 사람이 비밀이요 만물이 모두 비밀입니다. 이렇게 세상에는 비밀 아닌 것이 없습니다. 가르침 역시 비밀입니다. 하늘·땅·물·불·바람·허공·사람·만물들은 비밀의 진리를 서로서로 가르치고 배우고 있습니다. 그러면서도 아무도 그것을 비밀로 생각하지 않으며, 비밀로 가르치지도 않고 비밀로 배우지도 않는다고 생각합니다. 그러므로 누가 비밀을 가르치고 누가 비밀을 배운다고 말하겠습니까? 가르치고 배운다면 그것은 비밀이 아닙니다. 진정한 비밀은 아무도 가르치지 못하고 배우지 못하는 것입니다. 다만 마음으로 행동으로 말로 표현하고자 할 뿐입니다. 인류 역사의 흐름에는 주술시대가 있었고, 다음으로 종교시대로 흘러 지금은 과학시대에 이른 것입니다. 주술시대부터 비밀이 시작되었습니다. 이 세상의 태초가 비밀의 베일에 가리어있으면서 인류가 스스로 태초의 적응법을 배우면서 살아왔습니다. 이것이 밀교의 시작입니다.

밀교는 감추어진 것을 가르치는 말씀입니다. 본래부터 존재한 것을 알려주기 위하여 인간으로 자연으로 시간이 부처가 되어 가르침을 내리는 것입니다. 이것이 비밀로 가르침, 비밀을 가르침, 비밀의 가르침입니다. 본래부터 있는 것, 감춰져 있는 것, 숨어 있는 것을 행동으로 말로 표현하면 비밀은 사라지는 것입니다. 눈만 깜박여도 손만 올려도 발자국만 옮겨도 사라지는 것이 비밀입니다. 비밀은 아무런 작용이 없기에 세상에는 비밀은 없는 것입니다. 그러나 우리 주위에는 비밀의 가르침이 가득합니다. 우주 법계 태허공으로부터 마하비로자나불의 빛이 지구촌 허공에 비로자나불의 화신인 석가모니불로 출생합니다. 그 빛은 태허공의 밀교가 우리 주위에 나타날 때 자연 그대로, 비밀의 눈으로만 보고, 듣고, 말하면서 우리의 수준에 맞추어 전개됩니다. 이제 비밀 아닌 비밀을 6단계로 나누어 이야기하고자 합니다. 사람, 만물, 시간을 근본으로 하는 밀교장, 부처님을 이야기하는 법불장, 공존 공생의 공양장, 일상생활을 불교화하는 생활장, 진리를 이야기하는 교리장, 진언수행의 진언장으로 나눠 이야기 하고자 합니다.

현대를 살면서 용케도 태초로 돌아간 시간이 있었습니다. 높이를 알 수 없는 아름드리 두 그루 나무가 끝없이 가물거리는 허공을 받치고 있는 꿈을 얻었습니다. 끝이 보이지 않는 두 그루의 나무, 유난히도 큰 잎사귀 두 개가 내 손에 닿을 정도의 높이에 있었습니다. 나무의 끝을 보고자 고개 들고 위를 보았습니다. 그때 우렁차면서도 자상한 소리가 들렸습니다. 부탁의 말씀, 알림의 말씀이었습니다. 당황하여 꿈에서 깨어났습니다. 깨어났을 때는 기억하는듯하였는데 다시 잠들고 아침이 되면서 말씀의 내용이 기억나지 않았습니다. 다만 소리의 강약과 음성의 부드러움만 마음에 남았습니다. 그 후로 지금까지 화두가 되어 떠나지 않고 함께 살아왔습니다. 두 그루의 기둥을 보고 생각하고 큰 잎사귀를 보고 생각하고 하늘 높이 솟은 끝없는 허공을 보면서 생각하고 생각하였습니다. 무엇을 하여도 그때의 상황에서 떠날 수 없었습니다. 지금도 그 꿈에 파묻혀 살아가고 있습니다. 문제의 해결도 못 하면서 말입니다.

그러던 중에 마음의 무거운 짐을 벗어보고자 기회가 있어 2011년도부터 4년간 《법의 향기》에 비밀의 이야기를 실었습니다. 이것이 꿈의 내용은 아닙니다. 밀교의 이야기를 하면서 화두를 파해보고자 하는 마음이었습니다. 이제 그때의 글을 수정하고 보완하며 다시 편집한 것입니다. 밀교에 관하여는 많은 분들의 주옥같은 말씀의 글이 있습니다. 제가 제일 먼저 본 후기밀교에 관한 부분, 그리고 역사적인 부분, 교리적인 부분, 경전의 유통사와 인물사 등을 보았습니다. 지금 쓰는 이 글은 그분들의 해박한 지식에 미치지는 못합니다. 그러므로 문장이 서투르고 이해가 가지 않는 부분이 많으리라 생각합니다. 넓은 마음으로 보아주시고, 진언수행 부분이나 풀리지 않는 부분이 있으시면 가까운 심인당을 찾아 큰 스승님들과 법담을 나누시기 바랍니다. 그리고 이 이야기는 역사물이 아닙니다. 역사물은 정확한 일들을 기록한 것이지만, 이것은 필자의 생각이며, 자연의 이야기입니다. 스스로 경험한 부분을 엮은 것이므로 잘못된 부분이 많을 것으로 생각됩니다. 모든 것을 수행이 부족하고 시야가 좁은 허물이 있음을 이해해 주기 바랄 뿐입니다. 끝으로 고마움의 인사를 지면으로 합니다. 불교에 입문시키고 공부하고 수행하도록 모든 것을 제공하고 베풂을 주신 각 분야의 스승님들께 합장으로 예를 합니다. 다음으로 저를 알고 있는 모든 분들께도 합장합니다. 그리고 집안일에 무관심한 나를 웃음으로 한평생 함께하면서 이해해 준 전수님 고맙습니다. 다음으로 모은 글을 실어준《법의 향기》편집자분과 한 권의 책으로 엮어준 올리브그린 오종욱 대표님과 출판사 임직원 모두에게 고맙다는 인사를 드립니다. 끝으로 이 글을 읽으시는 모든 분들 세세생생 불법의 인연을 맺고 구경에는 성불하기를 비로자나불 전에 서원하며 합장 올립니다.

2020년 가을 보정동 행원마을에서

최종웅惠淨 합장

목차

밀교장

제1화

출생과 창조의 의미

빛을 찾는 여행이 시작된다. 다 함께 도반이 되어 빛을 찾는 긴 여행을 떠나보자. 빛이 나타난다. 진리의 빛이 나타난다. 마음의 빛이 나타난다. 불의 빛이 나타난다. 출생과 창조의 빛이 나타난다. 출생과 창조는 다르다. 창조는 신으로부터 시작되지만, 출생은 나로부터 시작이 된다. 신으로부터 시작된다는 것은 의뢰하는 관계이며 종속적 관계요, 나로부터 시작된다는 것은 자주적이며 수평적이다. 유일신唯一神을 믿는 사람은 창조신을 믿는 것이요, 다신사상多神思想을 가진 자는 자신이 세상의 주인이 될 수 있음을 믿는다. 창조주는 만물을 만들어 놓고 신神만이 즐기는 것이며, 다신을 믿는 자는 자신이 만물을 만들고 자신이 만물과 함께 즐기는 것이다. 창조는 만물이 창조주를 닮아서 한결같고, 자신 출생을 믿는 자는 만물이 자신을 닮아 다양한 모습이다. 창조주는 자기가 만든 것이기에 절대복종을 강요하며, 복종하지 않으면 벌을 주고, 뜻에 맞지 않으면 멸망시킨다. 창조주와 믿는 자의 관계는 종속관계이기에 창조주를 믿는 사람은 절대로 신이 될 수 없다. 출생을 믿는 사람은 자신이 곧 신이 될 수도 있다. 부처님은 우리 자신으로부터 만물이 출생한다는 것을 가르친다. 이 가르침은 누구나 다 신이 될 수 있다는 다신사상으로서 믿고 수행을 하면 수행자도 부처가 될 수 있음을 가르친다. 불교에서 말하는 번뇌즉보리煩惱卽菩提 중생즉불衆生卽佛이라는 말들은 모두 출생을 강조하는 의미로 설하는 것이다.

　　　　우리는 신이 만든 것이 아니다. 자신이 만들어가는 것이다. 불교 이외의 교를 믿는 사람들은 모든 것은 신이 만든다고 생각한다. 즉 신이 '빛이 있어라!' 하니 빛이 있고, '물이 있어라!' 하니 물이 있고, '땅과 식물이 있어라!' 하니 땅과 식물이 있고, '달과 해가 있어라!' 하니 해와 달이 있고, '조류와 어류가 있어라!' 하니 조류와 어류가 있고, '육지와 동물이 있어라!' 하니 육지와 동물이 있다. 사람도 신을 닮도록 흙으로 만들어 신이 정기를 불어넣어 된 것이라고 주장한다. 출생은 이와 다르다. 나 자신의 빛의 작용으로 하늘·땅·바다·물·불·만물이 형성된다. 이렇게 형성된 것은 모두 자신의 마음을 닮아 만들어지는 것이다. 즉 나의 마음이 둥글면 둥근 물건들이 형성되어 주위에 모여들고, 나의 마음이 네모나면 네모난 물건들이 만들어져 나의 주위에 모여들며, 나의 마음이 넓으면 넓은 것이 나의 주위에 모여들고, 나의 마음이 좁으면 좁은 것이 나의 주위에 모여들고, 나의 마음이 얕으면 얕은 것이 나의 주위에 모여들고, 나의 마음이 깊으면 깊은 것이 나의 주위에 모여든다. 이같이 우리는 각각의 마음을 가지고 있기에 다양한 만물이 출생하는 것이다. 이것이 인연따라 만들어진 업業이라 한다. 그러므로 우리들의 몸을 빛의 업신業身이라 하는 것이다. 싯다르타 태자가 출생할 때 일곱 발자국을 걸은 후 '천상천하 유아독존天上天下 唯我獨尊'이라 한 것도 자신이 곧 우주 법계 만물의 빛의 주인공임을 선언한 모습이다.

창조이든 출생이든 모두 빛으로부터 시작한다는 것은 같다. 출생에 관하여 알아보면, 출생을 밝힌 경이 《금강정유가삼십칠존출생의》이다. 진리의 공능[理法身]과 지혜의 공능[智法身]을 지닌 비로자나불은 우리의 원에 따라 지법신으로 출생하여 우리에게 부처와 동등함을 가르친다. 가르침의 대표적인 부처가 청정 법신 비로자나불이며 지법신이다. 지법신인 비로자나불이 우리를 교화하기 위하여 동서남북 4방으로 4불을 출생시킨다. 4불은 출생의 보답으로 4바라밀을 출생시켜 지법신에 공양한다. 비로자나불은 다시 4바라밀을 공양 받은 보답으로 사방불에게 각각 4보살을 출생시킨다. 이분이 16대보살이다. 4불은 4보살을 출생 받은 보답으로 내4공양과 외4공양보살을 출생시켜 비로자나불에 공양한다. 비로자나불은 8공양보살을 받은 뒤 다시 4불에게 각각의 공능을 지닌 4섭지보살을 출생시켜 교화를 돕도록 한다. 비로자나불이 첫째 4불을 출생한 것은 불의 진리를 표현하는 것이요, 두 번째 16대보살을 출생하는 것은 법의 이치를 말하는 것이며, 셋째 4섭지를 출생함은 승의 교화를 뜻하는 것이다. 그러므로 우리는 불의 진리와 법의 이치를 쉽게 깨닫게 하고자 비로자나불이 베푼 자비의 출생이므로 비로자나불로부터 직접 교화를 받게 되는 것이나 다름없다. 이로써 비로자나불과 4불의 상호공양은 불과 중생이 동등함을 누릴 수 있는 윤원구족의 37존 만다라 세계가 이룩된다. 37존 만다라의 근본이 9회 금강계만다라로 중앙 성신회만다라이다. 성신회는 1,061존의 권속으로 구성되어 있다.

비로자나불의 37존 출생의미는 만물 형성을 공덕과 공양으로 불격화佛格化하고, 인격화人格化하여 펼쳐놓은 만다라이다. 이 만다라에 귀명한다는 것은 우리의 자성도 본래부터 비로자나불이 지닌 이법신과 지법신의 공능에 귀명하는 것이 된다. 자신이 곧 부처임을 실감하지 못하는 것은 중생심에 가리어서 보지 못하고 알지 못하기 때문이다. 이제 가려진 천막을 제거하기 위하여 비로자나불에 귀명하고 지덕智德을 찬탄하며 자성 찾는 참회의 예를 하는 것이다. 이것이 출생의 비밀법으로 권위를 세우는 창조가 아니라, 불과 중생이 동등함을 표하는 것이다. 비로자나불의 이법신은 본래 출생이 없다. 이법신에서 지법신으로 가지加持를 받음으로 출생이 시작된다. 윤회, 해탈, 열반, 성불도 이법신에는 없다. 모두 지법신에서 시작되고 회향 되는 것이다.

37존의 불보살은 곧 중생의 본존이요, 중생의 37종 서원誓願이며, 중생의 37종 공덕이요, 중생의 37종 해탈이며, 중생의 37종 열반이요, 중생의 37종 성불이며, 중생의 37종 방편이다. 37존의 출처를 구체적으로 밝히는 것이 《금강정경》이다. 이렇게 출생한 삼라만상의 주인공은 나 자신이다. 내가 있으므로 네가 있고, 내가 있으므로 이웃이 있으며, 내가 있으므로 만물이 존재하는 것이다. 나와 삼라만상은 비로자나불의 본체에서 출생한 법계이다. 창조가 아닌 출생의 법을 믿고, 좋고 바르고 밝은 것을 다시 출생시켜 윤원구족의 만다라를 만들어 불보살처럼 살도록 해야 할 것이다.

빛의 해탈을 얻기를!

제2화

인간 기원론

빛을 나눈다. 인간의 기원은 각 지역과 인종마다 다르게 신화로 꾸며져 나눈다. 시작의 시기는 언제부터인지는 모른다. 그냥 아득한 옛날, 모든 것이 뒤섞여 있는 혼돈한 때라고만 한다. 서양과 동양의 인간 기원의 성격이 다르다. 그리스 신화에서 혼돈의 시절에 대지의 신과 하늘의 신에서 12티탄과 3종의 거인이 태어나고, 다시 대지의 신이 티탄과 결합하여 제우스와 형제들이 태어난다. 신 중에 프로메데우스는 남자를, 제우스는 흙으로 여자를 만들고, 에피메테우스는 여러 종류의 동물들을 만든다. 이것이 그리스 인간의 기원이다.

　　　유일신의 천지창조도 이것과 비슷하게 흙으로 인간을 만들어졌다고 전한다. 노르웨이는 최초의 생명체인 서리霜 거인이 이미르의 몸을 만들었고, 죽은 물푸레나무 두 그루에서 인간을 탄생했다는 설화가 전해진다. 서양의 인간 기원은 신들의 적자생존適者生存 법칙 아래 이용을 목적으로 만들어진 것에 비하여 동양은 이와 다르다. 신 자신이 자연과 하나로 공존하면서 어느 날 빛을 잃고 대지에 머물면서 인간이 된 것이다. 중국과 한국 등의 인간 기원에서 중국은 그 옛날 하늘과 땅이 아직 형성되지 않고 혼돈의 상像만 있었으며, 고요하고 아득하고 어두워서 그 문을 알 수 없었다. 두 신神이 함께 섞여 하나의 하늘과 땅이 되었다. 하늘과 땅은 매우 크고 깊었다. 이것이 다시 둘로 나누어 음양陰陽이 되었고, 다시 나누고 나누어 팔괘八卦가 되었으며, 단단한 것과 부드러운 것이 어울려 만물을 만들면서 거칠고 탁한 기운은 벌레가 되고, 부드럽고 맑은 기운은 사람이 되었다. 이것이 중국의 인간 기원이다.

　　　일본은 그 옛날 하늘과 땅이 갈리지 아니하여, 음양이 나누어지지 않을 때 계란처럼 혼돈하였고 흐릿한 가운데 형상의 싹이 포함되어 있었다. 맑고 양기陽氣 있는 것은 엷고 정묘精妙하여 가벼이 상승하여 먼저 하늘이 이루어지고, 무겁고 탁하고 견고한 것은 당기고 엉켜 후에 땅이 되었다. 물 위에서 움직이는 모습이 마치 고기가 물 위에 떠도는 것과 같았다. 이때 천지 가운데 일물一物이 생겼다. 마치 갈대의 싹과 같다가 문득 신神으로 변하였다. 이것이 일본의 시조신 국상입존國常立尊이다. 그의 뒤를 이어 국협추존國狹槌尊, 풍짐순존豊斟淳尊의 삼신으로 이어지는 사이에 건도乾道가 혼자 사내아이를 낳았다. 다시 뒤를 니토자존埿土煮尊, 사토자존沙土煮尊, 대호지도존大戸之道尊, 대점변존大苫邊尊, 면족존面足尊과 황근존惶根尊, 이자나기 노미고도伊裝諾尊와 이자나미 노미고도伊裝冉尊이다. 이상의 건도의 8신이 섞여 남녀를 출생시켰다. 이것이 일본의 인간 기원이다.

　　　한국은 환인桓因=神性의 서자 환웅桓雄=神性+人性이 인간 세상을 다스리고자 하여 천부인거울, 방울, 劍 3개와 무리 3,000을 거느리고 태백산 꼭대기 신단수 아래로 내려온다. 환웅천왕은 인간이 되겠다는 곰과 호랑이에게 100일간 동굴에서 햇빛을 보지 말고 쑥艾과 마늘蒜을 먹으면서 살도록 하였다. 호랑이는 참지 못하여 굴 밖으로 나가고 곰은 3·7일간을 참아 사람이 되었다. 웅녀熊女이다. 환웅은 사람으로 변하여 웅녀와 동침하여 단군왕검[人性]을 낳았다. 한국의 인간 기원이다. 그리고 후대에 내려오면서 나라를 세운 사람들은 알에서 태어났다고 한다. 고구려를 세운 주몽은 해모수解慕漱와 하백河伯의 딸 유화柳花부인 사이에 자주 빛갈 알로 태어났고, 신라를 건국왕 박혁거세는 양산 밑 나정羅井에 백마白馬가 품은 자주 빛갈 알[紫卵]이었으며, 석탈해는 용성국 함달파왕과 적여국왕의 딸 사이에 알로 태어나 신라로 왔고, 김알지金閼智도 월성 서쪽 계림의 나뭇가지에 황금 궤짝 속의 황금알로 나타났으며, 가락국의 수로왕金首露王도 하늘에서 내려온 자주 빛갈 여섯 개의 알을 구지봉에서 받아 사람이 된 것이다. 그 가운데 가장 먼저 된 것이 금관가야의 수로왕이며 나머지도 모두 왕이 되어 육가야가 건국되었다.

　　　　해모수의 해는 하늘의 태양을 뜻하며, 단군 중에 한 분을 해모수로 하여 주몽이 태어난다. 곧 단군의 아들로 고구려를 세운다. 변한의 육 촌장의 시조들도 하늘에서 내려왔다. 순박하고 평화로운 이 땅에 강한 힘을 지닌 혁거세에게 통치권을 맡긴 것이며, 알영부인도 이 땅에 오기 전에 만날 것을 약속한 부인이다. 석탈해는 지혜로 신라의 권세가 호공瓠公의 집을 빼앗고 왕이 되며, 김알지는 가지고 온 많은 황금의 힘으로 후손이 왕이 된다. 신라의 왕릉에서 금관이 출토되는 능은 김씨 왕릉뿐임을 보아도 알 수 있다. 가야의 수로왕이 먼저 들어와 나라를 세웠다. 왕비를 맞이하지 않고 약속한 여인을 기다려 남쪽 바다에서 맞이하여 왕비로 삼았다. 그리고 이름을 허황옥이라 하였다. 이것은 수로왕이 무슨 이유인지 고향을 떠날 때 함께 떠나지 못하고 훗날 정착한 연후에 만날 것을 약속한 것으로 보인다. 왕비의 성을 허씨許氏로 한 것은 불전에서 말로 한 약속을 지켰다[言+午]는 표식이다. 10명의 아들 중에 7명[午=地支기]을 출가시킨 것을 보아도 알 수 있다. 고주몽, 박혁거세, 석탈해, 김알지, 김수로왕은 모두 정치적 문제로 고향을 떠나 정착할 곳을 찾아[移住]온 분들이다. 굴러온 돌이 박힌 돌을 뽑는다는 속담과 같은 것이다. 고구려는 단군의 후손이요, 신라의 육촌장 후손들도 이 땅의 본토박이다. 한국의 국호 속에 백제나 신라라는 이름으로 이어지지 않고 단군의 고조선의 이름으로 이어지는 고구려, 고려, 조선이란 이름으로 연결된 것을 보아도 알 수 있다. 특히 신라와 가야의 통치자는 이 땅의 살던 사람이 아니다. 불교를 믿는 어느 나라유목민? 부여? 월지국? 흉노족?에서 온 사람들이다. 알이란 둥근 것으로 굴러왔다는 뜻도 된다. 국호를 신라, 가야라는 이름에서 알 수 있다. 순박한 백성들로부터 알은 곧 하늘이며, 강한 힘을 지님도 하늘이며, 태양 빛과 같은 황금을 하늘로 생각하여 추앙 받게 되면서 신라는 박힘·석[智智]·김[黃金] 삼성三姓이 연합하여 통치한 나라이다. 그리고 이 땅의 주인인 육촌장의 후손들은 높은 벼슬을 주지 않고 6두품까지만 오를 수 있도록 골품제도로 운영하였다. 이러한 통치를 할 수 있었던 가장 큰 힘은 황금에 있었다. 농경민은 땅을 소중히 생각하지만, 유목민은 이주하기 편한 보석과 황금을 소중하게 생각한다. 대륙과 동아시아에서 정치적으로 권력에서 밀려난 사람들이 해상을 통해 신라나 가야국에 들어온 사람은 같은 씨족으로 생각된다. 모두 들어오면서 황금黃金을 가지고 온 것이다. 초기 김씨 왕릉에서만 발굴된 금관이 이것을 말해주고 있다.

인도도 황금색 우주 알의 신화가 있다. 1,000년 동안 물 위를 떠다니고 있던 황금빛의 알이 어느 날 깨어져 천개의 머리와 천개의 눈과 천개의 다리를 가진 거인으로 생성하여 불사不死로 우주와 일체가 되었다. 불[火]로써 모든 죄악을 다스리기 때문에 푸루샤purusa라 불렸다. 푸루샤는 자신을 둘로 갈라 반쪽은 남성 반쪽은 여성으로 만들었다. 푸루샤의 부인이 된 여성은 인류라는 자손을 낳았다. 그 후 자신이 외로움을 느낀 푸루샤는 자신의 반쪽인 부인 비라즈Viraj와 결합하였다. 결합된 이들은 소·말·당나귀·양·개미 등의 동물들의 모습을 띠었다. 그리고 그들은 각각의 자손들을 낳았다. 신들이 푸루샤를 희생수犧牲獸로 제식祭式을 행할 때 사성계급카스트이 푸루샤에서 나왔다. 입에서 브라만 계급이 태어나고, 양 팔목에서 왕족찰제리 계급이 태어나고, 두 눈에서 서민바이샤이 태어나고, 그의 양발에서 노예수트라가 태어났다. 태양은 그의 눈에서 생기고, 달은 그의 심장에서 생기고, 인드라와 아그니는 입에서 태어나고, 바람의 신인 바유vāyu는 그의 호흡에서 생겨나고, 그의 배꼽에서 허공이 생기고, 머리에서 천계天界가 생기고, 발에서 지계地界가 생기고, 귀에서 방위가 생겨났다. 이같이 인도의 힌두 신화는 창조의 신, 브라마다크샤, 보존의 신 비슈누, 창조와 파괴의 신 시바와 인간은 일체이며, 세상의 자연, 시간, 인간, 만물과 생명 있는 모든 것까지 신으로 인증하므로 3억3천만의 신이 있고 한다.《중아함경》에 부처님과 바사파의 대화에 인간의 출생이 나타나 있다.

"상당히 먼 옛날, 세계가 수미산을 중심으로 회전하고 있었다. 회전의 가장 깊은 곳이 허공륜虛空輪이며, 다음으로 풍륜風輪이며, 다음으로 수륜水輪이며, 마지막이 금륜金輪=大地이다. 그 회전 가운데 금륜의 생물체는 모두 광음천光音天에서 내려왔다. 내려온 생명체[天神]는 광음천처럼 스스로 광명이 나서 공중을 날아다녔다. 그들은 뜻으로 이루어진 몸으로써 기쁨을 먹고 살면서 말을 할 때도 소리 없이 입으로 빛을 내어 말하였다. 그때의 세계는 혼돈으로 물뿐이요. 어두움뿐이며, 태양도 달도 별도 빛나지 않고 주야도 년 월 일도 없었다. 세상이 어두웠지만, 몸에서 나는 빛이 있어 어둠을 모르고 살았다. 남자와 여자의 구별 없이 다만 중생이라고 하였다.

때가 얼마 지나지 않아 금륜의 표면에 감로지甘露池가 떠 올랐다. 감로지의 물은 겉은 우유와 같이 향기가 나면서 생소生酥나 유락乳酪의 빛을 가지고 있었다. 그 맛은 꿀과 같은 단맛이었다. 중생들은 허공을 날다가 땅에 내려와 꿀맛 같은 감로지甘露池를 마셨다. 중생들은 감로지를 마시면서 몸이 점점 무거워지면서 신통력을 잃게 되었다. 이로부터 중생의 신체에는 광명이 사라졌다. 그 광명은 태양과 달과 별로 나타났으며, 주야가 나누어지고 일·월·년이 정하여지는 시간의 세계까지 생겼다. 감로지를 마시는 중에 빛이 사라지면서 집착이 생겼다. 중생의 집착 기운으로 감로지 물은 응고가 되었다. 중생들은 환약처럼 만들어 먹었다. 중생들의 집착이 짙어지면서 이끼처럼 그 무엇인가가 생기기 시작하였다. 이것이 지초芝草이다.

중생들은 광음천으로 돌아가지 못하고 긴 세월을 이 땅에 머물며 지초를 먹고 사는 가운데 몸이 더 무거워지면서 신체의 변화가 나타나 아름답고 추한 분별이 생겼다. 아름다운 사람은 추한 사람을 차별하면서 교만이 생겼다. 교만이 치성하면서 감로의 못은 없어졌다. 중생들은 모여서 "아 감로여! 감로여!" 하며 울면서 슬퍼하였다. 감로지와 지초가 없어진 후 땅은 마치 뱀의 껍질처럼 되었다. 세월이 지나면서 뱀 껍질 같은 땅거죽도 없어지면서 새로운 만초蔓草가 나타났다. 다시 넝쿨의 만초가 없어지고 멥쌀이 나타났다. 중생들은 지초를 대신하여 멥쌀을 먹었다. 멥쌀의 알곡을 먹으면서 점차 물욕物欲이 생기고, 아름답고 추한 것이 완연하게 나타나면서 남녀로 구별이 생기면서 성욕도 생기기 시작하였다."

이것이 인간의 기원이다. 인도는 인간의 기원으로 이어진 것이 수도자와 권력자와 농공인과 노예로 나누어지는 사성의 계급이 만들어졌다. 사성 계급제도가 가장 치성할 때 석가모니부처님이 출생하셨다.

법신 비로자나불의 가지加持로 화신 석가모니불이 이 땅에 오신 것은 빛을 잃고 윤회의 바다에서 고통받는 중생을 위하여 본래의 빛을 찾아주고자 오신 것이다. 부처님은 신의 창조와 스스로 출생과는 다름을 전하였다. 유일의 창조신은 당신이 만든 것이기에 뜻에 맞지 않으면 언제든지 벌을 주고 파괴할 수 있다. 그러나 자연 출생한 생명은 언제든지 다시 자연으로 돌아갈 수 있음을 밝혔다. 빛을 되찾기만 하면 본래로 돌아가는 것이다. 우리는 스스로 변화하여 출생한 생명이기 때문에 소중하게 생각하며 존중하게 다스린다. 그러므로 중국의 음양신陰陽神, 일본의 태양과 달, 한국의 환인 환웅 단군성조는 오로지 생명을 존중하며 널리 이익을 주는 홍익인간弘益人間하는 신身들이다. 부처님은 출생하실 때 선언하였다. "삼계가 다 고통스러우니, 내가 마땅히 그들을 편안하게 하리라[三界皆苦 我當安之]." 하였다. 비록 업業따라 고통을 받고 있지만, 본래 성품은 착하고 밝고 청정한 몸이었다. 땅에서 나는 음식을 먹으면서 몸이 점점 무거워지고 탐욕이 생겼났던 것이다.

　　　잠시 혼돈으로 빛을 잃은 인간이므로 다시 빛을 찾도록 인도하는 것이다. 빛을 찾을 동안 이로움을 주는 것이 홍익인간의 법이다. 단군의 홍익인간의 참뜻과 부처님의 자비를 바탕으로 본래면목을 찾기 위하여 수행하는 것이다. 자비심은 일상생활에서 자기만을 생각하는 탐심을 버리고 널리 베푸는 마음을 갖는 것이요, 성내는 마음을 버리고 화합하는 마음으로 내가 먼저 하심下心하는 것이며, 거짓말하지 않고 진실한 말만 하는 것이요, 어리석음 마음을 버리고 인과를 믿는 것이다. 이제 모든 것은 자신이 하기에 달렸다. 정법을 실천하면 곧바로 삼독심을 제거하여 본래 법신의 자리로 환원해 가는 빛을 가지게 될 것이다.

　　　　　　　　　　　　　　　　빛의 해탈을 얻기를!

제3화

밀교의 기원

인류가 있으면, 삶이 있고, 삶은 곧 생활문화이며, 생활문화는 시간의 흐름에서 자리한다, 이것이 역사가 되며, 역사는 흐름을 믿는 신앙이요 종교이다. 모든 종교의 근원은 밀교이다. 그러므로 인간의 삶 자체가 밀교이다.

밀교는 비밀의 가르침이다. 비밀에는 두 가지가 있다. 자연적 비밀과 약속된 비밀이다. 자연적 비밀에 다시 두 가지가 있다. 보이지 않는 태초의 비밀로 영원한 비밀과 보이는 자연의 비밀로 언젠가는 판명이 나는 비밀이다. 약속된 비밀은 방편적 비밀로 실지로는 비밀이 아니다. 예를 들면, "이것은 비밀입니다. 누구에게도 어떠한 상황에서도 말하지 말고 비밀을 지킵시다."라고 한 말은 이미 비밀이 아니다. 입으로 말하는 순간 비밀 자체가 성립되지 않는 것이다. 약속된 비밀은 언제든지 파기된다. 얼마의 시간 동안만 비밀이 유지되는 것이다.

보이는 자연적 비밀이란 봄·여름·가을·겨울·시간·공간 등이다. 이 비밀은 과학으로 판명이 가능한 비밀이다. 예를 들면, 벚나무에는 벚꽃이 핀다. 벚꽃만 피우는 벚나무의 꽃은 씨앗에도 없고 가지에도 없고 잎에도 존재하지 않는다. 이것이 자연이 품고 있는 비밀이다. 그러나 유심히 살펴보면, 꽃이 피는 원인을 알 수 있으므로 영원한 비밀은 아니다. 영원한 비밀을 신이라 하고 진리라 하고 비로자나불이라 한다. 중생은 비로자나불에서 떨어져 나왔다. 언제 어떻게 무슨 방법으로 나왔는지 모른다. 이것이 비밀이다. 이 비밀을 가르치기 위하여 법신이 보신으로 화신으로 출현하여 자연에 존재하고 진리에 머물면서 우리들로 하여금 일상생활에서 스스로 비밀을 증득하게 가르치는 것이 밀교이다. 모든 종교도 신의 가르침 속에 비밀의 가르침이 있다. 그러므로 불교만 밀승이 있는 것이 아니라, 모든 종교에도 비밀의 성직자가 있다.

밀교의 기원은 인류가 존재하는 그 시간부터 시작된다. 그것은 인류 존재 자체가 비밀이기 때문이다. 태초의 모습이 비밀이요, 태초 인간의 출생이 비밀이며, 출생 방법이 비밀이요, 출생 시기가 비밀이며, 출생 장소가 비밀이다. 인류만 비밀로 이루어진 것이 아니다. 자연도 비밀이요 시간도 비밀이며 공간도 비밀이다. 모두가 비밀이기 때문에 생존 그 자체가 비밀이 되는 것이다. 그러므로 비밀의 삶을 비밀에 의하여 존속하면서 신에 의지하고 비밀의 주술에 의지하여 숭배하고 희생하고 제사하고 기도하면서 풍습이 되고 문화가 되어 여기까지 흘러온 것이다. 태초에는 신의 대리자가 있었다. 샤머니즘shamanism이며, 토테미즘totemism인 일을 하는 대리자가 있었다. 그 대리자는 비밀의 빛을 찾는 인간이며 이것이 종교의 시작이다.

밀교는 빛을 찾는 가르침이다. 인간이 이 땅에 살아온 모습은 태초 주술시대, 신을 정리한 종교 시대, 문명이 발달한 과학 시대로 나눌 수 있다. 흔히 주술시대와 종교 시대를 하나로 묶어 종교 시대라 부르기도 한다. 주술시대는 언어가 명확하지 않았다. 모든 것은 빛에 의하여 눈으로 보는 것이 최고의 방법이었다. 빛 다음으로 소리, 소리 다음으로 자연의 형상을 그림으로 표현하였다. 빛 ⇔ 소리 ⇔ 그림 ⇔ 문자로 상호 의존하면서 이어진 것이다. 빛의 신을 향한 주술이 최고의 소리였다. 싯다르타 태자가 보리수 아래에서 깨달음을 얻었을 때 긍정의 첫소리가 '옴'이듯 마음에 울려 나오는 소리로 천신과 대화를 나눈 것이 비밀의 소리였다. 일상에서 무엇을 보거나 경험할 때 그리고 그것을 긍정하거나 옳다고 생각할 때 자연스럽게 나오는 소리가 '음 -', '오 -', '아하 -' 그리고 고개 끄덕임이다. 이것이 주술이며, 비밀이 아닌 비밀의 언어로 밀교의 기원이 되는 것이다. 그러므로 밀교의 기원은 빛을 나누어 가진 인류 출생과 함께 시작된 것이다.

어느 민족도 마찬가지이지만, 그 가운데 불교의 발상지 인도印度의 밀교 역사는 잠재적으로는 무한히 소급할 수 있다. 아리안족이 들어오기 이전부터 밀교적 경향이 있었다. 사람에게는 천성적으로 무엇인가 무한한 신비력에 매달리고자 하는 마음이 있다. 이것이 밀교를 형성하게 하는 원인이 되는 것이다. 태초의 사람은 완전한 자아가 발견되지 못해서 무엇인가 부족하고 두려워하는 것에서 어디엔가 의지하려고 하는 마음이 있었다. 이로써 신비적인 힘을 가지고 있을 것으로 생각하는 주술이 형성되는 것이다. 이것이 자연 발생한 밀교이다. 그러나 밀교를 주술에서만 찾는 것은 아니다. 형식화된 언어 이전에 행위의 주술이 먼저 있었다. 인도에서 가장 오래된 인더스문명에서 초자연적인 힘을 가지고 있다고 믿는 주술과 의례의 기도를 하였다. 선주민인 드라

비다dravida족과 문다Muṇḍa족이 사용한 생산 활동에 직접적인 주술과 의례를 계승하면서 리그베다B.C. 1200시기에 많은 신들이 나타나게 된다. 그 후 아타르바베다Atharva-veda시대에 정리가 되면서 치병治病·장수長壽·속죄贖罪·증익增益·화합和合·조복調伏 등이 있었다. 이것이 훗날 불교에 접목되면서 제신들은 만다라 권속으로, 주술은 진언Mantra으로 이어졌다. 7세기경 기도법으로는 식재·증익·조복의 《대일경》과 《소실지경》 계통으로, 경애·구소는 《금강정경》 계통에서 정리되어 발전하게 되었다.

　　　불교 내에서 밀교가 구체적으로 나타난 것은 초기 근본불교에서 상좌부와 대중부의 근본 분열과 20여 부파로 나누어지는 지말 분열을 거치면서 대중부에서 대승불교사상이 나타나고, 대승불교에서 밀교가 자연스럽게 형성된다. 상좌부가 부처님 당시의 법을 지킬 때, 시대와 사람에 맞는 가르침으로 승화시키고자 힘쓴 것이 대중부이다. 대중부는 다시 근기에 맞는 가르침을 펴는 보살들이 출현하는 대승사상으로 자리하게 되었다. 이로써 석가모니불을 더욱 위대하게 되면서 가르침의 폭 또한 넓어져서 많은 경전이 정리되고 논서들이 저술되었다. 그리고 한 걸음 더 나아가 부처님의 법은 보살만이 가르치는 것이 아니라, 일체 만물도 부처의 가지 원력을 받으면 언제든지 법을 설할 수 있다는 밀교가 발생하게 된 것이다. 석가세존이 곧 빛의 법신인 비로자나불의 뿌리에서 화신의 꽃이라면, 대승의 보살들은 열매이다. 이 대승의 열매가 다시 본래의 씨앗이 되어 스스로 씨 뿌리고 가꾸어 열매 맺어 밀교가 탄생한 것이다. 대승불교와 밀교는 연꽃의 화과동성花果同成과 같은 이치이다. 부처님의 가르침은 사람에게만 한정된 것이 아니다. 이 세상의 모든 만물은 모두 부처님의 가지 원력을 받은 불력佛力으로 존재한다는 것이 밀교이다. 이것은 법신불의 가지加持에 의한 밀교의 가르침으로 정착된다는 뜻이다.

　　　　　인도에서 이웃 나라로 불교가 전래되는 과정에서도 밀교가 먼저 전래된다. 중생의 믿음은 재앙을 사라지게 하고 안락함을 구한다면 그것이 밀교이다. 용수가 8종의 조사가 된 것은 현교가 밀교요 밀교가 현교이기 때문이다. 용수는 한 사람인데 용수의 마음은 한마음인데 어찌 8종으로 나눌 수 있겠는가? 시간따라 장소따라 사람따라 설법의 내용이 다를 뿐이다. 그러므로 "체험이 곧 법문이요 사실이 곧 경전이라." 진각성존이 말씀하였다. 불교는 선각자나 학자들에 의하여 체계적으로 발달하여 밀교의 기본이 나오게 된 것이 아니라, 자연 그대로의 모습, 그 자체가 바로 밀교요, 석가요, 법신이요, 진각성존이요, 우리들 자신임을 알게 하는 것이다. 이러한 밀교가 불교적으로 가장 먼저 형성된 곳은 인도가 아닌 사자국스리랑카이다.

　　　　　　　　빛의 해탈을 얻기를!

제4화

밀교를 태동胎動한 사자국

사자국스리랑카에 처음 불교가 전해진 것은 B.C. 3세기 중엽에 마힌다 장로에 의하여 전해진 상좌부계통의 불교이다. 상좌부에서 개혁성의 대중부가 분리된다. 대중부가 활발하게 움직인 결과 B.C. 2세기에 밀교가 자연스럽게 태동하여 대중부와 함께 왕성하다가 1세기에 대중부가 몰락하고 다시 상좌부가 일어나면서 밀교와 대중부는 남인도로 옮겨 대승불교로 자리한다. 스리랑카에서는 2세기에 대승불교의 그늘에서 다시 발달하게 된다. 그 영향을 얻은 남인도에서는 7세기에 《금강정경》과 《대일경》이 성립되고, 양대경이 중국으로 전래하여 그곳에서 번역되면서 밀교가 흥왕한다. 그러나 밀교의 진수는 역시 스리랑카에 있다. 그러므로 중국에 밀법을 전한 금강지가 스리랑카로 가기를 원하였으나 뜻을 이루지 못하였다. 제자인 불공삼장이 스승의 원에 따라 스리랑카로 건너가 관정을 받게 되는 것도 이러한 맥락이다. 진각밀교의 근원이 되는 육자진언이 나오는 《대승장엄보왕경》의 결집 처도 사자국이다. 당시 사자국의 밀교는 아직 체계화되지 않는 밀교였다. 2세기 남인도 나가르주나에서 용수보살에 의하여 《화엄경》, 《대일경》, 《금강정경》

이 함께 정리되고 6세기 인도 나란다대학을 거쳐 7세기경 중국에서 한역하면서 체계화된 밀교로 발전하게 되었다.

　　　스리랑카 불교와 밀교를 알아본다. B.C. 5세기 말 북인도 아리안 계통의 싱할라족Sinhalese인 위제야Vijaya 왕자가 700여명의 일행과 함께 바다 건너 사자국 북부에 정착하면서 역사가 시작된다. 인도 대륙의 정치 문화 종교와 밀접한 관계를 유지하면서 발달하였다. 이 땅에 불교를 처음 받아들인 것은 B.C. 3세기 데와남삐야 띳사왕Devānampiya Tissa, B.C. 247~207 시대에 인도 아소카왕Asoka의 아들 마힌다Mahinda장로가 처음으로 상좌부불교를 전래한다. 그로부터 불교가 크게 발달하여 마하왕사Mahā vihāra를 중심으로 비구 교단 설립되었다. 6개월 후 마힌다 장로의 누이동생 상가미따Sanghamitta가 보드가야의 보리수를 가지고 오고, 인도 칼링가 왕국의 헤마말라 공주가 석가모니부처님의 치아사리를 머리카락 속에 숨기고 미힌탈레Mihintale로 들어왔다. 상가미따에 의해 비구니 교단이 형성된다. 그 후 상좌부의 불교가 대중부로, 대중부에서 대승불교로, 대승불교에서 법신사상이 일어나면서 진언mantra과 인계를 겸한 밀교가 발생하였다. 이것은 자연스러운 변화이기 때문에 근본불교니, 대승불교니, 밀승이니 하고 구분하지 않고 발전하였다. 이렇게 다양하게 분파된 불교는 통치권자의 권력투쟁으로 불교 자체가 사라지는 위기를 겪게 된다.

　　　사자국에서 다양한 방편으로 발전하던 불교가 기원전 1세기 왓따가마니 아바야왕Vaṭṭagāmani Abhaya, B.C. 43~29 시대 타밀족의 침략과 전쟁, 그리고 가뭄, 기근, 힌두교의 반란 등 재난이 일어나 승려들이 숲에서 기아로 죽어갔고, 왕국의 중심지 역할을 했던 대사Mahā vihāra와 대탑Mahā Thūpa은 황폐해졌다. 일부의 승려는 남인도로 피난하였다. 남인도로 피난한 승려들은 초대승의 가장 발달한 교리를 지닌 승려들이었다. 그곳에서 밀교의 경전이 구성되었으나 유포되지 않고 모두 매장埋藏하였다. 일부의 승려들은 사자국에 남아 사원을 수호하기 위하여 끝까지 최선을 다했다. 교리적 학식이 높은 승려들은 삼장구전三藏口傳의 전통을 지속하기가 불가능할지도 모른다는 두려움을 간직한 채 하나둘 열반하였다. 그러는 가운데 경을 암송할 줄 아는 승려가 오직 한 명만 남게 되었다. 승려는 나무뿌리와 열매로 연명하면서도 부처님의 가르침을 잊어버리지 않기 위하여 힘겨운 노력을 했다. 앉아서 버티지 못하면 머리를 모래 위에 얹은 채 누워서 경전을 계속 암송하는 시절도 있었다.

　　　기원전 1세기말 왕권에 의하여 다시 일어난 불교가 아누라다푸라 사원에서 승려 500명이 모여 승가회를 열었다. 그리고 아누라다푸라에서 100km에 위치한 마딸레Matale의 작은 도시, 기원전 3세기 데바남피야 팃사왕이 건립한 눈부시게 빛난다는 의미를 지닌 알루비하라Aluvihāra 바위 동굴사원에서 폐불시기에 살아남은 소수의 암송자들과 함께 7년간 경율론 삼장과 싱할라어로 구성된 주석서들을 종려나무폐다라수 잎사귀에 써서 최초로 문자화하는 대작불사를 이룩하였다. 이 불사를 사자국에서 제4 결집이라 하였다. 그 후 1세기에 대중부가 무너지고 상좌부가 다시 일어난다. 이에 대승불교의 승려와 밀승密僧들이 사자국을 탈출하면서 바다를 건너 남인도 깊숙한 나가르주나 기슭으로 들어가 정착하게 된다. 이때 뛰어난 고승들은 모두 나가르주나의 지명地名을 가진 고승들이다. 그곳에서 사자국에서 먼저 들어와 암송으로 전해진 말씀을 가지고 온 것과 정리하여 완성시킨다. 그 중심인물이 용수이다. 5세기 마하나마왕Mahānāma, 410~432 시대는 승가의 교학이 크게 발전하였다. 인도의 위대한 주석가 청정도론淸淨道論을 저술한 붓다고사Buddha ghosa가 싱할라어로 남아 있던 주석 문헌들을 연구하기 위하여 스리랑카로 왔다. 이 시기에 초대승인 밀교의 모든 경전도 빨리어로 번역되었다. 6세기 이후부터 다시 많은 경전이 남인도로 전해지면서 밀교경전도 함께 전래된다. 이것이 용수龍樹가 용궁에서 가져왔다는 《화엄경》과 철탑에서 가져온 《금강정경》의 유포이다. 그 후 동인도 나란다 승원대학과 비크라마쉴라Vikramaśila 승원이 설립되면서 대승불교와 밀교가 크게 발전하게 되었다. 그중에 용지는 600년을 살면서 나란다 승원에서 학장이 되어 후학들을 지도하기도 하였다. 당나라 법현 삼장도 나란다 승원에서 달마국다라는 이름으로 용지를 만났다 하였다. 그리고 아티샤 디팡가라는 비크라마쉴라 승원의 학장으로 있으면서 티베트 국왕의 초청을 받아들여 밀교를 전파하기도 하였다.

밀교가 스리랑카에서 발생하였지만, 스리랑카에서는 사라지고 없다. 그 원인은 10세기 아누라다푸라 왕국이 인도의 촐라국Chola의 침략으로 비구 교단은 쇠퇴하고 비구니 교단도 완전히 무너졌다. 아누라다푸라 왕국이 무너진 후에 폴론나루와에 새로운 세워진 위자야바후Vijayadāhu 1세, 1070~1110에 의하여 불교가 흥왕하였다. 당시 인도에서 불교가 힌두교와 접목하여 탄트라적인 밀교로 변하면서 출가의 본의를 상실하고 성적性的 밀교로 흐르는 것을 받아들이지 않고, 스리랑카에 초기에 전래된 근본불교 즉 상좌부계통의 불교를 지향하면서 오로지 석가모니불의 진신사리와 보드가야 성불지의 보리수와 불탑, 그리고 초기 경전만을 존중하고 그 법에 따라 수행하는 불교가 뿌리를 내리게 된 것이다. 그 후 16세기 스리랑카에 서양의 세력이 들어오면서 라자싱 하왕1581~1592은 부왕을 살해하고 왕위에 오른 뒤 힌두교로 전향하면서 불교를 탄압하여 서적을 불태우고 승려들을 환속시켰다. 캔디 왕조의 위말라 다르마수리야1592~1604 왕조에 다시 불교를 부흥시켰다. 그러나 오래가지 아니하여 사원의 경제가 일반인에게 돌아가면서 물질에만 정신을 쏟고 수행에는 뜻이 없어 불교는 다시 부패하였다. 이에 사라난카라1698~1778 스님이 결사체를 만들어 주권을 회복하면서 근본불교인 상좌부계통의 불교를 흥왕시켰다. 사라난카라 스님이 승왕Sangharājā으로 추대되었다. 현제 스리랑카 시암종Siyam Nikāya의 창종이며, 이 결사체 모임에서 인도의 탄트라식의 밀교를 영원히 배척하게 되었다. 모든 역사서에도 밀교의 기록을 삭제하며 어떠한 것도 남겨두지 않는 밀교 말살 운동이 전개되었다. 국민들에 그 어떤 문언이나 불상을 모두 배제하고 오로지 부처님의 진신사리치아사리와 보리수에 예배하는 신앙이 형성되었다. 현재 스리랑카의 불교가 남방불교의 종주국이 된 것은 근본불교의 신앙이 가장 잘 보존되었기 때문이다. 그러나 밀교사상의 일부분인 24불과 28불 사상이 남아 있었다. 28불 사상은 방글라데시, 태국, 미얀마, 인도네시아, 캄보디아 등 남방불교에 전해진 상태였다. 스리랑카는 사원 중앙에 싯다르타의 성불상징인 보리수를 심어 오로지 석가모니불 1불만에 귀의하면서도 사원 곳곳에 28불사상이 남아 있어 밀교가 완전하게 사라지지는 않음으로 밀교의 태동지임을 말해주고 있다.

빛의 해탈을 얻기를!

제5화

밀교의 만다라와 탄트라

만다라Mandala의 기본적 이해는 세간법 자체가 하나의 만다라로써 깨달음의 지혜를 밝히는 것을 뜻한다. 모양은 점과 선으로 이루어졌다가 사라지면서 형체를 남기지 않는 것이 만다라이다. 번뇌로 보리의 자성을 깨달으면 번뇌도 보리도 본래 없는 것임을 알게 된다. 즉 해탈도 열반도 성불도 본래 없었는데 무명의 번뇌를 일으켜 가상으로 만든 것이다. 가상은 허공의 상과 같고 구름과 같은 것이라 사라지고 없어지지만 언제든지 다시 나타날 수 있는 것이므로 중생계는 끝이 없고 불계도 끝이 없으며, 만다라 역시 끝을 모른다. 이것이 진공묘유眞空妙有이다. 중생은 가상을 만드는 지혜가 있다. 자성의 마음에서 처음은 소리로 다음은 형상으로 만들어 함께 윤회하면서 그렸다가 지우기를 반복한다. 반복하는 가운데 변화작용이 무상하다. 형체는 첫째 보이는 몸이 만다라요, 둘째 들리는 소리가 만다라이며, 셋째 보이지 않는 생각이 만다라 작용이다. 보이는 것은 방원각형方圓角形으로 나타내고 소리는 궁상각치우宮商角徵羽로 나타내고 마음은 오색찬란한 빛으로 나타낸다.

　　만다라의 말뜻은 본질·진실·보리의 뜻인 만다manda와 성취·

소유의 뜻인 라la가 합쳐져 된 것이다. 본래 인도의 리그베다에서 '구분'의 뜻으로 사용하였다. 근본불교에서 대승불교로 발달하고 다시 밀교로 발달하면서 인도 고대 사상을 접목하는 과정에서 사용하게 된 것이다. 밀교 만다라는 《대일경》 성립시기인 7세기부터 본격적으로 사용하면서 법계의 진실한 모습을 만다라로 표현하고자 하였다. 시작과 머무름을 구분하여 시작을 태장계만다라라 하고, 머무름을 금강계만다라라 한다. 머무름 가운데 무상한 변화의 작용이 있다. 이것을 크게 두 가지로 해석하면, 윤원구족輪圓具足과 현도만다라現圖曼荼羅이다. 윤원구족은 부처님의 깨달음의 경지를 뜻하며, 현도만다라는 도상으로 밀교의 모든 경지를 최대한으로 표현하고자 한 것이다.

인도는 대승불교의 체계 정비를 끝낸 3~4세기경 지나 나란다 승원에서 대승불교와 함께 밀교가 융성하기 시작하였다. 8세기경 인도의 민족 신앙인 탄트라와 접목을 하면서 밀교는 또 다른 기류로 흐르기 시작하였다. 탄트리즘은 인도 고대 원주민의 주술과 신비적인 제의祭儀의 민족 고유신앙의 힌두교와 아리안의 B.C. 3000~1500년경 리그베다에서 성립된 천지자연의 신에 대하여 찬탄하는 탄트리즘으로 발전하였다. 인도는 힌두교 문화와 탄트리즘이라는 특수한 사상이 형성되면서 탄트라는 33종으로 발전하게 된 것이다. 이 가운데 성력 숭배도 포함한 잡다한 탄트리즘이 있다. 탄트라는 '넓히다'라는 의미의 탄tan은 창조나 지식을 의미하는 타트리tatri 또는 탄트리tantri에서 나온 것으로 '그것에 의하여 지식이 넓게 되는 것'이 탄트라라 말하고 있다. 종교적으로는 '진리tattva나 진언mantra에 관한 심원한 일을 취급하는 것이 탄트라'라고 하기도 한다. 이것은 모두 베다veda사상을 형성하는 일부분이다. 4~5세기경에 힌두교에서 물·꽃·향수 등을 공양하는 소작탄트라가 행해지면서 점차로 행탄트라, 요가탄트라, 무상요가탄트라로 발전하였다.

　　　제1 소작탄트라Kriyā-tantra는 주문呪文, 다라니, 제신의 공양법, 단壇의 제작방법, 수인手印의 방법 등의 작법을 주요한 내용이다. 의례주의는 브라흐마니즘을 지탱하는 중요한 기둥이었다. 불교는 처음부터 의례주의에 대하여 비판적이었다. 이때를 인도의 초기밀교 시대이다. 힌두교의 소작탄트라 이후 6~7세기경 밀교에서는《대일경》과《금강정경》이 성립되면서 크게 발전하게 된다. 이때를《대일경》사상에서제2 행行탄트라caryā-tantra를 받아들이면서 힌두교의 다양한 신들이 만다라의 권속으로 도입하여 제존의 관상법觀想法을 행하게 된다. 그리고《금강정경》사상에서는 우주 그 자체의 만다라에 나타나는 불타와 행자가 일체임을 깨닫게 된다는 제3 유가탄트라yoga-tantra가 형성하게 된다. 이때를 인도의 중기밀교 시대이다. 8세기 후반에 힌두교의 무상요가탄트라anuttarayoga-tantra가 형성된다. 고도의 정신과 생리적은 요가의 기술을 사용하면서 요가탄트라에서 획득한 방법을 강화시키는 것이다. 힌두교의 토착문화인 탄트라를 받아들여 성性은 속된 것이 아니라 성스러운 것으로 인식하여 깨달음을 얻기 위한 수행방편으로 생각하였다. 무상요가 탄트라는 고차원적 수행을 하기 위한 비밀집회를 행하면서 비밀집회 탄트라라고도 하였다. 일부 밀교에서만 무상요가탄트라를 받아들여 밀교적 무상유가탄트라가 성립된다. 일부 그룹이 받아들여 무상유가탄트라가 된 본의를 제대로 알지 못한 일부는 쾌락으로 빠지는 어리석음을 범하게 되므로 타락적 탄트라가 되면서 이러한 탄트라를 좌도적 탄트라로 매도하게 되면서 그 이전의 밀교를 순수밀교로 구별하였던 것이다. 원주민의 힌두이즘과 아리안의 탄트리즘은 인도의 민족사상이므로 인도밖에서는 수용불가이다. 인도에만 있어야할 사상이다. 이러한 두 사상이 인도를 지배하고 있다. 네팔도 인도 영역이기에 힌두이즘이나 탄트리즘이 있을 수 있으며, 티베트에서는 지리상으로 인도와 접근한 지역으로 힌두이즘이나 탄트리즘의 영향을 약간은 받을 수 있으나 장구하지는 못한다. 그 외의 나라는 힌두이즘과 탄트리즘이 용납되지 않는다. 인도에서 자생한 자이나교 역시 인도 밖을 나오지 못하는 경우도 이와 같다.

      13세기 이슬람의 침공으로 인도 전역에서는 모든 불교가 사라지게 되면서 오늘까지 인도에는 파괴된 불교 유적만 남게 된 것이다. 불교가 인도에서 사라질 때 외세의 침략이 원인이라 하지만, 그 후에도 불교 자체가 남아 있지 않음은 수행불교도 아니요, 출가불교도 아닌 어정쩡한 모습이 힌두교와 다를 바가 없다는 인식 때문에 지금까지 불교가 생성하지 못하는 결과를 초래한 것이다. 인도에서 사라진 탄트라밀교는 네팔과 티베트에 전래되어 약간의 영향은 있었으나 오래가지는 못하였다. 티베트는 민족 신앙인 본교의 사상과 불교와의 접목으로 불교화하였으나 탄트라와는 다름을 알고 그 잘못 정화하는 혁신 운동을 일으켜 올바른 밀교로 정비하였다. 중국 한국 일본에는 탄트라 밀교는 전래되지 않았다.

      실지 무상유가탄트라는 자연과 하나가 되고 진리와 하나가 되는 경지를 표현한 것이다. 그 표현으로 본초불本初佛 사상에서 남녀 합체불이 나온다. 이것은 좌도밀교로 멸시하는 미투나상이 아니다. 중생의 마음은 욕망으로 뭉쳐있어서 모든 것을 퇴폐적이고 퇴색된 방향에서 온 잘못된 생각이다. 금강살타가 분노명왕으로 출현한 합체불의 형상은 곧 진리의 가르침을 뜻한다. 행동 하나하나마다 법신의 가르침이 담겨있다. 네 개의 얼굴은 우주 구성 요소로 사무량심을, 각각 얼굴에 3개의 눈은 삼계三界와 삼세三世를, 몸빛이 청색인 것은 시간과 공간의 무한성을, 명비明妃의 몸이 붉은색은 띤 것은 열정을, 명비의 얼굴이 하나인 것은 모든 존재가 하나임을 뜻하며, 나체로 표현한 것은 모든 미망迷妄을 벗은 자유로움, 두 개의 팔은 절대성과 상대성을 동시에 지닌 진리의 특성, 둘이 껴안고 있음은 몸과 영혼의 결합으로 지혜와 방편이 하나임을 보여주는 것이다. 이것은 지고한 축복[大樂]과 초월적 깨달음[般若]을 담은 모습이다. 합체불의 불이不二신은 둘이 하나가 된다는 뜻만 아니다. 셋도 되고 열도 되고 100도 되고 천만도 된다는 의미이다. 여기서 불이는 숫자의 분별인 하나가 아닌 하나이다. 물방울이 몇 방울이 되든 그냥 하나의 물방울일 뿐이다. 수천 강물이 바다로 흘러들지만, 그냥 짠맛이다. 색색의 물은 한곳에 모이면, 청황적백흑으로 보이는 것이 아니라, 그냥 물빛이라는 것이다. 한 눈의 경계를 초월하고, 숫자의 경계도 초월하고, 마음의 경계도 초월한 불가분의 불이를 나타내는 합체이다.

순수성이 있는 밀교탄트라라 하지만, 스리랑카에서 태동하고 남인도 나가르주나에서 성립한 밀교와는 다른 것이다. 대승불교와 밀교가 크게 발전하는 과정에서 힌두교들이 위협을 느꼈거나 아니면 불교 스스로 새로운 방법을 모색하는 과정에 힌두교의 탄트리즘과 접목하면서 숙성시키지도 못하는 성교의 의미를 받아들이므로 잡스러운 결과를 초래한 것이다. 이것은 인도에서 초기 밀교나 중기 밀교에서 일어난 상황이 아니라, 후기 밀교의 일부에서 성적으로 기울어진 밀교 탄트라가 문제를 일으킨 것이다. 인도에서 현도만다라의 기원은 불교발달에서 찾아볼 수 있다. 만다라가 처음 일어날 때는 단순하였으며, 6~7세기에 복잡한 만다라가 성립되었다. 만다라의 완성은 12~13세기이다. 당시 인도에서 그려진 만다라는 의례와 의식을 행할 때 사용하고 곧바로 없애버렸기 때문에 현존하는 것은 없다. 지금도 모래로 만든 만다라는 의식속에서 쓸어버리는 풍습이 이를 증명하고 있다. 이렇게 전래된 만다라는 힌두교의 영향을 받아 탄트리즘적인 만다라가 성립되기도 하여 네팔과 티베트에 전래되었다. 티베트 전래는 송첸깜보가 네팔의 공주를 왕비로 맞이하면서 이루어졌다. 인도에서는 1199년 팔라 왕조가 무너지면서 밀교도 사라지고, 13세기에는 대승불교까지 사라져 오늘에 이른 것이다. 밀교 만다라를 태장계만다라와 금강계만다라로 정립한 곳이 일본의 홍법대사이다. 진각 밀교는 금강계만다라를 육자진언에 배대하고 법계와 자성이 심인으로 인증하여 일상생활에서 윤원구족을 이루기 위한 표상으로 육자관념도를 수행도로 제시하고 있다.

빛의 해탈을 얻기를!

제6화

한국의 밀교 전래

한국의 불교 전래는 밀교 전래로 시작된다. 불교가 이 땅에 오기 전에 고유신앙인 무속신앙巫俗信仰이 있었다. 우주의 창조자로서 절대신과 천신 일월신 산신 수신 지신 목신 등 인간보다 큰 것이나 인간의 상식으로 이해하기 어려운 우월적인 것을 신격화하여 신앙하면서 안심입명安心立命을 구하는 신앙이다. 무속은 인간 삶에 자연 발생으로 종교인 줄 모르고 이루어지는 신앙이다. 무속은 일정한 교의나 주술을 가지고 있지 않으면서 제례祭禮는 사회적 공동체와 밀접한 관련이 있다는 것이 특색이다. 재래의식은 천신의 힘을 빌리는 주력呪力의 기도로 병을 낫게 하고 액을 면하는 가운데 양재기복禳災祈福하는 것이다. 이것이 민간화된 밀교이다.

중국이 불교를 후한 명제 영평 10년A.D. 67에 전래 되었다. 이웃한 우리나라도 일찍 전해졌으리라 생각된다. 중국불교의 공식화가 명제明帝시대라면 우리의 민간 전래도 이와 같으리라 생각된다. 이 땅에 불교를 가장 먼저 공인한 나라는 가야국이다. 바다와 인접한 가야국은 개국과 동시이며, 중국 후한의 전래보다 20여 년 앞선다. 삼국유사에 보면, 수로왕의 건국 다음 해A.D. 43에 궁성터를 찾아다니다가 신답평新畓坪이란 곳에 이르러 '이곳은 비록 땅은 좁지만 16라한과 7성이 살만한 곳이니 궁터로써는 적격지이다'라고 말하고 궁성을 지었다. 이주한 왕으로서 이미 불교에 의하여 나라를 세우고 불법대로 나라를 다스린 것으로 생각된다. 그 후 아유타국阿踰陀國의 공주인 허황옥이 16세에 하늘이 내린 가야국의 왕을 찾아 부모의 분부를 받고 석탑과 20여명의 수행원과 함께 건무2년A.D. 48년 7월 27일 2만 5천리 뱃길로 가야에 도착한 것이다. 허황옥의 오빠인 장유長遊화상의 불교 전래설과 함께 전해지고 있다. 수로왕이나 허황옥이 배로 들어올 때 배에는 장육불상을 조성할만한 황금과 경전들이 있었다는 것은 밀교의 전래가 되는 것이다. 장육불상은 밀교의 불상이다. 가락국에 전해진 불교는 200년경에 딸인 묘견妙見 공주를 일본 규슈에 보내어 불교를 전하였으니, 백제불교가 일본에 전래한 시기보다 250년이나 앞선다.

　　　　가야국에 불교가 전래 되었는데 이웃인 신라나 백제에도 공식화는 늦지만 이미 민간에 불교가 들어온 것으로 보아야 할 것이다. 다만 공식화되지 않았을 뿐이다. 고구려는 372년 소수림왕 2년에 전진왕 부견이 승 순도와 불상과 경전을 전하였고, 백제는 384년 침류왕 원년에 호승 마라난타가 동진에서 바다를 건너 전해졌다. 신라는 528년 법흥왕 14년에 이차돈異次頓의 희생으로 정식 공포되었다. 고구려와 백제는 불교를 쉽게 받아들였는데, 신라는 어렵게 받아들였다. 고구려는 이미 밀교가 민간 신앙으로 자리 잡았기 때문에 아도와 순도가 들어오자 왕은 두 스님을 맞이하여 성문사와 이불난사를 지어 두 스님을 머물게 하였으며, 백제도 밀교가 민간 신앙으로 깊이 뿌리를 내리고 있었기 때문에 마라난타가 들어오자 궁중에 머물게 하고 이듬해에 한산주로 도읍을 옮기면서 절을 창건하고 도첩을 내린다. 고구려와 백제는 밀교 신앙이 뿌리를 내려 왕과 백성이 함께 신앙하므로 정식 불교 전래가 쉽게 이루어진 것이다.

그런데 신라는 어떠한가? 고구려나 백제는 쉽게 융합된 것에 비해 신라는 무속신앙巫俗信仰과의 마찰로 불교 수용이 순조롭지 못하였다. 불교 전래는 자연스럽게 이루어지기도 하지만 때로는 상당한 반발을 일으키기도 한다. 그 가운데 하나가 신라였다. 왕실에서의 반발이 아니라 호족들의 반발이 심했다. 그러나 주변 정세의 영향을 받아 백성들은 신라초기부터 이주자박혁거세, 석탈해, 김알지와 함께 들어온 밀교를 호족들 몰래 숨어서 신앙하였다. 삼국유사에 보면, 신라는 제19대 눌지왕417~458 때 사문 묵호자419~458가 고구려로부터 일선군 모례네 집에 은거하고 제21대 비처왕 때 아도화상479~500이 역시 선산 모례가에 은거하면서 교화하고 있었다. 그러는 중에 양나라로부터 신라왕가에 향을 보내왔는데 조정에서는 그 이름을 모르고 사용처를 모를 때, 묵호자가 그 이름을 가르쳐주고 사용법을 알려주었다. 그리고 향을 피워 기도하여 왕녀의 병까지 낫게 해주었다. 이로써 왕실에서는 약간의 신임을 받았으나 여전히 공개적으로 믿을 수는 없었다.

변한 지방을 다스리던 육촌장은 이곳으로 이주해 온 자를 왕으로 추대하여 신라를 건국하였다. 왕비 알령부인 역시 이주인이다. 석탈해왕제4대 미추제13대, 김알지 7세손 역시 이주해온 이민들이 차례로 왕으로 추대하였다. 모두 육촌장의 도움을 받은 것이다. 이주자들은 왕의 권력을 나누어 가졌으나 육촌장의 힘을 무시할 수는 없었다. 김씨의 첫 왕은 미추왕 다음으로 다시 석씨로 왕권이 넘어간다. 모두 육촌장의 입김이다. 3대가 내려간 뒤에 다시 김씨가 왕권17대 내물왕을 잡으면서 힘을 과시한다. 지금까지 연장자라는 뜻의 니사금尼師今으로 부르던 왕을 마립간으로 바꾼다. 육촌장 중심의 화백회의에서 수장이 된다는 뜻으로 부른 이름이다. 즉 왕권을 강화한 것이다. 동시에 이주유라시아의 유목민? 월지국? 흉노족? 부여?해 올 때 가져온 황금으로 왕관을 만들어 왕권의 위대함을 보여주었다. 황금관을 쓴 왕의 모습이 태양의 빛을 받아 하늘의 신처럼 보였던 것이다. 그리고 죽은 후에도 하늘의 신으로 돌아간다는 의미로 무덤에까지 황금의 왕관을 쓰고 궁성 가까이 묻고 봉분을 쌓아 생전처럼 경배하였다. 왕관은 보리수와 사슴의 형상으로 만든 것은 역사상으로는 국가에서 금지한 것으로 되어있으나 신라 건국 당시부터 가야국과 마찬가지로 들어온 밀교의 영향에 의한 자연적 표현이었다.

눌지왕19대에 이르러 골품제를 도입하여 육촌장을 비롯해 그의 후손들은 육두품 이상은 오르지 못하도록 제도화하였다. 즉 성골이나 진골은 이주민들의 자리요 나머지 민족은 육두품이하의 자리에 머물게 한 것이다. 인도의 아리안족의 이주하여 카스트제도를 만든 것과 같았다. 보이지 않는 가운데 은근히 냉대를 받은 호족들은 불교를 받아들일 수가 없었다. 한번 당했으면 되었지, 어찌 두 번이나 당하겠는가? 하는 생각에 저항이 만만치 않았다. 육촌장의 추대로 왕이 된 이주자도 차마 믿음까지 강조할 수는 없었다. 이제 주변 국가에서 불교를 믿음으로써 법흥왕이 용기를 내고 신심 깊은 이차돈이 신성지 계림에서 불교를 위해 순교한다. 이로써 육촌장은 더이상 반대만 할 수 없어 불교를 받아들인다. 왕은 불교를 정식 국교로 선포하면서 자신은 불법佛法에 준하여 나라를 통치한다는 의미로 마립간이란 명칭을 사용하지 않고 왕이란 명칭을 쓰면서 법흥왕이라 하였다. 화백회의나 육촌장과의 간섭에서 완전하게 벗어난 것이다. 법흥왕은 불교가 자리 잡은 이후 황금의 왕관에 의지하지 않고 불상과 불탑과 사원을 건립하여 왕권을 강화하였다. 법흥왕은 자신이 죽으면 왕릉을 산으로 올라가게 하고 황금의 왕관도 묻지 않기를 바랐다.

이후로 왕릉에는 황금관을 묻지 않았다. 7불의 사원터에 절을 세우고 선덕여왕은 왕릉을 만들 길지에 처음으로 황룡사를 세웠다. 승려로는 밀본, 명랑, 불가사의, 혜통 등이 있으며, 《대일경》과 《금강정경》은 8세기에 의림, 명효 스님에 의하여 전래되었다. 신라에 불교가 백제나 고구려보다 늦게 전래된 것은 밀교와 토속신앙과의 사이에 마찰이 심하였다는 것을 말해주는 것이다. 그리고 밀교는 중앙에 자리하면서 발전을 거듭하였으며, 초기밀교에 해당되는 화엄밀교라 할 수 있다. 중앙을 무대로 밀교가 자리하고 있으니, 선종의 9산 선문이 변두리 산간으로 자리를 잡게된 것이다. 비록 고구려 백제보다 불교가 늦게 공인되었으나 발전상으로는 삼국 중에 으뜸이었다.

인도에만 신이 많은 것이 아니다. 신라 역시 많은 신이 있다. 국내의 유명한 산악山嶽이나 대천大川 등을 제불보살은 본체本體로 신격화한 것이다. 이러한 불교사상은 무속신앙과 융합하여 토착화시키는 방편이었는데, 단군신화의 환인桓因이 제석천으로 해석되기도 하며, 이 땅이 곧 불국토라고 전하기도 한다. 신라는 원래부터 불교와 인연이 깊은 곳으로 전불시대前佛時代의 칠불가람지설이 있었다. 경주의 천경림天

鏡琳·삼천기三川岐·용궁남龍宮南·용궁북龍宮北·사천미沙川尾·신유림神遊
林·서청전壻請田 등 7곳은 과거 칠불인 비바시불·시기불·비사부불·구루
손불·구나함모니불·가섭불·석가모니불 등 머물렀던 장소라고 하였다.
이곳에 불교를 국교로 공인한 후에 사찰을 세워졌다. 천경림에 흥륜사·
삼천기에 영흥사·용궁북에 분황사·용궁남에 황룡사·사천미에 영묘사·
신유림에 사천왕사·서청전에 담엄사 등이다. 과거 칠불과 7처 가람지
에 세워진 사찰은 모두 밀교적인 사찰이다. 특히 문두루도량의 사천왕
사와 장육 불상과 9층탑이 있는 황룡사 등을 보아도 알 수 있다.

　　　　전국 명산들도 밀교의 영향을 입어 불교의 성지로 탈바꿈하
면서 문수보살의 주처 오대산, 관음보살의 주처 낙산落山, 법기보살法起
菩薩의 주처 금강산이라 하였다. 그리고 산의 봉우리를 비로봉이라 하
기도 하였다. 결국 삼국시대 불교는 밀교의 전래로 온천지가 밀교화한
것이다. 밀교화한 한국불교가 밀교로 시작하여 밀교로 전승되고 부흥
하면서 의례의식도 밀교도 구성되어 있다. 1935년 안진호 강백에 의해
정리된 석문의범은 진언을 중심으로 결집되었다. 강원의 교재에서 사
교의《능엄경》과《대승기신론》과 대교의《화엄경》이 모두 밀교의 경전
들이다. 특히 천수다라니와 능엄주는 선원과 강원과 율원에서 염송하
고 있다. 다시 말하면, 초기 근본불교를 재외한 대승불교와 그 이후는
모두 밀교의 경전이며 사상으로 발전한 것이다. 그러므로 현교는《아함
경》뿐이며, 나머지 대승경전은 모두 밀교경전이 되는 것이다. 사원의
일주문 천왕문 불이문의 배치와 대웅전 전각 이외의 모든 전각들은 밀
교의 영향으로 세워진 전각들이다. 불보살의 형상에서도 얼굴이 2면 이
상, 눈이 3목 이상, 팔이 4비 이상이면 모두 밀교의 성상들이다. 밀교는

인도에 전래되면 인도적 밀교요, 중국에 전래되면 중국적 밀교요, 티베트에 전래되면, 티베트적 밀교요, 일본에 전래되면 일본적 밀교요, 한국에 전래되면, 한국적 밀교이다. 의식과 수행이 모두 그곳의 생활과 밀접한 관계로 바꿔지는 것이 불교의 본의이다. 수행한다는 용어와 기도한다는 용어에서도 현교와 밀교로 나누어지는 것이다. 출가자가 오로지 성불을 목적으로 한다면 이는 불교가 됨이요, 기도를 목적하거나 그 이외에 모든 것은 모두 밀교이다. 밀교는 특별한 것이 아니라 일상의 삶 자체와 하나인 보통의 삶 속에 깃들어 함께 움직이고 있다. 즉 중생 삶이 밀교아닌 것이 없다는 것이다. 인류 창조의 신화가 밀교이며, 법계 성립이 밀교이며, 성주괴공 생주이멸 생노병사가 모두 밀교의 흐름에 의하여 이루어지고 있다. 즉 자연과 인류의 역사는 비[神秘]의 역사요 밀[秘密]의 역사며 밀교의 역사이다. 이러한 관점으로 볼 때 이 땅의 불교 전래는 2000년의 역사를 지니고 있다.

빛의 해탈을 얻기를!

제7화

모양 속에 삶이 있다

자연법이로 이루어진 모든 것은 불성佛性을 지니고 있다. 불성을 지닌 것을 심인心印이요, 자성自性이며, 본성本性이요, 마음이라 한다. 이 모든 것은 우리들의 육안으로는 볼 수 없다. 이렇게 보이지 않는 진리를 보이는 것으로 나타날 때 만다라라 한다. 만다라는 우주 자연법칙으로 심인을 닮고, 자성을 닮고, 본성을 닮고, 마음을 닮아 나타나게 된다. 예를 들면, 우리의 마음이 둥글면[圓] 지수화풍 중에 둥근 것이 모여 형상을 이루고, 네모나면[方] 지수화풍 중에 네모난 성품들만 모여 형상을 만들고, 우리들의 마음이 뾰족하면[角] 지수화풍 중에 뾰족한 것만 모여 형상을 이루게 되는 것이다. 이와 같이 마음 가진 대로 모양이 나타날 수 있도록 허공은 텅 빈공간을 제공하고 있다.

　　지수화풍은 본래 한 모양인데 작용에 따라 모양이 각각 다르다. 모양이 다르기에 마음이 어떠한 모양을 만들고자 할 때, 하고자 하는 대로 만들어지는 것이다. 무엇이든 만들 수 있도록 언제나 비어 있다. 그러므로 허공은 모든 것을 섞을 수 있는 장소이다. 만일 비어있지 않으면 어떠한 것도 만들 수 없을 것이다. 우리의 마음도 본래는 허공처럼 비어있었다. 언제부터인지 탐진치만의貪瞋癡慢疑의 모난[方] 것들로 가득 채워져 있다. 이 모난 성품은 서로 부딪치면서 본래의 원형을 잃어버렸다. 본래의 원형을 되찾고자 헤매지만, 점점 더 멀어지면서 오히려 집착의 마음이 생겨 윤회의 굴레를 한층 더 튼튼하게 만들어 벗지 못하고 고통을 받고 있다. 이것을 보다 못한 부처님이 해탈의 가르침을 내리기 위하여 본보기로 지수화풍이 노니는 공의 진리를 설하신 것이다. 그러나 우리는 부처님의 자비를 접하면서도 무시 광겁에 익힌 업을 하루아침에 사라지게 할 수 있는 용기가 없다. 그래도 자비하신 부처님은 매일 조금씩 윤회의 업을 녹여 언젠가는 집착하여 무겁고 고달파 하는 짐을 내려놓도록 마음법문을 설하시고 계신다.

윤회밖에 할 줄 모르는 우리의 살림살이를 돌아보면, 벗어나기가 쉬운 것만 아니라는 것을 알 수 있다. 익혀 온 집착과 갈애渴愛가 습관으로 굳어지고 있다. 잘못 익힌 습관은 오히려 윤회의 업을 짓는 데 편리하도록 만들어져 있다. 몸의 형성과 언어의 구사와 생각의 방향도 이미 굳어져 있다. 굳어진 속을 유심히 살펴보면, 그 속에는 과거가 표현되어 있고 현재가 표현되어 있으며, 미래가 표현되어 있다. 우리의 육신에는 몸을 중심으로 다섯 부위 끝에 오목五目이 있다. 목目은 힘에너지의 저장을 뜻한다. 저장된 힘을 활용할 수 있는 것이 목 밖에 있다. 위로 얼굴을 형성하면서 몸과의 사이에 목目이 있고, 아래로 발을 형성하면서 발목이 있고, 좌우 양팔에서 손목이 있다. 이처럼 몸 끝에 나타난 오목은 과거 미래 현재의 모습을 표현하고 있다. 얼굴은 현재 삶의 모습이며, 발은 지나온 삶의 자취를 표현한 것이며, 손은 미래에 받을 인을 짓는 도구이다. 즉 얼굴의 상을 보면 현재의 삶이 보이고, 족상足相에는 과거의 살았던 것이 보이며, 손금을 보면, 미래가 보인다.

　　미소 짓는 부처님 얼굴, 결인 하는 부처님의 손, 108종 문양이 나타나 있는 부처님의 양발바닥이 우리에게 삼세의 인과를 가르치는 무진 법문의 상이다. 부처님의 한결같은 미소는 자비의 삶을 살아간다는 모습이요, 108문양은 32상과 80종호를 갖춘 과거의 고행 공덕을 기록한 것이요, 8만4천의 인계는 어떠한 가르침을 하겠다는 예고의 알림이다.

　　아지타 선인이 싯다르타 태자가 출생한 후에 정반왕의 요청으로 태자의 관상을 보았다. "태자는 고귀한 상을 지니고 있습니다. 장차 전륜성왕이나 붓다가 되는 32상을 갖추고 있습니다." 선인은 태자의 발바닥을 보고하는 말이었다. 태자의 오른쪽 엄지발가락 아래 두 번째 문양에 전륜성왕의 문양이 있는 것을 보고 태자는 과거에 전륜성왕으로 많은 공덕을 쌓았음을 알았다. 선인은 다시 말하였다. "태자는 과거생에 이미 전륜성왕이 되었으니 이제 붓다가 될 것입니다." 하였다.

　　싯다르타는 태어날 때 한 손은 하늘을, 한 손은 땅을 가리키면서 '천상천하 유아독존 삼계개고 아당안지'을 외쳤다. 이것이 결인으로 미래의 할 일을 예언한 모습이다. 손동작을 취한 그것만으로도 외침이 없어도 장차의 할 일을 알린 것이다. 정진할 때는 법계정인을 결하고, 마를 항복 시킬 때는 항마촉지인을 결하고, 두려움을 없앨 때는 시무외인施無畏印을 결하고, 성불할 때는 금강지권인을 결하고, 법을 설할 때는 전법륜인을 보이었다. 이것이 얼굴과 발과 손에 나타난 모습이다.

　　현재 삶의 모습을 알려면 그 사람의 얼굴을 보라. 현재의 희노애락喜怒哀樂이 가장 먼저 나타나는 곳이 얼굴이다. 지금 삶의 상황을 감추려 하여도 얼굴에 나타난 모습으로 감정을 감출 수 없다. 기쁜 일이 있으면, 저절로 웃음이 넘치고, 슬픈 일이 있으면 자연스럽게 슬픈 표정을 나타내며, 화가 나면 벌써 얼굴의 빛이 다르게 변한다. 붉기도 하고 푸르기도 하면서 변화무상한 모습으로 변한다. 어디 이것뿐이겠는가? 그 사람의 직위나 재산이나 학식들이 모두 얼굴에 나타나 있다. 행복의 삶과 불행의 삶이 잘 나타나는 얼굴, 관상가가 아니라도 눈 밝은 자는 그 빛을 볼 수 있을 것이다. 얼굴에서 빛을 잃고 빛을 찾으면서 빛으로 나타나는 삶의 원리를 깨달으면 과거를 벗어날 빛을 볼 수 있고 미래에 나타날 빛의 결과도 알게 될 것이다.

　　나의 미래는 어떠한 빛으로 나타날까? 지금 내가 손으로 무엇을 하고 있는가를 찾아보라. 그 속에 나의 미래의 삶의 빛이 있다. 우리들의 손금을 보라. 손금은 매일 조금씩 변한다. 변화한다는 것은 미래를 변화시킬 수 있다는 뜻이다. 손으로 좋은 업을 지으면 손금은 좋은 방향으로 변하며, 나쁜 업을 지으면 손금은 나쁜 방향으로 변한다. 손금이 변한다는 것은 지금의 불행한 삶을 행복한 삶으로 바꿀 수도 있다는 것이다. 만일 바꿀 수 없이 타고난 운명대로 살아간다면 종교는 필요 없을 것이며 수행, 또한 필요하지 않을 것이다. 종교는 바꿀 수 있다는 것을 가르치고 있다. 수행을 통하여 그 원인을 알아 잘못을 깨닫고 이제부터 새로운 모습으로 좋은 인을 짓는다면 밝은 미래가 기다릴 것이다.

　　이제 미래를 알려주는 손놀림부터 바꾸어 보자. 손의 생김새에 나의 현재와 미래의 삶이 있다. 그것이 손금으로 나타난다. 손금은 꼭 손바닥에만 있는 것이 아니다. 손등에도 있으며, 두텁고 얇은 것과 부드럽고 거친 것도 손금이다. 그리고 동작하는 하나하나의 움직임도 손금이다. 이것이 인계印契이다. 우리들이 부처의 결인을 함으로써 바꿀 수 있다. 변함없는 믿음과 신심을 나타내는 금강지권인金剛智拳印이 있고, 마음을 닦는 법계정인法界定印이 있고, 두려움을 없애는 시무외인施無畏印과 마음의 번뇌를 항복시키는 항마촉지인降魔觸地印과 공덕을 베푸는 여원인與願印을 결한다. 무언설의 경전《화엄경》에는 비로자나불이 금강지권인을 결하고 있다. 법회에 모인 보살과 대중들은 근기에 맞는 법을 듣기 위하여 각각의 결인을 맺으며 자수법락을 누린다. 아함阿含이 그 속에 있고 방등方等이 있으며, 반야般若가 있고 법화法華가 있고 열반이 그 속에 있으며, 이 모든 것을 통합한 밀교의 빛이 그 속에 있다. 우리도 좋은 손동작으로 하고자 하는 일을 성취하여 밝은 얼굴 모습으로 발바닥에 영광의 선을 남기는 해탈의 삶을 살다가 열반에 들기를 바라는 것이다.

빛의 해탈을 얻기를!

제8화

마음은 평등하다

세상에 존재하는 모든 것은 본질적本質的으로 보면 모두 평등한 가치를 지니고 있다. 그 가치를 불교에서는 지혜로 표현하며, 지혜는 다시 마음의 밝은 빛으로 표현한다. 본질적 가치를 지닌 마음은 하나이다. 마음이 하나이기에 평등하며 빛도 평등하다. 부처님이나 보살이나 중생들의 마음에는 욕심도 있고 자비도 있으며, 성냄도 있고 웃음도 있으며, 우둔함도 있고 슬기로움도 있으며, 교만도 있고 하심하는 마음도 있으며, 의심하는 마음도 있고 믿는 마음도 있다. 모두 평등하게 지니고 있다.

　　　　평등하게 지닌 본래의 마음에서 부처님의 마음이 다르고, 보살의 마음이 다르고, 중생들의 마음이 다르게 보이는 것은 무슨 이유일까? 여러 가지 이유가 있겠지만, 그 가운데 하나가 열린 밝은 마음과 닫힌 어두운 마음이다. 열린 마음은 불보살의 마음이요 닫힌 마음은 중생들의 마음이다. 마음을 열었다는 것은 허공처럼 비어서 호호浩浩하고 탕탕蕩蕩하며 모든 것을 포용할 수 있다는 것이요, 마음을 닫았다는 것은 자기만을 생각하고 남을 이해하지 못하여 무엇이든지 원하는 만큼

담을 수 없는 좁고 작은 마음을 말한다. 한 번만 잘 생각하면 평등한 열린 마음으로 살아갈 수 있는데, 우리들은 아집에 집착하여 닫힌 좁은 마음으로 차별적 삶을 살고 있다. 평등한 열린 마음으로 살아간다는 것은 어렵지 않다. 스스로 자신을 속박하고 있는 번뇌만 버리면 그 자리가 곧 평등한 열린 마음이 된다.

이러한 마음을 물질에 비유하면, 재물을 올바른 방법으로 얻은 사람은 마음이 넓어서 베풀고자 하는 마음이 있지만, 재물을 올바른 방법으로 얻지 못한 사람은 아끼고 감추는 마음이 있다. 그러므로 사용처도 어두운 곳으로만 쓰게 되어 더욱 모으고자 하는 마음은 새로운 일을 경영하지 못할 뿐 아니라, 이미 경영하던 것조차 다른 사람에게 빼앗기게 되는 경우가 있다. 올바르게 재물을 가진 사람은 때로는 겉보기에 욕심이 가득한 듯하지만, 세상의 이치를 바로 알기 때문에 설혹 욕심을 부려도 악업이 되지는 않는다. 진각성존께서 경주 황오리 심인당 개설 불사를 하면서 법문하였다.

> "부자는 마을 사람들에게 일을 시킬 때 품삯을 올리지도 말고, 음식을 특별하게 내놓지도 말아야 한다."

그것은 가난한 사람을 생각하는 넓은 마음에서이다. 부자가 품삯을 올리고 좋은 음식을 내놓으면, 가난한 사람은 일꾼을 구할 때 그만큼 힘이 드는 것이다. 일할 사람은 부잣집 일을 하려고 기다리기 때문에 가난한 사람은 일꾼을 구할 수 없게 된다. 부자일수록 구두쇠 소리를 듣더라도 품삯을 올리거나 밥과 반찬을 잘 차려서는 안된다. 이것은 넉넉하지 못한 사람을 생각하는 마음에서이다. 그리고 다시 덧붙여 말씀하셨다.

> "옛날 이곳에 300년을 이어가는 만석꾼이 있었다. 그는 '자신이 사는 곳에서 사방 십리 내에는 굶주린 사람이 없어야 한다' 하고 곡식을 나누어주었다. 곡식을 나누어줄 때 공짜로 주는 것이 아니었다. 일거리가 없는 겨울에 하천을 보수하고 버려진 땅, 거친 땅을 개간하는 일터를 제공하면서 품삯으로 준 것이다."

일터를 제공하지 않은 채 곡식만을 나누어주었다면, 마을 사람들은 의뢰하는 마음만을 가졌을 것이다. 그리고 나누어주지 않았다면, '인색하다 구두쇠다' 비난하면서 가지지 못한 자는 분심忿心만 더하게 될 것이다. 만일 분심이 올바른 분심이라면, 자립심이 되어 평등사회로 나아가는 원동력이 될 수도 있다. 사람은 누구나 게으름과 부지런함을 지니고 있으며, 낭비하는 마음과 근검절약하는 마음을 지니고 있다. 그 가운데 부지런한 마음과 근검절약하는 마음을 스스로 일으키게 도와준다면 비록 '인색하다, 구두쇠다' 하는 비난을 들어도 대수롭잖게 생각할 것이다.

또 하나 비유를 들면, 옛날 어느 동네에 소문난 구두쇠가 살고 있었다. 재물이 많으면서도 남에게 쉽게 베풀 줄 모르는 사람이다. 누가 재물을 빌리면, 이자를 남들보다 더 많이 받을 뿐 아니라, 하루만 늦어도 이자를 계산하여 받는 구두쇠 중에 상 구두쇠가 있었다.

어느 날 구두쇠의 어린 손자가 동전을 가지고 놀다가 동전 한 닢을 우물에 빠뜨렸다. 구두쇠는 하인에게 우물에 빠진 동전을 건질 것을 명하였지만 하인들은 못 들은 척하고 일이 있다면서 자리를 피하였다. 구두쇠는 현상금을 걸었다. "누구든지 우물에 빠뜨린 동전 한 닢을 건지는 자에게는 12닢을 주겠노라." 하인들은 '우물에 빠뜨린 동전이 어떠한 동전인데 그토록 많은 대가를 지급하면서 건지려는 것일까?'하고 우물에 빠진 동전의 값어치를 논할 때, 한 하인이 우물에서 동전을 찾아 구두쇠에게 주었다. 동전은 보통 동전이었다. 구두쇠는 약속대로 그 하인에게 우물에서 건진 동전과 꼭 같은 동전 12닢을 주었다. 이것을 본 사람들은 놀라는 표정이었다. 그중에 가장 놀란 사람은 구두쇠 부인이다. 방으로 들어온 남편에게 "한 닢의 동전이 무엇인데 12닢이나 주고 건졌습니까?" 비웃는 듯 말하였다. 이에 구두쇠 할아버지는 이렇게 말하였다. "한 닢의 동전이 우물에 빠져 있으면, 그 한 닢은 영원히 이 세상에 유통되지 않아 내 것이 될 수 없지만, 이제 12닢을 주고라도 건져 놓으면, 지금은 내 주머니에서 12닢이 나갔으나 언젠가는 다시 들어와 13닢이 내 것이 될 것이다." 하고는 껄껄 웃었다. 영원히 사라지는 것을 건져 올려 다시 돌게 하여 언젠가는 자기 것이 된다는 생각은 아무나 할 수 있는 것은 아니다. 마음이 열린 자만이 할 수 있는 생각이다.

요즈음 사회는 어떠한가? 눈앞에 보이는 이익만을 생각하고 미래에 나타나는 이익을 보지 못하는 좁은 시야의 눈을 가진 사람들이 많다. 대기업을 운영하는 사람이 중소기업보다 높은 임금으로 인하여 대기업을 선호하고 중소기업을 회피하여 대기업들은 인력 포화상태를 이루지만, 경제발전의 허리 역할을 하는 중소기업들은 인력난을 겪고 있다. 같은 직종으로 도움을 받아야 하는 상호관계를 이용하여 때로는 부품 공급의 중소기업들이 말없는 가운데 피해를 보는 경우가 있을 것이다. 작은 것을 가벼히 여기면, 결국 기업은 어려워지고 국가는 실업자가 늘어나게 될 것이다. 흔히들 직업에는 귀천이 없다고 하지만, 임금의 높고 낮음으로 귀천이 생기게 되었다. 국가가 임금에 관여하지 않고 자율에 맡기면서 어디에서 무슨 일에 종사하든 연구하고 계획하며 힘을 많이 쓰는 자에게 임금을 더 준다면 진정으로 직업에는 귀천이 없어지는 세상이 될 것이다. 이것이 이웃과 사회 그리고 국가를 생각하는 평등한 열린 마음이다.

평등하다는 것은 많은 사람을 생각하는 마음을 말한다. 누구나 다 부지런할 수 있으며, 누구나 다 평등해질 수 있으며, 누구나 다 열린 마음을 가질 수 있지만, 그렇지 못하는 것은 자신만을 위하는 애욕과 가족만을 생각하는 집착 때문이다. 부처님은 우리에게 아지랑이처럼 피어오르는 욕심을 버리고 봄바람에 새싹이 돋아나듯 자비심으로 베풀라 하였다. 그리고 어리석음을 버리고 보리심을 일으켜 밝은 지혜를 얻기를 바란다. 우리는 언제든지 본래의 자리로 돌아가 불보살처럼 평등한 마음을 발휘할 수 있다. 일체중생을 내 몸처럼 생각하는 측은지심과 연민의 마음을 갖는다면 이 세상은 평등한 불국토가 될 것이다.

빛의 해탈을 얻기를!

제9화

밀교의 현세정화

욕망慾望으로 건설되고 건설 중에 탁해진다. 인류역사가 시작되면서 가장 먼저 형성되는 것이 종교이다. 처음엔 정리된 종교가 아닌 주술적 종교 형태이다. 종교는 사람들이 두려워하는 마음에서 형성되기 때문에 국가의 형성보다 앞선다.

우리는 어느 한 물건에 의하여 만들어진 것이 아니다. 많은 것들이 조합하여 만들어진다. 단단한 것땅의 정기, 地과 차가운 것달의 정기, 水과 따뜻한 것태양의 정기과 움직이는 힘바람의 정기, 風과 부드러운 것구름의 정기, 空들이 모여서 이루어진 몸이다. 이렇게 각각의 힘으로 이루어졌기 때문에 언제든지 각각 이탈되어 사라지기에 두려운 것이다.

따뜻한 태양을 두려워하고, 차갑고 어두운 달을 두려워하고, 단단한 땅을 두려워하고, 형체가 흩어질까[雲] 두려워하고, 변화[風]를 두려워하는 것이다. 그러므로 두려운 존재를 의지하여 마음의 안정을 얻고자 오히려 두려운 태양으로부터 보호받기를 바라고, 달로부터밤 보호받기를 바라며, 땅으로부터 보호받기를 바라고, 하늘로부터[空] 보호받기를 바라며, 변화로부터 보호받기를 바라면서 그것을 의지하게 된다. 두려워하고 의지하려는 마음은 다시 존경의 대상으로 바뀐다. 몸을 형성한 근본 체를 두려워하면서 다시 그것이 새로운 힘을 만들어 도움을 줄 것이라고 믿게 된다. 그 힘의 원천이 태양일 수도 있고, 땅일 수도 있고, 물일 수도 있고, 하늘일 수도 있고, 바람일 수도 있다. 그들에게 복종하고 순응하면 자연이 그들로부터 보호를 받아 평화롭게 살아갈 수 있다는 막연한 믿음을 가지면서 마음의 소리를 전하는 것이 주술이다. 이것이 종교형성의 근원이 되는 것이다.

이러한 가운데 인간은 따뜻함이 태양에만 있는 것이 아니라, 우리 곁에 있다고 생각하면서 태양의 후예라고 생각하는 불[火]을 발견하게 된다. 인류가 불을 발견하는 것은 인류역사상 최대의 발견이다. 불의 발견을 시작으로 필요한 것들이 발견되면서 과학과 문명이 발전하게 된다. 그러나 불의 발견이 최대의 발견이고 생활에 유익한 발견이지만, 인류가 불을 발견함으로써 평화로운 마음에 편리한 마음이 일어나면서 탐욕貪慾이 생기기 시작하였다. 탐욕은 약육강식弱肉强食의 새로운 질서를 만들어낸다. 탐욕은 시간이 흐르면서 성냄[瞋心]을 만들고, 성내는 마음은 다시 어리석음으로 변하게 하였다. 어리석음은 자연을 경멸하는 교만驕慢함을 낳고, 교만은 의심疑心을 낳아 8만4천의 사악邪惡한 마음들이 나타나게 되었다. 이와 같이 불[火]의 힘은 따뜻하고 부드럽게 하면서 욕망慾望을 채워주기도 하지만, 모든 것을 사라지게 하는 힘도 가지고 있다. 만들어진 모든 것들을 한순간에 재로 만들기도 한다.

진각성존은 이렇게 말하였다.

"물질문화가 일어나 살기는 편리하고 좋아지지만, 세상은 혼탁해진다."

혼탁하지만 물질을 발달시키지 않을 수 없는 것이 또한 인간의 삶이다. 건설과 파괴 속에서 살아가되 혼탁으로 파괴되고 부서지고 사라지는 것이 아니라, 필요할 때 건설되고 불필요할 때 파괴하는 법을 알면 마음이 조금은 편안해질 것이다. 이러한 법이 마음의 정화淨化이다. 정화란 없애는 것이 아니며, 있는 그대로를 소중하게 생각한다는 뜻이다.

정화에는 크게 두 가지가 있다. 먼저 마음의 정화이요, 다음은 법계 정화다. 마음의 정화란 깨달음을 얻어 인격 완성함을 말하며, 법계 정화란 사회를 맑고 밝게 하여 밀엄정토를 이룩하는 것을 말한다. 우리는 욕망의 힘으로 재물과 권력과 명예名譽를 갖고 얻게 된다. 재물과 권력과 명예를 가지는 그 자체는 나쁜 것이 아니다. 가진 연후에 그것을 어떻게 하느냐에 따라 선악이 결정된다. 가진 후에는 봉사奉仕하고 베풀어야 한다. 권력과 명예와 재물에 안주安住하거나 누리려고 하면 그 순간부터 마음과 사회가 탁해지기 시작한다. 그러나 가진 자는 더 많은 것을 가지려 하고, 다시 그것을 영원히 자기 것으로 만들고자 하는 속성俗性이 있다.

법계의 만물은 나만의 것이 아니다 우리 모두의 것이다. 영원한 주인은 없다. 모두가 주인이다. 내 몸을 구성하고 있는 사대四大도 내 것이 아닌데 하물며 법계 만물이 나만의 것이겠는가? 우리는 살아 있는 동안 편의에 맞게 만물을 잠시 수용할 뿐이다.

내가 주인행세를 할 수 있는 것은 만물이 아닌 나의 마음뿐이다. 그 마음이 필요에 따라 법계 만물을 잠시 빌려 사용하는 것이다. 그 쓰임이 끝나면 모든 것은 제자리에 돌려야 한다. 물론 내가 돌리지 않아도 자연히 제자리로 돌아가게 될 것이다. 이것이 우주 자연법칙이다. 만일 우리가 영원한 것으로 알고 자기만이 누리고 안주하고자 하는 것은 큰 병이다.

지수화풍공을 사용한 연후에는 본래의 모습으로 돌려주어야 한다. 그런데 우리들은 받을 때의 본모습이 아닌 변형되고 파괴한 모습으로 돌려주고 있다. 그러면서도 허물을 모른다. 그 허물은 개인적 욕망에서 생긴 것이다. 우리는 세상을 살면서 욕망을 버릴 수는 없다. 욕망이 있기에 중생으로 태어나고 육도六道에 윤회하는 업業이 생긴다. 불보살의 세계는 욕심을 가지되 그것에 안주하거나 머물지 않으며, 중생의 고통을 자신의 고통으로 생각하고 그것에서 해탈시키기 위하여 욕심을 가진다. 이것이 불보살의 대욕大欲이다.

내 것도 아닌 것을 내 것이라 하고, 영원하지 않은 것을 영원하다고 생각하는 우리들을 지켜보는 불보살은 얼마나 안타깝게 생각하겠는가? 부처와 중생이 다른 점이 또 하나 있다. 부처는 모든 것을 정리정돈 하여 우리들로 하여금 사용하기 편하게 만들어 주는 자이다. 우리는 오욕五慾과 칠정七情이 있어 나만이 사용하여야 한다는 아집我執이 있다. 한번 사용하고 나면 흩어서 다음 사람들이 제대로 사용하지 못하도록 하고 있다. 봉사하고 베푼다는 이치를 깨달기를 바란다면 본래의 모습으로 되돌리는 지혜를 익혀야할 것이다.

법계 만물은 공동체이다. 저 하늘의 태양은 주인이 없다. 태양 자체가 곧 주인이다. 태양은 만물에 빛과 열을 주지만, 어떠한 대가도 바라지 않는다. 땅의 주인은 땅이요 물의 주인은 물이며, 불의 주인은 불이요 바람의 주인은 바람이며, 허공의 주인은 허공이다. 이제 이러한 이치를 깨닫고 모든 것을 제자리에 두는 공부를 하자. 자기 소유所有로 만들 수가 없는 법계 만물을 제자리에 돌려놓는 공부를 하자. 사용 후 되돌려줄 때는 반드시 원래의 모습으로 되돌려주는 공부를 하자. 욕심을 버리고 은혜를 아는 마음으로 모든 것을 제자리에 가지런히 두고자 하는 자비한 마음을 갖는 수련이 필요하다.

　　　마음뿐만 아니라 우리의 몸 안에 있는 5장 6부나 안이비설신의眼耳鼻舌身意도 모두 청정함의 자리에 두어야 한다. 타고난 대로 제자리에 두었을 때 건강한 몸이 이루어진다. 모든 것이 제자리에 두지 못할 때, 일체 병폐가 생기게 된다. 윤회의 업이 끝나기 전까지는 언제든지 사용할 수 있다는 것에 다시 한번 고맙게 생각하면서 스스로 묶은 집착의 속박에서 벗어나자. 우리의 마음, 본래 자리가 곧 법신 비로자나불의 자리이다. 모든 것을 본래의 모습으로 제자리에 두고자 하는 수행에서 해탈을 얻게 되고, 열반을 얻게 되며 구경에 성불하게 된다. 이것이 현세를 정화하는 빛의 밀교 수행법이다.

　　　　　　　　　　　　　　　　　　　빛의 해탈을 얻기를!

법불장

제1화

부처님의 설법

세상에는 빛과 어둠을 가진 비로자나불만 있었다. 빛과 어둠은 하나로 영원한 것이다. 본래 하나인 빛과 어둠의 무형無形이 형상으로 나타날 때 빛은 불신佛身으로, 어둠은 중생신衆生身이 된 것이다. 어둠은 빛에 의하여 빛은 어둠에 의하여 영원함을 유지한다. 어둠이 스스로 한결같기를 바라지만 사라지고 나타남을 반복하면서 윤회한다. 윤회하는 몸은 과보로 이루어진 몸이라 보신報身이라 한다. 빛의 불신이 사라지고, 어둠으로 나타나는 보신은 나와 한 몸이라는 것을 알게 하고자 어둠을 닮은 몸으로 변화한다. 이를 화신불化身佛이라 한다. 법신불은 형상도 이름도 알 수 없지만, 화신불을 보고 법신불의 형상을 유추하는 것이다.

밀교는 법보화 삼신불을 하나로 보아 모두 법신불이라 한다. 형상도 이름도 없이 빛으로 삼라만상에 나타나는 불을 청정 법신이라 하고, 보신불이 중생을 위하여 법을 설하면 자성 법신이 되고, 화신불이 중생을 위하여 법을 설하면 변화 법신이 된다. 자성 법신이 법신의 법만 설하면 자수용 법신이 되고, 화신의 법을 설하면 타수용 법신이 된다. 중생 몸으로 태어난 변화 법신이 출가와 고행과 성불과 설법과 열반을 단계적으로 보이면 이를 응화 법신이 된다. 자성법신과 변화법신의 설법의 차이를 《비장금강정경秘藏金剛頂經》에는 이렇게 말하였다.

> "여래의 변화신變化身은 지전地前의 보살과 및 이승二乘 범부 등을 위하여 삼승三乘의 교법을 설하고, 타수용신은 지상地上의 보살을 위하여 현顯의 일승一乘을 설하셨으니 아울러 이것이 현교顯敎가 된 것이다. 자성수용불自性受用佛은 자수법락自受手法樂인 연고로 자권속自眷屬과 각각 삼밀문을 설하는 것이니, 이것을 밀교라 한다. 이 삼밀문은 이른바 여래 내증지內證智의 경계이므로 등각십지等覺十地도 능히 집에 들어오지 못하거늘 하물며 이승범부이리요."

이 가르침에서 소승 대승, 현교 밀교의 구분이 나타나 있다. 방편법을 깨달으면 해탈의 경지에 오르고, 인과법을 깨달으면 열반의 경지에 오르고, 삼밀문에서 진실법을 깨달아야 비로소 성불의 자리에 이를 수 있다. 화신불의 방편법은 교리강론형이며, 법신불의 진실법은 체험법문형이다. 교리강론형이란 교리적 이해를 돕기 위하여 학문적으로 교육하는 교리행과敎理行果의 형식이요, 체험법문형이란 일상생활에서 깨달음을 얻도록 하는 신해행증信解行證의 형식이다. 예를 들면, 교리강론형 설법은 8만 장경을 독송하여 문리를 얻게 하거나 경을 해석하고 주석서를 달아 보다 이해하기 쉽도록 설명하는 것을 말함이요. 체험법문형은 현실에 나타난 일체 사실이 모두 법신불의 설법으로 받아들여 그 속에서 진리를 깨달아가는 것을 말한다. 부처님이 가섭 존자에게 전한 염화미소拈花微笑와 다자탑전반분좌多子塔前半分座와 곽시쌍부槨示雙趺의 삼처전심三處傳心의 법이 이에 속한다. 교리강론형은 교리적 이해는 되지만 깨달음을 얻기는 어렵다. 그러므로 경전을 외우거나 주석서를 달아 부처님의 가르침을 쉽게 이해하게는 하지만, 본래면목은 알게 하지는 못한다. 부처님 열반 후 100일이 되었을 때 가섭 존자를 중심으로 왕사성 칠엽굴에서 결집을 한다. 그곳에서 가섭 존자와 아난다 존자와 선문답禪問答하는 설화가 있다.

결집에 들어가기 전에 가섭 존자는 부처님의 상수제자 500명의 모인 대중을 향하여 "이 성스러운 사자들 모임에 여우가 있습니다."라고 말하였다. 대중들은 서로 바라보면서 묵묵히 있을 때, 아난다 존자가 말하였다. "가섭 존자시여! 이 자리는 부처님의 상수 제자들이 모인 자리입니다. 뉘가 여우입니까?" 가섭 존자가 아난다를 가리키면서 말하였다. "아난다여! 네가 곧 여우이다." 아난다는 놀라면서 가섭 존자에게 말하였다. "나는 부처님을 25년간 시봉하면서 45년의 법문을 모두 들었습니다. 그리고 모두 기억합니다. 존자는 부처님으로부터 금란가사金欄袈裟 외에 무엇을 물려받았습니까?" 아난다의 반문에 가섭 존자는 아난다에게 진중하게 말하였다. "그것이 알고 싶으면 문밖에 있는 찰간를 꺾으시오." 화가 난 아난다가 굴 밖으로 나와 계족산 정상에서 용맹정진하였다. 정진 중에 가섭 존자의 마음을 읽고 부처님의 진실법을 깨달았다. 그리고 칠엽굴로 돌아온 아난다는 '여시아문' 첫 마디로 경전을 결집하였다.

이것이 체험법문이다. 부처님 당시 제자들은 아라한과를 얻었다. 부처님은 체험적 법문을 하시고 제자들도 체험적 법문으로 받아들였기에 아라한과를 얻은 것이다. 그러나 아라한과를 얻지 못한 제자는 교리강론형으로 받아들였기 때문이다.

진언수행자는 진실법을 설하는 체험법문형을 깨달을 수 있다. 육자진언의 '옴' 자를 염송하는 것은 부처님의 청정성을 일으키게 하는 설법을 들음이요, '마' 자를 염송하는 것은 부처님의 자비심을 일으키게 하는 설법을 들음이며, '니' 자를 염송하는 것은 부처님의 안인행을 일으키게 하는 설법을 들음이며, '반' 자를 염송하는 것은 부처님의 정진성을 일으키게 하는 설법을 들음이며, '메' 자를 염송하는 것은 부처님의 선정심을 일으키게 하는 설법을 들음이며, '훔' 자를 염송하는 것은 부처님의 지혜를 일으키게 하는 설법을 듣기 위함이다. 이와 같이 육자진언을 염송하는 것은 대승보살도의 육행법을 실천하여 무상정등정각을 얻게 하는 진실설법을 듣고자 하는 것이다.

진각성존은 법신불의 진실법을 전하기 위하여 육자진언의 수행법을 강조하면서 경전을 멀리하라 하였다. 이 말씀의 진실한 뜻을 알아야 한다. 이것은 경전을 무시하거나 가볍게 생각하고 하신 말씀이 아니다. 믿음이 깊지 못하고, 깨치고자 하는 마음 없으면서 기복만을 구하는 사람이 경전의 참뜻을 이해하지 못할까 염려하신 방편의 말씀이다. 진각성존께서는 새벽에 2시간 삼밀선정을 마치고, 반드시 1시간 이상 경經을 보았다. 이것은 교리적 해석을 찾는 것이 아닌 체험법문을 찾기 위한 독경이었다. 선문禪門에서도 '교를 버리고 선으로 들어가라[捨敎入禪]' 하는 가르침이 있다. 이것 역시 잘못 해석하면, '경을 배우지 않고 곧바로 참선문參禪門으로 들어가라' 하는 것으로 오해하기 쉽다. '교를 버려라' 하는 것은 먼저 경을 배운 다음 그것에 집착하지 말라는 뜻이다. 즉 버린다는 것은 버릴 것이 있어야 한다. 버릴 것이 없는 사람에게 버리라는 가르침은 올바른 가르침이 아니다. 그러므로 교를 먼저 가져라는 것이 된다.

　　　　교는 곧 부처님의 말씀이요, 선은 곧 부처님의 마음이다. 하였다. 부처님의 가르침은 교학적 이해를 요구하는 것이 아니다. 마음을 깨닫는 성불이 목적이다. 믿음이 굳건하면 교와 선은 하나임을 알게 된다. 믿음이 얕은 사람은 먼저 진언수행으로 믿음을 굳게 하여야 한다. 진언수행은 첫째 믿음을 굳게 하고 둘째 자성을 찾게 하며 셋째 인과를 깨닫게 하는 것이다. 삼세인과를 깨닫지 못하면 윤회서 벗어나지 못한다. 가난·병고·불화에서 해탈하지 않으면 열반의 즐거움을 얻을 수 없다. 이것이 법신불의 체험법문을 육자진언수행으로 깨달아 본래 지닌 빛의 자리로 돌아가게 하는 첫 단계완성이다.

　　　　　　　　　빛의 해탈을 얻기를!

제2화

빛이 곧 비로자나불

빛은 곧 모든 생명을 지탱하는 에너지이며, 변천하고 작용하는 에너지이다. 모든 만물을 지탱하는 근본 에너지를 이理라 하고 변천작용 하는 에너지를 지智라 한다. 이 빛을 밀교에서는 바이로자나Vairocana로 표기하고 의역意譯하여 비로자나불이라 한다. 비로자나불은 삼라만상의 운행과 진리의 법칙을 불격화佛格化한 총 칭호이다. 빛 자체를 이법신理法身이라 하고 현상에 나타난 빛을 지법신智法身이라 한다. 이법신理法身은 형상이나 말이나 모양이나 이름이나 그 어떤 것으로도 표현할 수 없는 자연법이自然法爾의 본체를 뜻한다. 조금이라도 표현하면 그것은 이불理佛이 아닌 지불智佛이다. 이불의 빛은 색이 없지만, 굳이 표현하여 흰색이라 한다. 이 빛이 지법신으로 작용할 때를 청옥색으로 표현한다. 흰빛이든 푸른빛이든 옥빛이든 근본은 청정하고 맑고 깨끗하며, 어디에도 흡수되지 않는 빛이다. 세상의 모든 색상은 물건과 자리에서 흡수하여 변하지만, 청색은 다른 것에 흡수되지 않고 본래의 색상을 그대로 유지한다. 그러므로 물빛이 청 빛이며, 바다와 하늘도 청 빛으로 보이는 것이다. 이러한 청 빛을 비로자나불의 본성에 비유하여 청정 법신이라 한다. 비로자나불의 청정 빛은 또한 무언의 소리와 같다. 무상無相이며 무명無名이며 무형無形이며 무성無聲하여 적정寂靜으로 자취가 없다. 다만 빛으로만 표현되는 이법신理法身이 중생을 위하여 나타나는 것이 청빛의 지법신智法身이다. 천지에 가득하므로 산천초목도 지법신이며, 모든 소리도 지법신이며, 모든 동작도 지법신이다. 이법신과 지법신으로 구분할 때 이법신을 마하비로자나불maha-vairocana이라하고, 지법신을 비로자나불, 법신 비로자나불, 청정법신 비로자나불, 대일여래 등으로 부르는 것이다. 비로자나불이 가진 공능은 제암변명除暗遍明·능성중무能成衆務·광무생멸光無生滅이다. 빛의 비로자나불을 나타낸 것이 티베트의 사원들이다. 1,000년 전에 세운 북인도 라닥Ladakh의 알치Alchi사의 대법당과 타보Tabo사 대일당이다.

　　　알치사는 티베트 승 린첸상뽀985~1055가 987년 창건한 사찰로 108사원 건립 발원으로 세운 사원 가운데 하나이다. 사원에 들어서면 왼편에 비로자나불을 모신 3층 대법당이 있다. 대일당 1층 높이 1m 정도 출입문으로 들어가면, 중앙 불탑을 중심으로 동서북방의 벽면에 함실을 만들고 각각 함실에 3층 높이의 입불상이 조성되어 있다. 동편오른편=身 함실에는 황색의 문수보살상을 조성하고 보살의 군의裙衣에는 밀교 84 성취자가 그려져 있고, 양면 벽에는 아축불의 천체불千體佛이 그려져 있다. 서편왼편=口 함실에는 3층 높이로 백색의 관음보살상을 조성하고 군의裙衣에는 공양도와 사원, 연등불로부터 수기를 받는 장면들이 그려져 있고, 양면 벽에는 아미타불의 천체불이 그려져 있다. 북편뒤편=意 함실에는 3층 높이로 적색赤色의 미륵불상을 조성하고 군의裙衣에는 석가불의 일대기가 그려져 있고, 양면 벽에는 불공성취불의 천체불이 그려져 있다. 1m정도 높이 문이 있는 남쪽출입구 양면 벽에는 우주 만다라와 각종 인결印結을 한 천체불千體佛이 그려져 있다. 법당의 2층과 3층은 사면 벽에 만다라가 그려져 있다. 3층 위 중앙 천정을 일산 형태가 있고 그 위에는 사각의 하늘이 다섯으로 포개져 있으면서 갈마저를 중심으로 8옆 연꽃 문양이 그려있다. 빛은 2, 3층 남향의 문으로 빛이 들어오게 조성되어 있다.

법당 전체는 대우주를 상징하여 1층 홀 중앙에 수미산을 세우고 중앙은 비로자나불[智法身]이 금강지권인金剛智拳印을 결하고 사자좌에 앉아 있다. 수미산 아래 동쪽의 아축불은 코끼리좌에 앉아 촉지인觸地印을 결하고 입상의 문수보살을 바라보고 있으며, 수미산 아래 남쪽의 보생불은 말좌에 앉아 여원인與願印을 결하고 출입문을 향하고 있으며, 수미산 아래 서쪽의 아미타불은 공작좌에 앉아 법계정인法界定印을 결하고 입상의 관음보살을 바라보고 있으며, 수미산 아래 북쪽의 불공성취불은 금시조좌에 앉아 시무외인施無畏印을 결하고 입상의 미륵불을 바라보고 있다. 이것은 빛의 만다라로써 중앙 천정의 빛[理法身]을 받은 비로자나불이 4불에 가지하고 4불은 다시 4보살에 관정하는 모습이다.

타보사Tabo는 어떠한가? 북인도 히마찰 프라데쉬주의 스피티Spiti지역 해발 3,242m 고지대에 지리적 조건이 좋지 못한 곳에 티베트왕 라데Lha-de의 후원 아래 린첸상뽀가 창건996년한 사원이다. 대비로자나불당을 중심으로 미륵당, 큰 돔톤라캉, 작은 돔톤라캉, 금당, 만다라당, 호법존당, 백당, 존자당 등 8개의 전당이 있는 대가람이다. 이곳에서도 빛의 비로자나불[理法身]을 볼 수 있는 법당으로, 금강계 36존상과 아미타존상 과 권속 8존 등 45존이 모셔진 대법당이 있다. 대법당은 알치사의 대법당처럼 남쪽으로 높이 1m정도의 출입구가 하나 있을 뿐이다. 출입구는 남쪽이지만 내부는 동향으로 되었다. 법당은 모든 것이 자연의 흙으로만 조성되어 있다. 4실로 구성되었으며 실마다 중앙 천정에 들어오는 창이 있다. 제1실은 욕계欲界를 상징하는 고캉Gon khang으로 쫑가파 제2대 제자와 연화수보살과 금강수보살을 협시로 아미타불과 11면 관음상과 4비 관음상의 벽화가 있다. 제2실은 통로이며, 제3실은 색계色界를 상징하는 것으로 금강계 36존상을 모신 본실이다. 제4실은 무색계를 상징하는 디쩬캉으로 아미타불과 권속들이 봉안되어 있다. 제4실 3면 벽에는 왼편에서 시작하여 16분의 보살상, 판첸라마, 법보화 삼신불과 5색의 1천불이 그려져 있다.

　　　본실인 제3실 축락캉Gtsug Lha-Khang=經堂은 법신 비로자나불의 모습을 볼 수 없다. 제4실 앞에 4면 입체불이 수미산을 중심하여 사방으로 4바라밀보살이 전법륜인을 결한 모습으로 앉아 있다. 4바라밀보살 사이로 동방 코끼리[象], 남방 말[馬], 서방 공작[孔雀], 북방 금시조金翅鳥를 조상하여 안치하였다. 법당 남과 북의 벽면에는 선재동자의 구법도求法圖와 불전도佛典圖, 그리고 현겁現劫 천존불千尊佛이 나누어 그려져 있으며 8길상도가 사방으로 나누어 그려져 있다. 어두운 본실 중앙 천정에 가로세로 각각 180㎝ 정도의 창이 있다. 빛이 창을 통하여 들어온다,

　　　천정의 빛이 비로자나불[理法身]을 상징하는 것이므로 본실에는 비로자나불의 형상이 조성되지 않았다. 어떤 사학가는 중앙 4바라밀상을 비로자나불이라 하면서 4바라밀은 삼매야형으로 4불 조상 아래 그림으로 그려졌다고 주장하기도 한다. 이것은 빛의 비로자나불

을 이해하지 못한 주장이다. 1,000여 년 전 밀교경전을 번역하고 주석
을 쓰고 깨달음을 얻은 린첸상뽀가 비로자나불의 만다라 세계를 흙으
로 조성하여 이 땅에 재현하면서 유독 4바라밀상만 그림으로 남길 이
유가 없다. 대일당을 세운 선각자의 참뜻을 안다면 축락캉 중앙으로 들
어오는 빛의 의미를 알게 될 것이다. 대법당은 곧 비로자나불의 청 빛
이 온 우주에 충만하다는 가르침을 설하신 당체설법의 도량임을 알아
야 할 것이다. 비로 법신의 숭고한 청빛의 가르침이 충만한 허공을 향
하여 …….

빛의 해탈을 얻기를!

제3화

청빛의 놀이터가 허공이다

허공에 두둥실 떠 있는 지구, 공기 방울에 싸여 떠돌아다닌다. 가슴 깊은 곳에 뜨거운 불을 품고, 배 위에는 물을 가득 싣고 떠돌아다닌다. 가슴 속 불길은 언제든지 솟아오를 준비를 하고, 물은 수평을 이루고 있다. 부글거리던 불이 가득하면 옅은 땅을 골라 솟아오르고, 바다는 파도로써 물의 수평을 맞추고 있다. 이러한 지구에 생명체가 자리를 옮겨가며 물에 태어났다가 땅에 태어나기를 반복한다. 큰 몸으로 태어났다가 작은 몸으로 태어난다. 다리를 가지기도 하고 다리 없이 태어나기도 한다. 순간을, 하루를, 100년을 머물기도 하면서 자리를 옮긴 횟수는 헤아릴 수 없이 많다. 이러한 우주 법계의 놀이터에서 수를 셀 수 없는 많은 동반자 공기 방울로 자리를 옮기면서 태어나고 사라지는 것이 윤회이다.

　　우주 법계에는 운영하는 빛이 있다. 그 운영의 빛이 중생계에 나타날 때, 그 빛의 힘을 만분의 1도 나타내지 못한다. 이것은 우리들의 근기로는 그 빛의 힘을 감당하지 못한다. 빛의 근본인 비로자나불이 우리를 위하여 본래의 빛을 부드럽게 순화시켜서 우리 적성에 맞는 양만큼 나타낸 것이 화신불이다. 비로자나불로부터 받아온 빛을 다 사용하면 제자리로 돌아간다. 석가모니부처님이 사용할 수 있는 빛은 인간계에는 100년이다. 그런데 80년만 사용하고 20년을 남겨 제자들이 사용하도록 하였다. 이것이 20년의 유음遺蔭의 덕이다. 부처님을 만나지 않아도 남겨둔 법에 친근하면 아라한이 될 수 있다. 그러므로 부처님의 생신生身을 친근할 필요도 없고, 설법을 들을 필요도 없이 무언설의 빛만 보아도 아라한이 된다. 그러나 우리들은 근기가 낮아 친근하고도 믿지 않으며, 빛을 보여도 믿지 않는 자가 있었다. 부처님은 하는 수 없이 연민의 자비심으로 설법할 것을 결정하고 바라나시 녹야원을 시작으로 45년간 방편의 말씀을 하였다. 방편의 말씀은 재세시에 친근한 자만 위한 것이 아니라, 열반 후에 믿음을 가지거나 모양을 보거나 진언을 송하는 자도 해탈할 수 있도록 하였다.

　　부처님의 열반은 비로자나불로부터 받아온 빛이 다하였다는 것을 알리기 위하여 하루해가 지는 서쪽을 바라보면서 열반하였다. 이것은 다시 또 해가 뜬다는 것을 동시에 알린 연민의 모습이다. 석가모니불은 손을 펴고 쥐고, 발을 옮기는 것, 눈을 감고 뜨는 것 모두가 믿음을 굳건히 가지도록 가르치는 설법이었다. 즉 행주좌와 어묵동정이 모두 비로자나불의 빛을 전하는 행위였다. 깨달음의 법은 말과 글에 있는 것이 아니다. 일상생활에 있다. 쿠시나가라에서 반열반般涅槃의 모습을 보이면서 금생의 육신의 빛을 조용히 거두었다. 진리의 빛인 사리를 남기신 것이다. 부처님은 생사를 자유자재하며 여여如如하다는 것을 보였다. 그 증거로 열반 후 가섭 존자와 모든 대중에게 곽시쌍부槨示雙趺의 법문을 보였다. 사바에 오실 때 '옴A', 보드가야의 깨달음의 첫소리

'옴U', 쿠시나가라의 열반지에서 '옴M'의 진언을 남겼다. 법신불의 빛의 공능이 담긴 처음의 소리이다. '훔'의 끝 소리를 남겼다. '옴'의 비밀법을 담은 '훔'의 소리를 남긴 것이다. '옴'은 비로자나불의 빛의 소리로 어디에도 흡수되지 않는 청 빛의 소리이다.

　　　진언법은 부처님의 본심법이다. 진언은 시대와 장소에 따라 변화된 모습으로 전해졌다. 진언법이 사자상승師資相承하는 최고의 법이다. 인도에서 중국으로 전하는 과정에서 선지식들에 의하여 화두話頭로 변형하였다. 화두란 초기불교의 《대법념처경》 21종의 수행법과 남방불교의 《청정도론》 40종의 수행법에는 없는 용어로써 달마 스님이 중국에 전한 진언mantra 수행법이다. 중국에 전해진 화두는 단 한 사람의 제자에게만 전해지는 일대일의 비밀의 언어이다. 이 비밀의 진언법을 처음 설하신 분이 석가모니불이다. 가섭 존자가 비밀의 법을 받아 아난다에게 전하고 아난다가 상나화수에게 전해지는 비밀의 언어이다. 달마 스님을 거쳐 중국 제6조 혜능慧能에 이르러 일대일의 전법이 사라지고 누구나 다 자성의 심인을 깨달을 수 있는 법으로 바꾸었다. 한 사람에게만 전해지는 사자상승법을 바꾸기 위하여 전법의 표상表象인 가사와 발우를 태우는 호마[火]의 대작불사를 하신 것이다. 이로써 다시 비로자나불의 빛의 전법의 문인 비밀의 문이 열리게 된 것이다. 비밀의 심인, 비밀의 진언인 비로자나불의 청 빛을 알게 한 것이다. 수행자라면 먼저 정법의 믿음을 굳건히 하여 자성의 심인을 찾기를 바라는 것이다. 심인법은 진리의 빛을 머금고 있는 본심을 말하며, 이것은 비로자나불의 본심과 일체 제불과 제보살의 본심이며, 일체중생들의 본심으로 표기하는 진실한 마음의 소리이다.

알치사나 타보사가 빛을 중심으로 부처의 만다라 세계를 그림과 조상彫像으로 함께 표현했듯이 지법신이 빛의 세계를 펼칠 수 있는 곳이 곧 허공이다. 부처님의 가르침을 공도空道라 하는 것도 허공을 의미한다. 허공은 어느 것에도 치우치지 않는 곳이며, 누구나 다 마음대로 놀 수 있는 곳이다. 허공은 텅 비어 있는 듯하지만 무한한 것이 가득 차 있다. 사람이 원하기만 하면 무엇이든지 내어 준다. 붉은 것을 보고자 하면 붉은 것을 보여주고, 푸른 것을 보고자 하면 푸른 것을, 노랑을 보고자 하면 노랑을 나타내 보인다. 이것이 빛과 허공과의 조화이다. 자성이 지닌 빛과 허공의 조화를 깨닫는 것이 진언수행이다. 빛을 찾는 수행으로, 밝고 넓은 마음으로, 이익이 되고 안락하게 살 수 있도록 제공하는 허공의 이치를 배우고자 수행한다. 아무것도 없는 듯하면서 무한의 가능성을 보여주는 빛의 에너지를 마음껏 가질 수 있는 최고의 수행을 허공을 놀이터 삼아 진언을 염송하기 바란다.

빛의 해탈을 얻기를!

제4화

비로자나불의 가르침이 삼라만상이다

삼라만상은 우리를 위하여 존재한다. 내가 세상에 태어나 살도록 이 땅은 나를 기다려 주었다. 내가 만든 것을 그대로 보존하면서 나를 기다리고 있었다. 그러므로 내가 곧 이 땅의 주인이다. 저 하늘 태양도 달도 별도 나를 위하여 존재한다. 땅의 물도 불도 바람도 나를 편안하게 살 수 있도록 가꾸어져 있다. 내가 세상에 태어나자 땅이 진동하고 바람이 불며, 꽃이 날고 새들이 노래하였다. 모두 나의 삶을 윤택하게 하는 변화의 모습들이다. 봄의 아름다움도 여름의 더위도 가을의 단풍도 겨울의 추움도 모두 나의 무료함을 달래기 위하여 갖가지 재주를 연습해 두었다가 철을 따라 재롱을 부린다. 참으로 고마운 현상들이다. 그 옛날 인도 룸비니 동산에서 싯다르타가 태어날 때도 이러했다. 카필라성의 정반왕은 태자에게 부처의 길보다 전륜성왕의 길을 가기를 원하면서 삼시전三時殿을 짓고 3명의 부인과 아름다운 무희들을 배치하여 밤과 낮을 즐기게 하였다. 이것은 인위적으로 만든 것이지만, 자연 법계는 내가 요구하지 않아도 나의 마음을 읽고 모든 것을 준비하여 원하는 대로 베풀면서 보호하고 있었던 것이다.

바람은 불어서 좋고, 비는 적셔서 좋고, 불은 태워서 좋고, 물은 흘러서 좋다. 봄은 꽃이 피어 좋고, 여름은 더워서 좋고, 가을은 시원하여 좋고, 겨울은 추워서 좋다. 모두가 지루함을 느끼지 않도록 변화를 일으키면서 즐겁고 편안하게 하는 현상들이다. 자연이 쉴새 없이 베푸는 것에는 목적이 있다. 자성의 빛에서 태어나고 죽음을 얼마나 거듭하였는가? 나는 새와 기는 짐승과 헤엄치는 어족의 삶을 반복하면서 얼마나 나타나고 사라졌는가? 인간계에는 또 몇 번이나 태어나 부모도 되고 형제도 되고 부부도 되고 왕도 되고 신하도 되고 장군도 되고 상인도 되고 공인도 되고 선비도 되고 거지도 되면서 얼마나 많은 생을 받았던가? 그때도 자연은 이렇게 존재했다. 영원한 것은 아무것도 없다는 것을 알게 하고자 자연은 나타나고 사라지고 변화하는 모습을 보여주고 있다. 어느 하나 법문 아닌 것은 없다.

아름다움을 보이기도 하고, 추한 것을 보이기도 하고, 덥게도 하고, 춥게도 한다. 때로는 흉년이 들어 배고프게도 하고, 풍년이 들어 배부르게도 한다. 짊어진 짐이 무거울 때도 있고, 길을 가다가 돌부리에 넘어져 발을 다치기도 한다. 혼자 외로움을 주기도 하고, 이웃이 있어 번잡함을 주기도 한다. 가진 것을 뺏기도 하고 부수기도 하며, 부족한 것을 채워주기도 하고 새로운 것을 만들어 주기도 한다. 이것이 자연이 나에게 전하는 당체 설법이다. 이 모든 것은 이제 영원을 찾아 본래의 빛으로 돌아오라고 법문을 설하는 것이다.

자신의 현재 삶의 모습을 보면, 아랫자리에 있기도 하고 윗자리에 오르기도 하며, 칭찬을 받기도 하고 욕을 당하기도 하며, 하고자 하는 일이 성공하기도 하고 실패하기도 하며, 잘하기도 하고 잘못하기도 한다. 아래는 아래대로 위는 위대로, 칭찬은 칭찬대로 허물은 허물대로, 성공은 성공대로 실패는 실패대로, 잘하는 것은 잘하는 대로, 못하는 것은 못하는 대로 모두가 나를 성숙시키기 위하여 내리는 부처님의 가르침이다. 이러한 변화에는 법칙이 있다. 이것이 인과법칙이다. 모두 나 자신이 인 지은 것으로부터 나타난 결과이다. 과거 무시 광겁부터 지금까지 지은 인을 지금 다 받지 못하면, 다음 내가 태어날 곳의 모든 것도 만들어 놓을 것이다.

부처님이 어느 날 아난다에게 천상과 지옥을 보여주었다. 먼저 지옥을 보여주면서 분산하게 움직이는 옥졸들에게 무엇을 하고 있는지를 묻게 하였다. 아난다가 가마솥에 기름을 붓고 장작을 준비하는 옥졸에게 물었다.

"지금 무엇을 하는 것인가?"

"장차 아난다가 이곳에 오면 기름 가마에 넣고 끓이려고 준비하는 중입니다."

아난다가 한 걸음 뒤로 물러서면서 물었다.

"어느 아난다를 말하는가?"

"지금 부처님을 모시고 있는 게으른 아난다를 말합니다."

아난다가 놀라서 부처님에게로 돌아왔다. 부처님은 다시 아난다에게 다시 천상을 보여주었다. 천상에서는 아름다운 집을 짓고 장엄을 하고 있었다. 아난다가 부처님의 지시로 집을 짓고 장엄하는 천상인에게 물었다.

"지금 이곳은 누구의 집인데 이렇게 웅장하면서도 아름답게 짓고 있습니까?"

"이 집은 장차 아난다 존자가 거처할 집입니다."

"어느 아난다를 말합니까?"

"지금 부처님을 정성껏 시봉하면서 열심히 정진하는 아난다 존자입니다."

아난다는 환희심으로 부처님께 돌아와서 여쭈었다.

"부처님! 지옥도 천상도 모두 나를 맞이하기 위하여 준비하고 있다 합니다. 이것이 어찌 된 영문입니까?"

부처님이 말씀하셨다.

"그렇다. 두 곳의 일들이 모두 맞는 말이다. 어디 이곳뿐이겠는가? 너의 정진과 게으름에 따라 천상도 지옥도 축생도 아귀도 만들어지는 것이다."

아난다는 그 이후 게으름을 버리고 부지런히 정진에 전념하였다고 한다. 우리들도 아난다처럼 이 세상에 살면서 다음 세상을 만들고 있다. 천상·수라·인간·축생·아귀·지옥의 세계를 만들고 있으며, 성문·연각·보살·불세계도 준비하고 있다. 이 세상에서 행동하고 말하고 생각하는 것은 모두 육도를 윤회하거나 사성四聖에 오르기 위하여 행하는 업이다.

아침에 일어나 거울을 보라!. 그 속에 비치는 모습은 우연偶然히 생긴 것이 아니다. 어제까지 자신이 행한 것의 결과로 나타나는 모습이다. 현실에서 일어나는 일들은 모두 자취와 흔적을 남긴다. 현실이 곧 진리이며 진리가 곧 현실로서 진리와 현실은 하나이다. 부처님은 진리 그 자체요, 보살은 진리를 깨달은 자요, 중생은 진리로 나아가는 자이다. 그러나 우리는 그 속에 살면서도 진리와 현실을 나누어 보기 때문에 바른길을 알지 못하고 탐진치만의貪瞋癡慢疑의 근본 번뇌를 일으키면서 집착한다. 이것을 다시 돌이켜 생각하면 근본 번뇌가 곧 부처의 경지에 이르는 사다리라는 것을 알 수 있다. 수행이란 탐진치만의를 다스리는 법이다. 자연이 알려주고 삼라만상이 설하는 법을 알지 못하기에 화신불이 출현하여 삼위일체의 법을 설하여 보리를 이루게 하는 것이다. 싯다르타 태자가 성불 직전에 마왕 파순이를 깨워 법거량을 하는 것이 번뇌즉보리煩惱卽菩提의 원리를 말해주고 있다. 자연 법계의 삼라만상은 모두 비로자나불이 중생을 위하여 설하는 자연법이自然法爾의 당체설법이다.

빛의 해탈을 얻기를!

제5화

법신불의 자성은 청정성이다

중생계는 만물의 성장과 운행이 자연법이自然法爾이다. 이 작용은 법신 비로자나불의 공능에서 나온 것으로 다양한 변화를 일으키므로 한마디로 표현할 수 없다. 많은 작용은 본래 자리인 청정성으로 돌아가게 하는 비밀의 가르침이다. 중생계에 청정성을 강조하는 것은 중생계가 그만큼 탁하다는 의미이다. 우리들은 탐진치만의貪瞋癡慢疑의 근본 번뇌와 희로애락애오욕喜怒哀樂愛惡欲의 칠정이 어우러져 만들어내는 108번뇌가 있다. 108번뇌는 다시 3,000위의와 8만 세행을 어지럽히면서 8만4천의 번뇌를 일으킨다. 이로 인하여 본래의 청정성을 잃고 육도윤회의 업신業身으로 살아가고 있다. 육도윤회를 벗어나기 위하여 가장 먼저 찾아야 할 것이 자성의 청정성이다. 자성 청정성은 비로자나불의 본성이며, 보살의 본성이며, 중생들의 본성이다.

　　　청정에는 두 가지가 있다. 하나는 우리들의 마음은 그 바탕이 본래 청정하다는 자성청정自性淸淨과 또 하나는 그 어떤 것에 물듦을 여읜 이구청정離垢淸淨이다. 우리의 심성心性이 본래 청정할 뿐 아니라, 어떤 것에도 물들었다 하여도 벗어날 수 있는 이구청정의 힘을 지니고 있다. 그러나 우리는 본래의 청정을 잃어버리고 또 오탁 악세의 물까지 들어 살아가고 있다. 진각밀교에서 행하는 심인心印 공부는 본래 청정 성으로 되돌아가는 수행이다. 먼저 마음을 청정히 하고, 다음으로 입을 청정하게 하며, 다음으로 몸을 청정하게 하는 공부이다. 보시에도 보시 하는 자, 보시를 받는 자, 보시하는 물건의 삼륜청정이 있다. 삼륜청정 이 갖추어졌을 때 절대의 평등한 최상의 보시공덕이 일어나는 것처럼 신구의 삼업이 청정한 삼밀이 되었을 때 비로 법신의 자리로 돌아가게 될 것이다.

중생계는 물질이 풍부할수록 마음은 더욱 탁하게 된다. 옛날 농경사회에서는 몸이 피곤하고 어렵게 살면서도 마음만은 청정하였다. 이웃의 어려움을 나의 것처럼 생각하고 함께 웃고 함께 슬퍼하면서 상 부상조相扶相助하는 삶을 살았다. 마을 사람들을 부모 형제 같이 생각하 였으며, 인정이 많고 마음이 맑고 순수하였다. 생활 그 자체가 청정하 였기 때문에 굳이 청정을 말하지 않아도 되는 시절이었다. 그러나 과학 문명이 발달하고 물질이 풍부해지면서 사람들의 인심은 메말라 가고 있다. 이웃을 모르고, 인정을 베풀지도 않으면서 오로지 자기 자신만을 생각하는 시절로 변하였다. 이러한 물질문명 시대는 청정성은 찾을 수 없기에 청정성을 강조하는 가르침이 필요하다.

옛날 어느 사찰에 있었던 이야기이다. 삼경이 지난 뒤 조용 한 절에 쌀 뒤주에서 소리가 났다. 잠들지 않은 노승이 밖으로 나와보 니 선비 차림의 도둑이 뒤주의 쌀을 퍼낸 가마니를 짊어지려 하고 있었 다. 몇 번이고 일어나려고 하였으나 여의치 못하였다. 이를 본 노승은 몰래 지게를 받쳐 일어서게 하였다. 도둑은 가벼워진 지게를 지고 일어나 뒤를 돌아보니 노승이 자신의 입을 가리는 흉내를 내면서 빨리 가라고 손짓하였다. 선비는 도둑이 아니었다. 과거 공부하는 가운데 집안에 양식이 떨어져 식구들이 아사餓死지경에 이른 것을 보고 선비는 내가 장차 과거에 급제하여 몇 곱으로 갚아주리라 결심하고 삼경이 지난 뒤 몰래 사찰에서 쌀을 훔쳤던 것이다. 지게를 져보지 못한 선비는 지게를 지고 일어나는 요령을 몰라 애를 쓰고 있었다. 노승은 얼마나 어려우면 공양한 쌀을 훔치겠는가? 생각하면서 대중들이 일어나기 전에 빨리 가져가라고 배려한 것이다. 노승이 허락하였으니 도둑은 도둑이 아니라 잠시 빌린 것이 되었다.

　　　순수하고 인정이 많은 시절은 비록 물질이 부족할 때 남의 물건을 도적질하기도 하지만, 도둑질에도 예의와 법도가 있었다. 도적이 남의 담을 넘을 때, 그 집안사람 누군가가 깨어있으면 되돌아갔으며, 기침만 하여도 도둑질을 멈추었다. 지금은 어떠한가? 가진 자는 베풀고자 하는 마음보다는 더 많은 것을 가지려는 욕심이 있다. 물질이 풍부하면 할수록 가난하여 배고파하는 사람들이 많으며, 남을 존중하거나 배려하는 마음이 없다. 이와 같이 사람들의 심성은 물질이 풍부한 만큼 악해졌다. 도적은 예의와 법도도 없이 흉악한 강도로 변하여 생명까지 위협하고 있다. 이러한 중생계에 무엇으로 근본을 삼아 교화하겠는가? 곧 청정성이다. 우리들의 청정성을 밖에서 찾는 것이 아니라, 자기의 내면에서 찾도록 길을 인도하면 된다. 자연법이 속에 가르침이 있다.

　　　자연 속에 청정성을 바탕으로 영원성永遠性과 가치성價値性과 자비성慈悲性과 창조성創造性의 법이 있고, 32응용법이 그 속에서 생겨난다. 이것을 표현한 것이 37존 금강계만다라이다. 진각성존이 시대에 맞는 밀교문을 열고 삼밀법과 참회법을 전하였다. 참회하는 것은 지은 업을 살펴 탁함을 제거하기 위함이다. 탁함으로 인하여 청정성의 결여缺如를 찾아 참회하도록 하신 법이다. 우리들이 생각하는 청정성은 더러움의 반대되는 것으로 생각할 수 있다. 불의 청정성은 더러움과 깨끗함의 구분이 아니다. 비로자나불의 청정성은 상대가 없는 청정성이다. 만일 더러움과 깨끗함의 구분으로 생각한다면, 이것은 아직도 법신 비로자나불의 본래면목을 모르는 어리석은 마음이다. 모든 만물은 본래부터 고요하고 본래부터 청정한 것이다. 다만 업신業身에 의하여 시끄러움과 부정不淨이 생겨났을 뿐이다. 참회수행으로 본래의 청정성을 찾는 공부를 해야 한다. 오욕과 칠정을 버리는 마음으로 자비 희사법을 수행한다면 법신 비로자나불이 세상에 출현한 의미와 진각성존이 밀교를 개창한 뜻을 새기면서 무진 서원에 동참하는 인이 되기를 바란다.

빛의 해탈을 얻기를!

제6화

경전의 결집

인간이 여타의 동물과 다른 점은 언어와 문자가 있다는 것이다. 언어와 문자는 소통의 도구이다. 순서는 언어 다음이 문자이다. 언어는 두 사람 이상 마주하거나 귀로 들을 수 있는 거리에서 전하는 소리지만, 문자는 현재뿐만 아니라 훗날까지 전할 수 있는 것이다. 처음 문자는 자연의 형상을 그대로 표현하는 그림이다. 그 어떤 상황을 전하기 위해 그림을 그린 것이다. 몸으로 흉내 내고, 그림으로 그려지고 입으로 말하면서 보고 듣는 문자가 발전한 것이다. 입으로 말하고 귀로 듣는 소리는 현재 상황만 알뿐 미래에 전하지 못한다. 이러한 결함을 보완한 것이 그림이다. 상형화 실현화의 그림이 변천하여 만다라가 된 것이다. 실형의 그림문자는 통일된 문자로 누구나 다 알 수 있지만, 전하는 과정에서 시간과 전문성이 요구되어 이것을 간편하고 편리하게 만든 것이 문자의 발달이다. 그러나 그림과 달리 문자는 지역마다 다르게 발달하였다. 예를 들면, 호랑이를 한국은 '호랑이', 영어는 'Tiger' 중국어는 '虎' 일본어는 'とら'이다. 호랑이 그림이면 될 것을 이렇게 다르게 표현되어야 한다. 동작의 글자가 소리글자로, 소리글자가 그림글자로, 그림글자

가 문자글자로 발전한 것이 문자결집의 역사이다.

　　부처님의 말씀을 정리하는 결집samgīti도 처음에는 외워 전하였다. 즉 합송으로 결집하여 전한 것이다. 결집의 목적은 부처님 법이 잘못된 것을 바로잡고 사라지는 것을 막기 위하여 제자들이 모여 합송으로 결의하는 불사를 말한다. 제1 결집은 부처님 열반 100일 뒤에 가섭 존자迦葉尊者를 중심으로 왕사성 칠엽굴에서 행하였다. 가섭 존자는 부처님의 법은 계율이 중요하다는 것을 알리기 위하여 먼저 지계 제일 우바리優婆離로 하여금 먼저 율을 외우게 하고, 다음으로 아난다阿難陀에게 경을 외우게 하여 동참한 500명의 상수제자들의 증명을 받은 것이다.

　　제2 결집은 불멸 후 100년B.C. 420년대 뒤 야사비구耶舍比丘를 중심으로 장로 700명과 함께 비사리성에서 행한 700결집이다. 계율에 관한 결집으로 당시의 문제가 된 십사비법十事非法를 정리한 결집이다. 이 결집으로 상좌부와 대중부의 근본 분열이 이루어지고 다시 20부파의 지말분열이 일어나게 되었다. 제3 결집은 불멸 235년 화씨성Pāṭaliputra, 오늘날 북인도의 파트나에서 상좌부에 속하는 목갈리풋타티사目犍連子帝須를 중심으로 행한 1,000인 결집이다. 처음으로 경율론 삼장三藏 결집이다. 결집에서 제수는 1,000장의 논사論事을 지어 이의사설異議邪說을 격파하였다. 결집을 도와준 왕은 인도 마우리아孔雀 왕조의 제3대 아소카왕Asoka, B.C. 268-232 재위으로 즉위 17년에 일이다. 아소카왕은 불법의 가르침으로 국가를 통치하였으며, 8만4천의 사원과 8만4천의 보탑을 건축하면서 정복한 곳마다 석주를 세워 기록을 남겼다. 아소카왕은 5국 전도승 파견에 상좌부의 분별설부分別說部에 속한 왕자 마힌다 장로와 공주 상가미타 비구니를 사자국에 부처님 사리와 보드가야의 보리수를 보내어 불교를 전래한 것이다. 제4 결집은 불멸 후 600년A.D. 80경에 가니색가왕이 가습미라성에서 협Pārśva 존자와 세우Vasumitra 존자를 상수로하여 500명 비구들이 모여 삼장에 주석을 하는 결집이 행해졌다. 가니색가왕은 국가를 보호하는 차원에서 외도들이 볼 수 없도록 결집한 30만 송을 석함石函에 넣어 탑 속에 봉안하였다고 한다. 인도에서 매장경埋藏經 역사가 시작된 것이다.

또 하나의 제4 결집 인도가 아닌 인도 남쪽 바다 건너 사자국에서 먼저 이루어진다. 기원전 1세기경 왓다가마니 아브흐야왕 Vattagamani Abhaya, B.C. 43~29 시대에 타밀족의 침략과 전쟁, 가뭄, 기근과 힌두교의 반란으로 왕국의 중심지였던 대사Maha Vihāra가 황폐하였다. 이때 왕의 보호로 아누라다푸라 남쪽 100km 정도 떨어진 마탈레Matale 의 알루위하라Aluvihara 바위 동굴에서 암송자 필경사 500명 스님들이 모여 7년 동안 경율론 삼장Tipitaka을 결집하면서 패엽경으로 제작되었다. 밀교 경전의 결집도 이루어진다. 이것이 부처님 말씀을 문자화한 첫 결집이었다. 사자국에 전래 된 불교는 상좌부가 먼저이고 다음으로 대중부이다. 상좌부와 대중부가 나란히 발전하다가 대중부가 왕권을 등에 업고 세를 늘리면서 상좌부의 스님들을 몰아내고 개혁적인 새로운 불교가 형성되는 과정에서 자연스럽게 밀교가 꽃피우게 되었다. 기사굴산의 첫 밀교 결집에 이어 두 번째 밀교 결집이다. 이후 대중부의 번영은 길지 않았다.

기원후 1세기경 조용하게 지내던 상좌부가 새로 등극한 왕의 도움을 받아 초기 전통불교를 고수하면서 대중부 불교를 탄압하였다. 대중부계통의 승려들을 학살하고 만들어진 경전들은 불태우는 분경퇴승焚經退僧이 있었다. 이때 사자국의 제4 결집으로 성립된 경전 가운데 5부니카야Pañca-nikāya를 제외한 경전들이 사라지게 된 것이다. 사원에는 보드가야에서 가져온 보리수와 부처님의 사리를 공양하는 신앙으로 바뀌었다. 이 법이 현재까지 행하고 있다. 당시 대중부계 스님들은 죽음을 피해 경정을 매장하고 일부는 경전과 함께 남인도 나가르주나 강 깊숙이 들어갔다. 그 후 마하나마왕A.D. 410~432 시대에 인도에서 추앙받던 붓다고사Buddhaghosa=佛音 스님이 인도로 건너와 대사大寺에 머물면서 싱할리어로 남아 있던 주석들을 팔리어로 번역 편찬하면서 집대성하여 대사파 상좌부의 교학을 확립하였다.

　　　제5 결집 또는 제6 결집은 미얀마에서 행해졌다. 미얀마의 결집은 다른 나라에서는 인증하지 않는다. 미얀마의 제5 결집에서 이루어진 경전을 729개의 하얀 대리석 탑에 새겨 구도도파고다Kuthodaw paya에 보관하였다. 이것은 2,400여 명이 6개월간 밤낮없이 작업하여 완성한 석경 탑이다. 내용은 율장 111판, 논장 208판, 경장 410판에 미세하게 새긴 것이라 한다. 마모되지 않게하기 위하여 벽돌로 쌓아 그 속에 보관하였다. 미얀마의 제6 결집은 삼장법사 민군1911~1993 스님이 2년간 행한 불사를 말한다.

진각밀교의 결집

진각 밀교는 육자진언수행을 근본으로 하는 결집이 거듭되었다. 첫 번째 정도 결집이다. 불법에 입문한 이후 3차의 정진으로 육자진언의 밀법密法을 농림촌에서 깨달았다. 이것은 법신 비로자나불로부터 정도의 가르침을 받은 자수법락의 제1 정도결집正道結集이다. 정도는 의뢰하는 기복불교祈福佛教를 배제하고 자주력을 키우는 가르침이며, 불교의 생활화 생활의 불교화로 현세정화의 이원자주二元自主의 생활밀교生活密教로 정립한 것이다. 창종 4년을 지나면서 정도결집을 따르지 않는 분들은 파종하여 진언종을 세웠다. 이것이 첫째 분종이다. 분종의 법난을 수습하기 위하여 제2 법계결집法界結集을 하였다. 비로자나불을 교주로 육자진언을 수행 본존으로 하는 수행 차제를 정립하여 밀교 교리를 확립한 결집이다. 자기관념도를 작성하여 수행의 차제와 체계를 밝히면서 《법불교》와 《응화방편문》의 교화지침서로 이어지는 결집이었다.

정도 결집과 법계 결집은 진각성존 열반 전前에 이루어진 것이다. 진각성존은 열반을 앞두고 "옛날에는 의발衣鉢이요 이제는 심인법心印法, 약불藥不 단약斷藥 서남법西南法. 이 두 법을 실천하는 자가 나의 법을 이은 자이다." 하는 유교遺教의 말씀과 함께 열반 후 일어날 법난法難을 막을 제3 심인결집心印結集을 예고로 "앞으로 30년간 한 글자도 한 문구도 바꾸지 말라."는 비밀의 말씀을 남겼다.

서남법을 실천으로 서울 동북 편에 월곡정사月谷精舍를 건립하였다. 정사지靜舍地를 매입하는 과정에서 대금을 2번 지급하는 일도 있었다. 이곳이 제3 법난의 자리임을 알린 당체법문이었다. "한자도 바꾸지 말라."는 무언의 유법에 반대되는 준제진언 파동이 일어난 것이다. 이것이 두 번째 분종이다. 진각밀교는 이를 계기로 다시 한번 육자진언수행의 확고한 기틀이 마련되었다. 진각성존 열반 30년 이후 체·상·용 3권의 법어 모음이 제4 결집의 시작이다. 이 결집은 지금도 진행

중이다. 진각성존의 밀법을 왜곡되게 해석하는 어리석음을 범하려는 기운이 감돌고 있다. 이 기운을 막으려면 계율이 포함된 결집이 있어야 한다. 이것이 이루어지지 않으면 법난은 계속될 것이다.

　　'옛날에는 의발이요 이제는 심인법'은 경장이요, '약불 단약 서남법'은 율장이요. 진각성존의 《실행론》과 《종조법어》는 논장에 속한다. 경장은 신앙의 중심이요 율장은 수행의 중심이요 논장은 교화의 중심이다. 경전의 결집은 중요한 것이다. 이 가운데 어느 하나만 부족하여도 진각성존의 삼고 해탈법의 묘득을 얻지 못한다.

빛의 해탈을 얻기를!

제7화

세상에 나온 금강정경

부처님이 45년간 설하신 말씀이 팔만대장경이다. 비로자나불의 원융무애圓融無碍의《화엄경》을 시작으로 생활속 가르침인 아함부阿含部와 방등부方等部, 공사상空思想의 반야부般若部, 불지견사상佛知見思想의《법화경》, 불성佛性사상의《열반경》의 경전이다. 지금까지 전래된 경전은 대부분 매장경埋藏經이다. 대승경전과 밀교경은 용수에 의하여 세상에 유포되었다. 밀교 3대 경전《화엄경》,《대일경》,《금강정경》이다. 선무외삼장이 번역한《대일경》의 원명은《대비로자나성불신변가지경》으로 7권이다.《금강정경》계통은 당唐 불공삼장이 번역한《금강정일체여래진실섭대승현증삼매대교왕경》3권과 시호施護가 번역한《일체여래진실섭대승현증삼매대교왕경》30권과 금강지金剛智삼장이 번역한《금강정유가중약출염송경》4권 등이 있다. 이 외에도 불공不空, 시호施護, 선무외善無畏, 금강지, 보리류지菩提流志, 법현法賢, 법천法天 등이 번역한 많은 밀교견전이 있다. 그 가운데 가장 많은 경이《금강정경》계통의 경전이다. 밀교의 삼대 경전은 수행부분으로 연결되어 있다. 밀교의 삼밀수행의 제1 관문인 신밀身密 경전은《화엄경》이요, 제2 관문인 구밀口密 경전은 《금강정경》이며, 제3 관문인 의밀意密 경전은 《대일경》이다. 물론 경전마다 삼밀이 갖추어 있지만 굳이 논하면 이렇다는 것이다. 량으로는 한결같이 첫째 대본大本으로 법이상항본法爾常恒本=當體本인 십삼천대천 세계 미진수 게偈로 되었으며, 둘째 중본中本으로 무량송광본無量頌廣本= 總持本인 49만8천8백 송이며, 셋째 소본小本으로 십만송 또는 4,500송 으로 되어 있다. 중생계는 소본만 유통되고 있다. 설법자는 비로자나불 이며, 전래자는 용수요, 장소는 용궁龍宮과 남천축南天竺 철탑이다.

전래자 용수龍樹는 누구인가? 제2 석가라 부르는 용수Nāgā-rjuna이다. 용맹龍猛 용승龍勝이라 번역한다. 생몰연대는 알 수 없지만, 150~250년대에 활동한 남인도 스님이다. 행장을 보면, 남인도 비달바 국의 바라문 아들로 태어났다. 어릴 때부터 바라문교의 학문과 천문, 지리, 의학, 역수曆數 등을 배웠으며, 모든 부분에 뛰어난 재능을 가졌다. 친구와 더불어 방탕한 생활에서 죄를 지어 도망하는 중에 계戒를 받고 출가하였다. 90일 만에 소승 경전을 모두 익히고, 히말라야 산중에서 큰 스승을 만나 대승 경전의 가르침을 받았다. 중국 8종의 조사이며 선종의 14대 조사요, 밀교 부법 3조이다. 용수는 출가 제자인 용지龍智 에게 밀법을 전하였고, 용지는 금강지金剛智, 671~741와 선무외善無畏, 637-735와 불공不空, 705~774에게 전수하였다.

남인도는 용수의 고향, 사자국은 용지의 모국이며, 불공의 출생국이다. 밀교경 결집과 전법자와 인연이 있는 사자국과 남인도의 나가르주나는 제2 밀교의 발생지요 경전의 결집처며 유통의 장소이다. "개천에서 용이 난다." 하는 속담이 있다. 원어는 "계천[谷] 물이 흘러 용소를 이루고 용소에서 용이 난다."이다. 중간의 '물이 흘러 용소를 이루고 용소'까지를 빼버린 것이다. 나가르주나 강에서 밀교의 전승자인 용들이 나온 것이나, 사찰명에 곡谷자를 사용하는 사찰은 모두 밀교 사원인 것을 보면, 확실하게 계천에서 용이 난 것이다. 많은 제자들 이름에 용龍자를 사용한 것이다. 용수의 제자 중에 700여 년을 사는 용지 Nāgabodhi에게 밀법이 전해진 것은 제1 밀교 발생지요 제1 결집처 사자국이 출생으로 누구보다도 밀교를 잘 알기 때문이다. 인도 나란다 대학에서 선무외 삼장에게 밀법을 전한 달마국다가 용지와 동일 인물로 보고 있다. 용지의 법은 금강지에게 전해지지만, 불공이 인도에서 사자국 고향으로 돌아왔을 때 보현아사리에게 밀법을 전수받았다. 보현아사리가 곧 용지보살이니, 불공삼장은 스승과 같은 용지의 밀법을 받은 것이 된다.

　　　　용수가 금강살타로부터 밀법을 전수받은 남천축 철탑鐵塔은 어디인가?《화엄경》을 가져온 용궁은 밀교의 결집처 나가르주나의 깊숙한 곳이라면, 남천축 철탑은 남인도의 나가르주나강의 줄기인 키스트나Kistna강의 남쪽 아마라바티Amaravat 남서쪽Dipal-Dinne 언덕 위에 있는 아마라바티Amaravati 대탑이다. 이 탑은 대리석으로 만들어졌다. 대리석은 세월을 거치면서 검은 광택을 발휘하게 되었다. 그 빛이 철鐵과 같다 하여 철탑이라는 전설이 나오게 되었다. 현재 남은 철탑은 2세기 초에 건축된 것이며, 용수보살이 외곽에 사원寺院을 짓고 다시 담을 둘렀다.《송고승전》에는 이 탑은 중인도中印度의 승려인 연화蓮花가 784년 당나라에 들어와 덕종 황제를 뵙고 종 하나를 청해 남천축의 보군국寶軍國으로 돌아가 비로자나 탑에 안치했다는 탑이다. 최초의 탑은 검은 석탑이었을 것이다. 이 탑은 문을 열고 들어갈 수 있는 탑이 아니다. 현재의 탑은 용수가 법신 비로자나불의 진리를 상징하면서 기념비적으로 세운 상징탑이다.

　　기념비적인 철탑이 세워진 곳에서 밀교경전이 나오게 되었다. 전래를 살피면, 《금강정경대유가비밀심지법문의결》에 남천축에 철탑이 있었는데 불멸후佛滅後 수백 년 동안 철과 철쇄로 닫히고 굳게 봉쇄되어 있어서 누구도 그 문을 열 수가 없었다. 그러한 가운데 인도에 불법佛法이 점차 쇠퇴해 갈 무렵 대덕大德이 있어 탑 앞에서 대비로자나 진언을 송지誦持하니, 비로자나불이 모습을 나타내어 허공 중에 법문을 설한다. 대덕이 그것을 차제로 서사書寫하였다. 이것이 《비로자나염송법요毘盧遮那念誦法要》1권이다. 그때 대덕은 탑을 열기로 마음먹고 진언을 지송持誦하고 서원하면서 7일 동안 탑을 돌았다. 회향일 백겨자白芥子 7입粒으로 철탑의 문을 때리니 문이 열렸다. 탑안에는 향기가 가득하고 밝은 광명이 비치었다. 탑문에는 사왕천이 가로막으면서 출입을 금하였다. 대덕은 지심으로 참회하고 대 서원을 발한 후에 탑안으로 들어갔다. 대덕이 탑에 들어가니 탑은 다시 굳게 달혔다. 칠보장七寶藏을 열어 경전을 독송하면서 대승의 이치를 깨달았다. 그곳에서 금강살타로부터 전법을 받고 비밀인장秘密印藏과 밀교 경전을 가지고 탑문을 열고 나오자 탑문은 다시 본래대로 달혔다.

　　이때 가져온 경전 중 하나가 법이상항본法爾常恒本으로 백천무량송 가운데 18회의 십만송인 《금강정경》이다.

　　《금강정경》은 진실섭을 중심으로 37존 의궤법이 있는 경전이다. 중심경이 《삼십칠존출생의三十七尊出生義》, 《금강정유가삼십칠존례金剛頂瑜伽三十七尊禮》, 《금강정유가약술삼십칠존심요金剛頂瑜伽略述

三十七尊心要》들이다. 앞의 경은 37존의 출생의 본의를 설하고 뒤의 경은 밀교 수행의 진면목을 밝히고 있다.《금강정경》은 밀교 전체가 설해진 경으로 현재는 미완성의 경전이다. 모든 대승경전이 한곳에서 하나의 경정으로 이루어진 것이 아니라 여러 곳에서 설해진 경전들을 번역하는 과정에서 수집하여 하나의 경명으로 결집한 것이다.《화엄경》도 40화엄, 60화엄, 80화엄이 있다. 80화엄에는 다시 입법계품이 첨가되어 하나의 경전이 된 것이다.《법화경》이나《금강경》도 마찬가지이다. 그리고《대일경》역시 전6권에 제7권 공양차제를 더하여 7권의《대일경》이 된 것이다.《금강정경》도 금강정경유가 10만송 18회이다.《금강정경유가18회지귀》를 살펴보아야 한다. 18회 중에 초회분이《일체여래진실섭교왕》이다. 이것은〈금강계대만다라광대의궤품〉으로 중국으로 전해지면서 경명은 조금씩 다르지만《금강정일체여래진실섭대승현증대교왕경》으로 수집과 조합의 양에 따라 3권, 4권, 30권으로 번역되어 전해졌다. 모두 18회에서 속한 것이다. 금강정유가 10만 게송은 첫회《일체여래진실섭경》을 제외하고는 2회부터는 유가라는 이름으로 나온다. 현재 우리들이 말하는《금강정경》은 18회 중의 일부일 뿐이다. 제2회 이하는 경전상태가 완전하지 않다는 것이 된다. 나머지는 분산되어 있기도 하고, 어떤 부분은 아예 그 모습을 나타내지 않고 어느 곳에 매장되어 있으면서 인연 있는 시대와 인연 있는 선각자가 다시 남천축 철탑을 열 듯 매장된 금탑을 열어주기를 기다리고 있을 것이다. 매장경이 숨겨진 금탑이 있을 장소로 가장 유력한 곳이 인도네시아 자바섬 어느 고찰터의 금탑일 것이다. 그곳은 밀승들이 사자국에서 중국으로, 인도에서 중국으로 들어오는 뱃길의 중간이며 불공이 이곳에서 오랫동안 머물러

있기도 한 곳이다. 매장된 새로운 대승경전, 밀교경전 그리고 《금강정경》 십만송을 얻을 수 있을 날이 오기를 서원한다.

　　　밀교의 경전의 중심경전은 《금강정경》이다. 이 경은 자연 속에 살아가는 우리들의 삶이 부처님과 일치하다는 것을 설하는 경이다. 경전에는 많은 인계印契와 진언이 설해져 있다. 인계법印契法은 우리의 일거수일투족의 정제精製된 모습과 말하는 언어가 동시에 이루어짐을 알리는 것이다. 인간의 언어에는 선善의 언어와 악惡의 언어가 있으며, 거짓된 언어와 진실된 언어가 있다. 언어는 또한 사람만이 가진 것은 아니다. 유정이든 무정이든 일체 만물은 모두 각각의 언어를 가지고 있다. 흙이나 물이나 불이나 바람이나 허공도 모두 자기의 내면세계를 전하는 언어를 가지고 있다. 그 언어는 소리로 표현되기도 소리 없이 표현되기도 한다. 소리로 표현되는 언어는 진언이며, 소리 없이 표현되는 언어를 인계[結印]라 한다.

　　　《금강정경》은 밀교의 근본경이라는 것은 마하비로자나불이 태허공에서 지법신 비로자나불로 지구촌에 전한 빛의 만다라로 37존을 기본으로 하고 있다. 이 만다라는 《금강정경》18회에 중심이다. 이를 구체화한 것이 금강계 9회 만다라의 중앙 성신회成身會이다. 성신회 권속이 1.080존이다. 이 가운데 《대일경》의 대고중인 금강수金剛手와 18집금강을 제외한 1.061존이 된다. 《대일경》의 금강수와 《금강정경》의 금강살타는 같은 보살이지만 금강수는 이理의 태장만다라의 보살이요 금강살타金剛薩埵는 지智의 금강계만다라 주존 보살이다. 이법신理法身의 보살은 《대일경》의 대고중對告衆으로 머물므로 19집강보살 금강계만다라로 오지 않는다. 이로 인하여 성신회의 권속이 1.080에서 1.061존이 되는 것이다. 그리고 《금강정경》은 남천축 철탑에서 금강살타로부터 전수되었다. 《대일경》의 전수 장면이 없는 것은 밀교의 모든 경전이 《금강정경》 18회에서 역출되기 때문이다. 《금강정경》 18회가 완전하게 전래 될 날은 중생의 근가가 성숙될 그날이다. 지금도 부분이 나타나는 것은 중생근기가 부분으로 받을 만 하기 때문이다.

《대방광불화엄경》은 밀교경이다. 일반적으로 현교경이라 하지만 신밀身密의 밀교경임을 알아야 한다. 싯다르타 태자가 깨달음을 얻은 후 부처가 되어 중생들을 제도하고자 중생들의 마음을 보았을 때, 지금의 근기로는 깨달음의 법을 감당할 수 없음을 알고 곧바로 열반하려 하였다. 이때 천신들이 과거불이 중생을 교화한 증거 들면서 열반을 만류하였다. 부처님은 중생을 제도하고자 하는 원력을 세우고, 보리수 아래에서 7·7일 동안 머물면서 교화 방법을 생각한다. 3·7일간 자수법락自受法樂 속에서 설한 경이 《화엄경》이다. 경의 내용은 비로자나불이 금강지권인金剛智拳印으로 법을 설하였다. 회상에 모인 불보살과 천룡팔부와 삼라만상은 자문자답自問自答의 법을 듣고, 비로자나불의 자내증自內證의 경지에서 법계의 장엄된 모습을 보았다. 하늘과 땅과 바다와 산 등 삼라만상이 온통 법신 비로자나불의 청정법계 도량임을 보았다.

"동서남북의 모든 국토가 티끌 없이 청정해지면, 불법승 삼보와 천룡팔부가 이 땅에 내려온다. 내가 장엄된 국토에서 미묘한 육자진언을 염송하오니, 부처님의 자비로 비밀한 가운데 가지호념 하소서[道場淸淨無瑕穢, 三寶天龍降此地. 我今持誦妙眞言, 願賜慈悲密加護]."

"첫 번째 청정성수를 동방으로 뿌리면 도량이 청결하고, 두 번째 청정성수를 남방으로 뿌리면 청량함을 얻고, 세 번째 청정성수를 서쪽으로 뿌리면 정토가 갖춰지고, 네 번째 청정성수를 북방으로 뿌리면 영원히 편안함을 얻으리라[一灑東方潔道場, 二灑南方得淸凉, 三世西方俱淨土, 四灑北方永安康]."

이것이 금강지권을 결하고 진언을 염송하여 부처님의 자비의 청정수를 가지 받아 법계를 장엄하면 영원한 편안함을 얻게 되는 것이다.

사자국B.C. 1세기과 남인도A.D. 1세기에서 꽃피고 정리A.D. 4세기된 밀교는 7~8세기 중인도 나란다 승원에서 찬란한 빛을 발하였다. 밀교는 《화엄경》에서 시작하고 《금강정경》에서 원만하게 회향된 밀교로 순수한 밀교였다. 그러나 일부의 불교가 힌두교와 탄트리즘과 접목하면서 불교탄트라, 밀교탄트라로 바꾸면서 밀교가 순수성을 상실한 잡밀이 되었다. 《금강정경》의 유가와 탄트리즘의 요가와는 염연히 다르다. 진언과 만트라가 다른 것과 같다. 요가는 신체적 안정을 찾는 것이라면 유가는 마음의 순수성과 안정을 찾는 것이다. 그러므로 인도만이 가진 고유신앙 탄트리즘이나 힌두사상은 인도 밖으로 나올 수 없는 사상이다. 자이나교도 이와 같다. 몇만 년이 지난다 하여도 인도밖에서는 무용지물인 사상이 될 것이다.

새로운 마음으로 《화엄경》을 보고, 의심하지 않고 《대일경》을 보고 용맹심으로 《금강정경》을 보기를 바란다. 세상은 온통 밀교이다. 처음도 밀교요 끝도 밀교이다. 의뢰하는 법이 있으면 현교가 되고 자주력을 가지면 밀교가 된다. 아함도 방등도 반야도 법화도 열반도 모두 밀교경전이다. 진언이 들어 있는 모든 경전은 밀교경전이다. 용궁과 철탑도 모두 비로자나불의 궁전이요 석가모니불의 회상이다. 그림으로 그리거나 문자로 쓰거나 모두 같은 내용이다. 결국 석가모니불은 비로자나불의 화현신이다. 《화엄경》, 《대일경》, 《금강정경》의 본경을 품고 있는 용궁과 철탑, 향기 가득하고 밝으며, 법음이 은은하게 들려오는 곳, 탑 속의 모습은 현실에서 눈에 보이는 모든 사실을 설하는 비로자나불의 법문이다. 우리는 누구나 굳게 닫혀 있는 마음의 문을 열면, 우주 법계의 진리를 체득하여 새로운 삶을 살 수가 있다. 참회와 굳은 원을 발하여 필요할 때마다 철탑문을 열 수 있다. 어리석은 자에게는 철탑이 보이지도 않을 것이며, 더욱 굳게 닫혀 있을 것이지만 지혜로운 자는 언제든지 열 수 있도록 용궁과 철탑이 가까이 존재할 것이다. 모두 성불의 길로 나아가는 방편이다.

빛의 해탈을 얻기를!

제8화

밀교의 삼종성불

밀교에는 이구성불理具成佛, 가지성불加持成佛, 현득성불顯得成佛의 삼종성불이 있다. 이구성불은 중생은 본래부터 불성佛性을 가지고 있다. 육대색신으로 이루어진 몸이므로 부처님이 가진 법신과 같다. 중생뿐 아니라 삼라만상도 모두 육대로 성립되었기 때문에 그것이 지닌 자성도 모두 불성이 갖추어져 있다. 이를 이구성불이라 하며 국토는 곧 불국토가 되는 것이다. 이구성불이 되었으면 현득성불의 모습으로 살아야 하는데 그렇지 못하다. 이것은 탐진치만의貪瞋癡慢疑의 근본 5종 번뇌가 치성하기 때문이다. 5종 번뇌를 불력佛力으로 대적하면 이길 수 있지만, 인력人力으로 대적하므로 이길 수 없는 것이다. 이제 5종의 번뇌를 이기기 위하여 다른 힘을 빌려야 한다. 그 힘이 부처님의 가지력이다. 부처님의 가지력은 삼밀로 성취되며 이를 가지성불이하 한다.

　　사람의 명예와 권력과 금력金力은 탐진치만의에서 생긴다. 그것이 견물생심見物生心이다. 견물생심은 시도 때도 장소도 없이 홍수처럼 밀려온다. 이 가운데 가장 강한 힘을 지닌 것이 샘물처럼 솟아오르는 탐욕이요, 다음으로 파도처럼 생겨나는 진심瞋心이며, 해를 덮은

먹구름 같은 우둔함이요, 황소 뿔과 같은 교만驕慢이며, 눈덩이처럼 불어나는 의심疑心이다. 중생은 이러한 힘을 이기지 못한다. 5종의 번뇌를 잠재우는 힘이 부처님의 가지력이다. 5종의 번뇌는 강하면서도 끈질겨서 성불 직전까지 마음 주위를 맴돌고 있다. 싯다르타 태자는 성불 직전에 잠자는 마왕을 깨워 5종의 번뇌를 확인하는 대결을 펼치는 가지 성불로 번뇌를 잠재우고 본래의 자성을 되찾아 아뇩다라삼먁삼보리를 이루었다. 이로써 현득성불로 나아갈 수 있는 길을 마련한 것이다.

진언수행자가 서원이 있어 정진할 때, 비로자나불이 지닌 공능을 가지 받으면 자연히 5종 번뇌가 사라지고 서원 성취하여 현득성불을 이루게 된다. 밀교는 성불에 삼아승기겁이 소요되는 것이 아니다. 현세에 성불할 수 있다. 그것은 밀교에 입문한 자체가 이미 3아승기겁을 소요하였기 때문이다. 삼아승지겁이 소요된다는 것은 비로자나불의 광대무변한 공능을 가지 받기가 어렵다는 의미로 해석되는 것이다. 비로자나불의 공능은 불가사의하여 청정한 마음을 가지지 않으면 받을 수 없는 경지이다. 청정한 힘이 지닌 원력은 부처도 어느 보살도 그 힘을 헤아릴 수 없다. 그리고 완전한 힘은 갖지 못하고 비로자나불이 가진 공능의 일부만을 가질 수 있다. 그 일부가 비로자나불이 우리를 제도하기 위하여 지혜의 힘을 분산하여 불보살을 출현시킨 것이다. 그 가운데 대표적인 것이 금강계만다라에서 37존 출생이다. 금강계 37존의 불보살은 비로자나불의 공능을 금강으로 가지加持하고 관정 받은 본존이다. 우리는 각각의 인연에 맞는 본존을 만나 그 본존이 지닌 공능을 가지 받아 해탈을 얻게 되는 것이다. 일본 진언종에서는 자기 본존을 정하는 의식이 있다. 37존 만다라 도상 위에 눈을 가리고 돌아서서 뒤

로 꽃을 던져 꽃이 떨어지는 곳의 불보살을 자기 본존으로 삼는 의식이
다. 진각밀교는 이러한 의식을 행하지 않는다. 옴마니반메훔을 염송하
면, 비로자나불이 서원에 맞고 근기에 맞는 불보살을 보내어 가지관정
을 내리게 된다. 그러므로 진각성존은 "보시를 행하여 성불할 수 있고,
계행을 닦아 성불할 수 있고, 인욕을 행하여도 성불할 수 있고, 정진만
으로도 성불할 수 있고, 선정을 닦아 성불할 수도 있고, 지혜를 밝혀 성
불할 수 있다." 말씀한 것이다.

　　　가지성불加持成佛 하는 목적은 현득성불顯得成佛하기 위함이
다. 현득성불은 일상생활에서 부처처럼 살아가는 것을 말한다. 부처처
럼 살아간다는 것은 자기 혼자만의 성불이 아닌 일체중생이 함께 성불
함을 뜻한다. 즉 각자가 얻은 가지성불을 일체중생을 위하여 실천하는
것이 현득성불이다. 현득성불은 무상정등정각無上正等正覺이 아니다. 무
상정등정각은 여래십호의 공능을 모두 갖춘 자리이다. 현득성불은 십
호 중에 하나만을 갖추어도 현득성불이 되는 것이다. 그러므로 진각성
존은 "생활 중에 각할지라." 하였다. 이 말씀은 일상생활에서 체득하여
부처처럼 살아가는 것이 여래십호 중에 하나를 이룬 것이 되므로 이것
이 즉신성불이며, 현득성불이 되는 것이다.

　　　삼밀 수행자는 현득성불하기 위하여 진언을 염송한다. 37
존이 지닌 공능을 가지 받아 비로자나불과 하나가 되기 위하여 염송한
다. 일체중생이 다 함께 부처의 세계에서 살도록 서원을 세우고 염송한
다. 현득성불에는 10종이 있다. 인천에서 존경받고 공양받을 자격이 있
는 응공의 아라한이 현득성불이요, 바르고 완전하게 진리를 깨달은 정
변지가 현득성불이요, 천안과 숙명과 누진의 삼명통三命通을 얻은 명행

족明行足이 현득성불이요, 어리석음의 세계를 뛰어넘음 선서善逝가 현득성불이요, 세간의 모든 일을 아는 세간해世間解가 현득성불이요, 세간에서 가장 높은 무상사無上士가 현득성불이요, 중생을 조복하고 제어하는 조어장부調御丈夫가 현득성불이요, 천상과 인간 세계에 스승인 천인사天人師가 현득성불이요, 불佛의 단계에 오른 것이 현득성불이요, 세상에서 가장 존귀한 세존世尊이 현득성불이다. 가섭 존자를 비롯하여 부처님 십대제자는 아라한으로 응공의 현득성불을 이룬 자이며, 제2 석가라 불리는 용수와 중국에 선종을 전한 달마와 중국형 선법을 전한 혜능선사도 정변지·명행족·선서·세간해·무상사·조어장부·천인사 가운데 하나의 현득성불을 이룬 것이다. 진각밀교의 진언수행은 시작과 마침이 모두 한 단계 한 단계 현득성불로 회향할 수 있는 수행이다. 하나가 곧 전체이며 전체가 곧 하나가 되는 9현1밀九顯一密이요, 9현10밀九顯十密이 되는 현득성불이 곧 즉신성불이다.

빛의 해탈을 얻기를!

제9화

밀교 삼륜신의 본질

"밀교에는 본래부터 삼륜신三輪身이 있는지라. 자성신自性身
은 부처위라 지비智悲이덕 갖췄으며, 정법신正法身은 보살위
라 자비로써 섭수攝受하며, 교령신敎令身은 명왕위明王位라
지혜로써 절복折伏한다."

밀교는 비로자나불의 가르침이다. 비로자나불은 형상도 없
고 소리도 없이 자연법으로 설법하지만, 우리는 설법임을 알지 못한다.
설법에는 두 가지 방법이 있다. 하나는 법계에 나타나는 삼라만상을 몸
과 입과 뜻으로 삼아 설법하는 직접적인 설법과 다른 하나는 우리의 모
습과 같이 출생하여 가르치는 방법이다. 자연의 현상으로 설법하는 당
체법문의 참경[眞經]을 밀교密敎라 하고, 화신으로 출생하여 가르치는 방
편경을 현교顯敎라 한다.

자연법이는 비밀스러운 것이 아니지만 중생이 보기에는 비
밀로 보인다. 우리가 속한 태양계는 무수한 태양계 중 하나이다. 한 개
의 태양을 중심으로 별들이 공전公轉과 자전自轉을 한다. 다른 태양계에

는 우리의 태양보다 100배 또는 200배 이상 밝은 별도 있다. 무수한 별들이 일정한 거리를 두고 제각기 움직이지만 충돌하지 않고 운행하는 것에는 그 어떠한 힘이 작용하고 있을 것이다. 그 힘이 우리는 알지 못하는 비밀스러운 빛이다.

비밀의 빛 속에 지구는 한 방울의 공기 방울이다. 공기 방울 중심에 땅이 떠 있다. 불을 품고, 물을 안고 존재한다. 그러므로 한 방울의 공기 방울로 된 지구는 많은 변화를 일으키나 본래의 모습은 변함이 없다. 이것이 불생불멸不生不滅이다. 봄 여름 가을 겨울의 변화에서 씨앗이 발아發芽하고 줄기가 나며, 잎이 나고 꽃이 피면서 열매를 맺어 다시 땅으로 돌아간다. 모두 본래의 물로 돌아가므로 땅에는 조금도 보태지는 것도 아니고 줄어드는 것도 아니다. 이것이 부증불감不增不減이다. 만일 조금이라도 보태고 줄어든다면 태양을 같은 거리에 두고 돌지 못할 것이다. 이렇게 수천만 년 동안 공기 방울 속에서 생사를 거듭하면서 변천하였다. 변천하는 과정에서 쏟아내는 배설물과 죽은 시신들이 썩고 썩어 악취가 가득하였지만, 공기 방울의 지구는 깨끗하지도 더럽지도 않으며 한결같이 변함이 없다. 이것이 불구부정不垢不淨이다. 변함이 없는 6불六不의 진리가 곧 빛의 주인인 비로자나불의 자성륜신自性輪身의 설법이다.

빛의 주인인 자성륜신은 인과를 중심으로 자비慈悲와 지혜智慧의 덕성을 지니고 있다. 주고 뺏고 만들고 파괴하는 과정에 자비와 지혜의 조화를 이루는 자성륜신의 법을 듣고 깨닫는다면, 우리는 제대로 된 주인공 역할을 할 수 있을 것이다. 이러한 우리의 원을 감지한 비로자나불은 방편을 사용하기로 한다. 먼저 자비를 가르치기 위하여 보살로 출현하며, 다음으로 지혜를 가르치기 위하여 명왕으로 출현한다. 자비를 가진 보살을 정법신이라 하고 그분의 가르침을 정법륜신正法輪身의 법이라 하며, 지혜를 가진 명왕을 교령신이라 하고 그분의 가르침을 교령륜신教令輪身의 법이라 한다.

우리는 본래 주인공인 자성신과 같이 천진불天眞佛의 성품을 가졌다. 부모미생전父母未生前의 한 물건으로 존재 없이 존재하면서 자비와 지혜의 빛을 지니고 있었다. 이 빛은 어디서 무엇으로부터 만들어지거나 얻어지는 것이 아니라, 본래면목本來面目으로 그렇게 있을 뿐이다. 천진불이 어느 날 빛을 잃고 어둠의 나락으로 떨어져 중생으로 파생된 것이다. 부처님은 윤회의 틀에 빠진 우리를 구제하기 위해 처음도 좋고 중간도 좋고 끝도 좋은 법을 설하였다. 처음도 좋은 법은 본래의 주인공인 자성륜신이 지닌 자비와 지혜를 말하는 것이요, 중간도 좋은 법은 나그네가 된 우리를 다시 주인공이 되도록 설하는 정법륜신의 자비를 말함이요, 끝도 좋은 법은 자비를 성취한 우리에게 지혜를 설하는 교령륜신의 법을 말한다. 자성륜신의 법은 일면불日面佛을 위함이요 교령륜신의 법은 월면불月面佛을 위한 법이다. 자성신의 천진불에서 선을 장려하는 것이 일면불이요, 악을 장려하는 것이 월면불이다. 다시 일면불 월면불이 천진불이 될 때까지 비로자나불은 삼륜신으로 법을 설할 것이다. 본래의 하나의 자리라는 것을 깨달을 때까지 설법은 계속될 것이다.

천진불의 깊은 자비의 은혜에 보답하기 위해서라도 우리는 자비를 실천해야 한다. 자비한 마음이 없으면 편안할 수가 없다. 편안한 마음을 얻지 못하면 아무리 수행하여도 깨달음을 얻을 수 없다. 이것은 현실적인 삶이 원만한 연후에 진정한 출가를 할 수 있고, 출가 후에 선정의 공덕이 원만할 것이며, 선정이 원만할 때 지혜를 깨달을 수 있다. 현실의 원만한 삶이란 먼저 몸이 건강해야 하고, 물질이 풍부해야 하며, 만물과 화합하면서 자유로워야 한다. 만일 복과 지혜가 원만하지 못한 사람은 먼저 기복적 불공으로 보시행을 가르치면서 삼륜 청정으로 나와 상대와 만물까지 다 함께 해탈하기를 서원하고 정진해야 한다. 이것이 정법륜신이 가르치는 자비의 실천법이다. 정법륜신의 가르침을 실천하여 세간 삼고三苦에서 벗어나면 지혜를 닦아 보리정과菩提正果를 얻어 일면불의 밝은 빛을 보게될 것이다.

　　천진불의 밝은 지혜를 닦는 가운데는 항상 번뇌가 일어난다. 번뇌는 안과 밖에서 일어난다. 안에서 일어나는 번뇌는 진리의 정법을 의심하고, 자신의 한 일에 대하여 교만하며, 가진 것에 집착하고, 그릇된 행동으로 인과를 믿지 않은 어리석음이요, 밖에서 일어나는 번뇌는 상대적인 것으로 사람과 만물과 시간에서 오는 것이다. 하는 일이 뜻대로 되지 않을 때 상대와 시간과 장소를 핑계 삼고 불평하며, 자신의 능력을 거짓 포장하며, 남의 잘함을 비방하고 시기하여 질투하며, 독단적 행동으로 상대를 배려하지 않는 수순할 마음이 없는 것이다. 수순할 줄 모르는 마음은 인과를 믿지 않는 마음이 강하기 때문이다. 그러므로 가장 큰 번뇌는 인과를 믿지 않는다는 것이다. 자만과 기만과 교만과 집착과 질투심을 조복하고자 할 때 지혜를 근본으로 설하는 교령륜신의 설법이 들릴 것이다.

　　부처님이 정법륜신과 교령륜신으로 나타나는 것은 중생으로써의 삶을 원만하게 하기 위함이다. 중생으로써의 삶이 원만하지 못하면 천진불의 자리로 돌아갈 수 없다. 가장 복된 사람, 가장 부귀한 사람, 가장 건강한 사람, 부족함이 없는 사람이 먼저 되어야 한다. 이것을 가르치기 위하여 정법륜신과 교령륜신이 세상에 출현한 것이다. 싯다르타 태자를 보라. 32상을 갖춘 왕자로 출생하여 부족함이 없이 모든 것을 누리시고 출가하였다. 이것이 정법륜신의 가르침을 보이신 것이다. 많은 수행자를 만나 법을 배우고 선정을 닦았다. 마지막으로 6년간 난행 고행으로 잠도 자지 않고 먹는 것은 하루에 쌀과 보리 몇 알, 물만 먹으면서 그것도 하루에 한 끼, 이틀에 한 끼, 반달이나 한 달에 한 끼를 먹고 수행을 하였다. 결가부좌를 하고 마음을 집중하면서 호흡을 억제하는 수행으로 숨쉬기를 느리게, 혹은 멈추기를 반복하였다. 마지막 고행의 모습은 피골이 상접한 모습이다. 보통 사람으로는 감히 행할 수 없는 수행의 모습이다. 32상을 갖춘 왕자로서 궁중 생활에서 근심 걱정이 없는 가장 완벽한 생활에서 단련된 몸이었기에 가능하였던 것이다. 이것이 정법륜신의 두 번째 가르침을 보인 것이다. 고행을 끝내고 우미죽을 마셨다. 이 공양은 태어난 어린아이가 어머니의 젖을 먹는 것과 같다. 한 모금으로 기력을 찾았으나 몸은 아직 회복되지 않았다. 강을 건너 보리수 아래에 앉았다. 과일을 먹으면서 선정에 들었다. 몸이 완전하게 회복될 때까지 정진하였다. 본래 건강한 몸이라 쉽게 회복되었다. 이것은 정법륜신의 가르침을 보이신 것이다. 이제 교령륜신의 가르침을 보이기 위하여 잠자는 마왕을 깨워 성불을 알린다. 마왕은 세 딸이 보내어 애증 권력 명예로 유혹한다. 이것이 교령륜신의 첫 번째 보여주는 가르침이다. 500명의 마군과 자리다툼에서 마군을 절복시킨다 이것이 교령륜신의 두 번째 보여주는 가르침이다. 끝으로 마왕의 항복을 받는다. 이것이 교령륜신이 보여주는 마지막 가르침이다. 이로써 무상정등정각을 이루신 것이다.

자성륜신과 정법륜신과 교령륜신의 가르침은 단계적 가르침이다. 처음이 좋지 않으면 중간도 좋은 것이 아니며, 끝은 더더욱 좋은 것이 아니다. 비유하면 첫 문을 통과하지 않으면 둘째 문은 볼 수조차 없는 것과 같다. 이처럼 정법륜신의 법이 원만해야 교령륜신의 가르침을 받을 수 있다. 즉 자비를 먼저 실천하여야 한다는 것이다. 인간계는 교령륜신의 법으로는 다스림을 받는 것이 아니다. 그런데도 중생은 우둔하여 교령륜신의 법을 받고 있다. 믿음을 굳게 가지고 용맹심으로 자비 실천을 설하는 정법륜신의 법을 받도록 해야 한다. 사무량심을 실천한다는 것은 법계와 나와 동체요, 뭇 생명과 만물이 동체이며, 시간도 나와 동체임을 깨닫게 하는 법이 필요하다. 즉 정법륜신의 법을 잘 받아 실천하면 교령륜신의 법은 쉽게 넘어갈 수 있다.

윤회할 것도 없는 우주 법계 속에서 무엇을 구求하고 무엇을 잃으면 무엇을 찾고 무엇에 연연하여 갈애渴愛와 집착執着을 하겠는가? 비로자나불로부터 무명無明에 가리어 떨어진 파편에서 다시 본래의 자리로 돌아가려면 일상생활에서 자비를 실천해야 한다. 아침에 잠자리에 일어나 자신의 머리를 만져보라. 오늘 무엇을 생각하고 있는지? 자신만을 생각하면서 탐진치만의貪瞋癡慢疑로 분주하게 움직이려는 것은 아닌지? 저녁 잠자리에 들면서 머리를 만져보라. 하루 동안 자신만을 위하여 오욕칠정에 허덕이다 지친 몸은 아닌지?

진각성존의 삼고三苦에서 벗어나라는 무진 서원을 생각해보자. 부처님이 계시는 세상에 태어나지 않았어도, 굳이 8만 장경의 말씀이 없어도 윤회의 법칙은 있다. 종교를 가져야만 선악을 알고, 불교를 믿어야만 인과를 알고, 밀교를 수행해야만 비밀을 푸는 것은 아니다. 비밀은 본래 없다. 비밀처럼 보일 뿐이다. 자연 속에 있는 그대로를 보라. 부처가 따로 있겠는가? 속히 모든 것을 내려놓자. 집착의 줄을 놓자. 그리고 본래의 자리로 돌아가자. 우리도 이제부터 처음도 좋고 중간도 좋고 끝도 좋은 자성륜신과 정법륜신과 교령륜신의 법을 배우고 실천하여 편안하고 복된 삶을 살아보자.

빛의 해탈을 얻기를!

공양장

제1화

밀교의 해탈법

중생계에서 해탈을 얻을 수 있는 수행 중에 가장 좋으면서 가장 쉬우면서 가장 빠른 공덕을 얻을 수 있는 수행이 진언수행이다. 진언은 인류 역사의 시작과 동시에 행하였던 것으로 낮과 밤이 반복되고 춥고 더움이 반복되며, 사나운 짐승과 독충으로부터 자신과 가족을 지켜야 하고 배고픔을 달래면서 생존하는 과정에서 자신보다 강한 힘에 의지하고 외뢰하기 위하여 표현한 말이 주문으로 두렵고 힘들고 고통스럽고 어려움에서 벗어나기를 바라는 단순한 삶을 살던 시절에 최고의 위로하는 말은 주문이다. 이웃이 모이고 모이면서 마을이 형성되고 문화가 발전되면서 생존에 대한 욕심이 아닌 명예와 물질과 권력과 애정에 관한 욕심이 늘어나면서 그것을 얻기 위한 것으로 바뀌게 되면서 단언의 주문이 서원을 담은 장문의 주술이 되면서 그 주술을 운영하는 자가 생기게 된다. 조금 체계화되면 주술은 만트라인 다라니가 되고 다라니는 명주가 되며, 명주 다음으로 진언이 된다. 이런저런 것을 모두 합하여도 결국 추구하는 것은 해탈이 첫째이다.

　　해탈을 위하여 밀교는 진언수행을 말한다. 진언수행의 중심은 자성을 찾는 것이다. 사람은 근기가 각각 다르다. 다름의 근기에 맞는 진언이 있다. 진언은 불보살의 명호를 포함하여 8만4천 종이 있다. 마음의 안정을 얻는 불보살의 명호와 일체 재난과 병고病苦와 번뇌의 마에서 해탈하는 능엄주楞嚴呪와 현세의 복락을 누리는 신묘장구대다라니가 있다. 이 가운데 해탈의 가장 좋은 진언은 삼세인과三世因果를 깨달아 현세의 이익과 안락을 얻는 즉신성불의 진언인 옴마니반메훔의 육자진언이다.

　　　진각성존은 농림촌에서 아침의 떠오르는 햇살을 온몸에 받으면서 육자진언의 묘리妙理를 깨달았다. 삼세인과가 확연하게 깨달았을 때 모든 생명과 만물이 나와 다르지 않고 일체임을 체득하신 것이다. 보림의 선정에서 중생계를 조관照觀하면서 비로자나불로부터 확고한 인증을 받았다. 모든 생명이 본래면목의 천진불을 잃어버리고 번뇌의 속박에서 고통을 받고 있음을 보았다. 성실하지 못하고 건강하지 못함이요[病苦], 언제나 허전하여 모자람의 가난함이요[貧窮苦], 서로서로 조화를 이루지 못함[不和苦]의 고통을 보았다. 이 세 가지 괴로움만 없다면 살만한 중생계임을 알았다. 진각성존은 이 세가지 고통에서 벗어나게 하리라는 서원을 세웠다. 시간으로는 삼세를, 공간으로는 일체 모든 만물을, 나만이 아닌 뭇 생명이 모두 해탈하기를 바라는 무진서원을 세운 것이다. 이것을 실천하기 위하여 창종의 깃발을 세운 것이다.

　　　큰 것을, 위대한 것을, 좋은 것을 생각하지 말고 지금의 몸으로, 지금의 마음으로 겪고 있는 괴로움을 여의게 하는 해탈의 무진 서원이다. 자신으로부터 찾고 멀리서 찾지 말자. 우리는 일상생활에서 나타나는 인과응보의 그림자를 제거하기란 쉬운 것이 아니다. 시작을 알 수 없는 과거로부터 짓고, 현세에 자신이 짓고, 부모가 짓고, 인연으로 지어서 이리 얽히고 저리 설키어서 이루어진 헝클어진 실타래 같은 인과응보를 하루아침에 어떻게 소멸할 수 있겠는가? 자신의 힘만으로는 벗어나기가 어렵다. 동업으로 지었으니 소멸하는데도 동업同業이 필요하다. '백지장도 맞들면 낫다' 하였다. 성인 중에 큰 성인, 스승 중에 큰 스승, 법 중에 가장 좋은 법을 만나야 한다. '사람으로 태어나기 어렵고 부처님 법 만나기가 어렵다' 하였는데 나는 두 가지를 모두를 만났다. 참으로 좋은 인연과 좋은 시절을 만났다. 이 좋은 기회를 헛되게 보내지 말고 해탈의 참맛을 보는 삶을 살도록 할 것이다.

불교에서는 깨달음에 말을 많이 한다. 참선도 염불도 간경도 사경도 염송도 참배도 보시도 인욕도 지계도 정진도 선정도 모두 깨달음을 위한 것이라 말한다. 온통 깨달음! 깨달음! 깨달음! 뿐이다. 그런데 깨달음을 얻으려면, 반드시 해탈이라는 관문을 지나야 한다. 해탈 없이는 깨달음을 얻을 수 없음을 알아야 한다. 그런데 해탈에 관하여는 별로 관심을 갖지 않은 것 같다. 시작을 알 수 없는 과거에 쌓은 공덕과 현생의 고행으로 깨달음을 얻은 진각성존은 미래의 군생들을 위하여 단계적 해탈법을 설하였다. 그것이 삼고해탈이다. 삼고 해탈법은 셋으로 나누어졌으나 하나이다. 어느 문으로 들어가도 결국에는 하나로 통일이 되는 법이다. 다만 시대에 따라 들어가는 문이 다르다. 진각성존은 세연世緣이 다하는 날까지 가난에서 벗어나는 해탈법을 설하시고, 병고에서 벗어나는 법과 불화의 벗어나는 해탈법은 유법遺法으로 남겼다. 약불藥不 단약斷藥은 병고 해탈법이요, 서남법西南法은 불화에서 벗어나는 화합법이다. 가난 해탈법은 희사 공덕을 쌓게 하여 생활의 안정을 얻게 하였다. 희사법은 물질 정화법이다. 물질이 정화되면 가난은 자연 절로 사라지게 된다. 가난 없는 삶이 되면 병은 쉽게 다스릴 수 있다. 병이 사라질 때 불화도 쉽게 다스려진다. 물질을 정화되려는 시기에는 많은 어려움이 일어난다. '한 부처가 성도하면 국토 모두 성불한다' 하는 가르침처럼 부처님이 계실 때나 진각성존이 계실 때는 물질정화가 쉽게 이루어지지만, 성인이 사라지면 정화하기 어렵다. 남긴 유법을 바로 알지 못하고 실천 또한 부족하기 때문이다. 진각성존이 남기신 유법을 예를 들어보자.

> "이제 이 땅에는 가난을 해결할 인재가 나타나 춘궁기春窮期
> 가 없는 시대, 헐벗고 굶주림이 없는 물질이 풍부한 시대가
> 온다. 그러나 물질이 풍부해지면서 다시 서로를 불신하는
> 불화의 시기가 올 것이다."

모든 만물과 생명에는 윤회의 흐름이 있다. 삼고三苦도 예외일 수는 없다. 처음은 가난이다. 가난에서 해탈하면 병고가 온다. 병고에서 해탈하면 불화의 시대가 온다. 불화의 시대가 끝나면 다시 처음 가난의 시기로 돌아간다. 고통 반대로 부익富益도 마찬가지이다. 넉넉함이 끝나면, 건강한 시기가 있고, 건강의 시기 다음으로 화목한 시기가 있다. 세 가지 시기가 한꺼번에 올 수도 있지만, 그것은 극히 드물다. 나쁜 시기를 좋은 시기로 바꿀 수 있는 것이 해탈을 위한 수행이다.

시기는 사람마다 장소 따라 시간 별로 각각 다를 수도 있다. 같은 시대에 살면서도 어떤 사람은 가난의 시기에 머물고, 어떤 사람은

넉넉한 시기에 살며, 어떤 사람은 병고의 시기에 살고, 어떤 사람은 건강한 시기에 머무르고, 어떤 사람은 불화의 시기에 살고 어떤 사람은 화목한 시기에 살고 있다. 즉 풍년에 배고파 죽는 사람이 있고, 흉년에 배불러 죽는 사람이 있다. 경제 불황기에 부자가 되고 경제 부흥할 때 가난해지는 사람이 있다. 한 집안에서 세시기가 동시에 있을 수도 있다. 같은 시기가 거듭될 수도 있다. 즉 가난이 거듭되기도 하고 병고가 거듭되기도 하고 불화가 거듭되기도 한다. 긴 가난이라면 다음에 오는 병고는 길어질 수 있다.

지금 가난한 시기를 지났다면 병고와 불화시대가 올 것이다. 이러한 시기를 깨닫는다면 현재 겪는 것을 긍정하는 마음으로 받아들여 나쁜 것은 지속하지 않도록 하고 좋은 것은 장원하도록 하면 된다. 나쁜 것은 속히 사라지게 하고 좋은 것은 장원토록 하는 법을 배워야 한다. 풍부하던 물질이 사라지는 원인은 지나친 욕심 때문이요, 건강이 사라지는 것은 성냄 때문이며, 화합을 이루지 못하는 것은 의심 때문이요, 존경받지 못하는 것은 교만하기 때문이며, 권력을 잃는 것은 어리석음 때문이다. 물질이 풍부해지면 살기 좋은 세상이 되어야 하는데 그러하지 못한 것은 물질에 집착하여 자신의 안락만을 추구하므로 화합을 이루지 못하기 때문이다.

모든 만물에는 흥망성쇠興亡成衰를 지니고 존재한다. 상생上生이 있으면 상극相克이 있다. 상생과 상극이 찰나에 일어난다. 어느 것이 좋고 어느 것이 나쁘다는 것은 아니다. 상생함이 좋기도 하고 나쁘기도 하며, 상극도 좋기도 하고 나쁘기도 하다. 청정한 물이든 탁한 물이든 어디에 있어도 평행을 이루듯이 상생과 상극도 항상 평행을 이룬다. 우리의 마음도 선과 악이 평행을 이루고 있으며, 법계는 불보살의 수와 중생의 수도 평행을 이루고 있다. 그러므로 선지식은 '선도 생각하지 말고 악도 생각하지 않는 그 자리에서 자신의 본래면목을 찾아라' 하였다. 가난도 병고도 불화도 있는 그대로를 긍정하며, 치우치지 않고 편협하지 않고 차별하지 않고 분별하지 않고 모든 것이 평등하다는 마음을 가질 때까지 해탈의 공덕을 얻게 될 것이다.

빛의 해탈을 얻기를!

제2화

중생계 성불은 해탈

중생계에서 얻을 수 있는 것은 해탈이다. 싯다르타 태자가 탄생하면서 "천상천하 유아독존 삼계개고 아당안지天上天下 唯我獨尊 三界皆苦 我當安之."라 하였다. 이것은 고통받는 일체중생을 내가 반드시 편안하게 하리라는 약속의 말씀이다. 이것은 중생계는 고통이 가득한 세상이라는 뜻이며, 이제 그 고통을 해탈시키는 것이 세상에 온 목적이라는 뜻이다. 인간계의 고통은 상대성이다.

　　룸비니에서 카필라성으로 돌아와 탄생의 연회를 베풀 때 주변 국가의 왕들과 대신들이 모인 자리에서 부왕은 아지타Asita 선인에게 태자의 상을 보게 하였다. 선인은 "태자는 전륜성왕이 될 32상을 갖추고 있습니다." 하였다. 이 말을 들은 정반왕과 카빌라성의 백성은 환희의 합장을 하였다. 그러나 주변국 왕들의 마음은 불편하였을 것이다. 태자가 전륜성왕이 되면, 자신들의 나라가 없어지는데 좋아할 리가 없다.

　　잠시 후 선인은 다시 "그러나 태자는 전생에 이미 전륜성왕을 하였기에 현생에서는 붓다가 될 것입니다." 하였다. 이 말에는 정반왕은 마음이 불편하였지만, 주변국 왕들은 안도의 숨을 쉬었을 것이다.

태자가 성장하는 과정에서 학문과 무예가 남다르게 뛰어난 것을 보았을 때도 주변국 왕들은 태자가 언제 출가할 것인가? 출가만을 기다렸을 것이지만, 부왕은 삼시전을 지어 출가를 막고자 하였다. 태자가 출가하여 고행할 때 주변국 왕들은 다투어 수행자인 태자를 환영하고 공경하며 공양하였다. 모든 것이 좋고 나쁨이 교차하는 상대성이다. 태자의 깨달음은 모두에게 해탈의 공덕을 주었다. 상대성을 절대의 중도中道로 이끄는 해탈을 준 것이다.

인간계에서 허공과 같이 중도를 실천하기란 어렵다. 내가 높이 될 때 구군가는 낮아질 것이며, 내가 얻을 때 누군가는 잃는 것이며, 내가 박수를 받을 때 누군가는 비난을 받을 것이며, 내가 웃을 때 누군가는 눈물을 흘릴 것이며, 내가 사랑받을 때 누군가는 미움을 받을 것이며, 내가 성공할 때 누군가는 실패할 것이며, 내가 앉은 자리가 남의 자리를 뺏는 것이 되기도 하고, 내가 가진 것이 남의 것이 될 수도 있다. 그러므로 가졌을 때, 가지지 못한 사람을 생각하고, 성공했을 때 실패한 사람들을 생각하고, 칭찬받을 때 비난받는 사람을 생각하고, 남보다 앞서갈 때 뒤에 오는 사람을 생각해야 한다.

내가 잃었을 때 누군가는 얻을 수 있겠구나, 내가 놓았을 때 누군가 잡을 수 있겠구나, 내가 낙방할 때는 누군가는 합격하겠구나, 내가 졌을 때는 누군가는 이겼구나, 내가 상을 받지 못할 때는 누군가는 상을 받겠구나, 생각하여 슬퍼하거나 좌절하거나 실망하거나 당황하지 않아야 한다. 가장 바람직한 것은 너도 좋고 나도 좋고, 모두가 좋은 것이다. 상대가 슬퍼할 때 진정으로 슬퍼할 줄 알고, 상대가 기뻐할 때 진정으로 기뻐할 줄 아는 마음을 가져야 한다. 항상 상대의 입장이 되어 생각하고 배려하고 양보하는 마음을 가지는 공부를 해야 한다. 특히 성직자는 중도의 마음을 가져야 한다. 사람은 이 마음 갖기가 어렵다. 그러므로 훌륭한 스승을 찾아 가르침을 받아야 한다.

《화엄경》〈입법계품〉에 선재동자가 문수보살의 지도에 따라 53인 선지식을 차례로 방문하여 법을 묻고 도를 구하였다. 선지식은 보살·비구·비구니·장자·선인·거사·왕·우바이·여인·천신·지신·주야신·동자·바라문 등 여러 계층의 선지식을 만난다. 다시 문수보살에게 되돌아온 뒤에 최종 미륵보살을 찾아가서 설법을 듣고 완전한 가르침을 습득한다. 수행은 곧 일상생활이며, 선지식은 그 속에 있음을 알게 하는 법문이다. 선지식은 누구나 쉽게 만날 수 있는 분으로 우리와 가장 가까운 곳에 있었다. 무엇을 하더라도 어느 한 곳에 치우치지 않으며, 무엇에도 집착하지 않으며, 처음도 중간도 끝도 좋은 삶을 다 함께 살아가는 분들이 나의 선지식이다.

부처님은 사제법을 설하면서 팔정도 실천을 말씀하였다. 10대 제자를 포함한 1,250인 성문사과를 얻었다. 이후 수행자들도 해탈의 성문사과를 얻었다. 성문사과를 얻으면 성불 수기를 받게 된다. 수타원·사다함·아나함은 상대성 해탈이요, 아라한만이 해탈의 아사리다. 밀교는 법을 깨달은 자를 성취자라 한다. 이때 성취자는 성불자가 아닌 해탈 성취자를 말함이다. 우리는 윤회의 근본이 되는 법에서 벗어나는 해탈을 얻어야 한다. 그런 후에 비로소 열반의 단계에 오를 수 있고, 열반의 단계에서 싯다르타 태자처럼 보리수 아래에서 스승이 없이 깨달음을 얻는다. 즉 무사득오無師得悟하는 것이다.

우리는 아직도 배울 것이 있고 지도를 받아야 하며 고통과 번뇌에서 벗어나려고 선지식을 찾아야 한다. 집착이라는 병과 갈애渴愛라는 병 때문에 욕심이 있고 성냄이 있고 어리석음이 있고 교만하고 의심疑心하는 마음에서 벗어나고자 스승을 찾아야 한다. 윤회를 벗어나게 하는 명안종사明眼宗師를 만나야 한다. 본래 훌륭한 스승은 밖에서 찾는 것이 아니라 자기 자신이 곧 스승이다. 만일 밖에서 찾는다면 삼아승기겁이 소요하여도 찾지 못할 것이다. 명안종사의 가르침은 자석과 같다. 자신 속에 무엇이 있는지를 잘 알아서 그것을 끄집어내기 위한 자석이다. 자신에게 지혜의 자석을 대면, 마음 깊숙이 잠재되어 있던 것이 자석을 향하여 나오게 된다. 자신이 생각하지 못했던 것이 밖의 자석에 붙게 된다. 제자는 저절로 속마음을 비우고 그 자리에 해탈의 빛이 감쌈을 느끼게 될 것이다. 부처님의 흰빛에서 깨달음의 붉은 빛을 얻어 해탈의 청빛을 누리게 된다. 우리가 얻고자 하는 해탈은 이고득락離苦得樂이다.

인간계는 십법계 가운데 가장 중심세계이다. 해탈하기 가장 좋은 세계며, 열반에 오를 수 있는 세계며, 성불할 수 있는 세계에 살고 있다. 그러므로 사람으로 태어나지 않으면 해탈도 열반도 성불도 이룰 수 없다. 시작과 마침의 세계로 고통을 만들기도 하고 벗어나기도 할 수 있다. 희노애락애오욕喜努哀樂愛惡欲을 마음대로 할 수 있다. 중생은 내면세계에 밝음을 지녔음에도 그 빛을 사용하지 못하는 것은 무명의 어리석음 때문이다. 부처님은 어리석은 무명을 제거하기 위하여 밝음[明]을 닦도록 설법하셨다. 지혜를 닦는 수행은 곧 모든 집착과 애착을 떠나 어리석음이 사라진 광명의 세계를 얻고자 함이다. 수행하여 얻은 지혜의 빛을 다섯 빛깔의 연꽃으로 나타내었다. 청련화·황련화·홍

련화·적연화·백련화이다. 각각의 연화는 아직 물밖에 나오지 않는 것도 있고, 물과 같은 높이로 된 것도 있으며, 혹은 물밖에 높이 솟아서 물도 묻지 않는 것도 있었다. 이것은 법신 보신 화신의 차별을 말하는 것이다. 모든 공간에 두루하여 걸림이 없는 맑고 깨끗한 청정의 법계체성지, 무엇이든지 있는 그대로를 비추는 원만한 거울의 대원경지, 치우침이 없고 차별 않는 절대 평등의 평등성지, 나타난 모든 현상을 적나나하게 살피는 묘관찰지, 가지고 있는 잠재력을 최대한 발휘시키는 성소작지에 비유하여 설하는 것이 밀교이다. 5지 5색의 빛을 이 몸 이대로 받아 다시 상대에게 비출 때 모두가 함께 진정한 해탈이 이루어진다. 시간과 공간도 나와 하나인데 하물며, 그 속에 사는 우리는 만물과 수평의 빛을 지닌 동체다. 말하고 생각하고 행동하는 그 자체가 나만의 것이 아닌 우리 모두의 것이 되어야 한다. 나의 해탈이 상대의 해탈이 될 때 밀교의 상호공양의 절대적 해탈을 이루게 될 것이다.

빛의 해탈을 얻기를!

제3화

밀교의 상호공양

불교의 공양에는 두 가지가 있다. 불의 공양과 중생 공양이다. 불의 공양을 상호공양이라 하고 중생의 공양은 삼보 공양이다. 상호공양인 밀교 공양은 절대 평등의 만다라 공양이요, 삼보 공양인 현교 공양은 공덕성취 공양이다. 공덕성취 공양은 상대 공양으로 심천深淺이 있고, 지속遲速이 있고 한정限定이 있다.

불의 상호공양은 중생들에게 자성을 찾는 가르침으로 만다라를 이루고 있다. 밀교는 공양으로 시작하여 공양으로 회향 하는 상호공양을 보면, 불의 자성이 보살의 자성이요, 보살의 자성이 중생의 자성과 동일임을 깨닫게 하여 중생 스스로 상호공양을 증험證驗하도록 행하는 불사이다. 상호공양으로 나타난 기본 법계가 37존 만다라이다. 앞 창조편에서 밝혔듯이 비로자나불의 이법신理法身의 가지加持로 형상의 지법신智法身 비로자나불이 출생한다. 이것이 중생을 위한 비로자나불의 공양불사이다. 청정의 빛을 가진 지법신인 비로자나불이 빛을 변화시켜 아축불東方, 보생불南方, 아미타불西方, 불공성취불北方을 출생시킨다. 이것이 중생을 위한 상호공양인 제1 공양불사이다. 출생을 받은 4

불은 비로자나불의 공양에 보답하기 위하여 아축불은 대원경지, 보생불은 평등성지, 아미타불은 묘관찰지, 불공성취불은 성소작지를 표현하는 금강바라밀과 보바라밀과 법바라밀과 업바라밀의 보살을 출생시켜 공양한다. 이것이 상호공양의 제2 공양불사이다. 비로자나불은 다시 아축불에게는 보리심의 4보살, 보생불에는 공덕취의 4보살, 아미타불에게는 지혜문의 4보살, 불공성취불에는 대정진의 4보살을 출생시켜 공양한다. 이것이 상호공양의 제3 공양불사이다. 비로자나불로부터 공양받은 아축불은 적열심, 진여훈을, 보생불은 이구증, 승장엄을, 아미타불은 묘법음, 상보조를, 불공성취불은 신통업, 계청량의 기능을 가진 보살을 출생시켜 비로자나불에 공양한다. 이것이 상호공양의 제4 공양불사이다. 공양을 받은 비로자나불은 당신의 가진 공능功能인 교화의 빛을 아축불에는 사섭지, 보생불에는 선교지, 아미타불에는 견고지, 불공성취불에는 환락지보살을 출생시켜 공양한다 이것이 상호공양의 제5 공양불사이다. 이것이 기본이 되어 비로자나불이 출생시킨 16대보살과 4불이 공양한 16보살이 하나의 그룹이 되어 각각의 힘을 가진 명왕과 천신의 출생시켜 37존을 보호하는 공양을 한다. 이것이 상호공양의 제6 공양불사이다. 이로써 지법신인 비로자나불을 본존으로 하고 일체 불보살과 명왕과 천신을 권속으로 하는 1,061(32×32+37)존의 금강계만다라 법계가 형성되었다.

우리는 부처와 부처가 서로 주고받고, 부처와 보살이 서로 주고받고, 보살과 보살이 서로 주고받는 상호공양의 가르침이 가진 뜻을 알아야 한다. 부처와 부처의 상호공양은 우리 자신의 이법신과 지법신이 서로 가지 관정함을 말함이요, 부처와 보살의 상호공양은 우리 자신과 불보살이 서로 공양함을 말함이며, 보살과 보살의 상호공양은 우리도 자신과 이웃이 서로 공양함을 뜻한다. 우리는 비로자나불과 같은 빛을 품고 있으므로 나 자신이 곧 비로자나불이다. 그런데 우리는 절대성의 상호공양을 하지 않고 공덕을 얻기 위한 공양을 하고 있다. 이러한 공양은 상호공양이 되지 않는다. 우리들은 공양하기보다 받기를 좋아한다. 혹 공양한다고 하여도 눈치로 하거나 체면으로 하면서 공양을 저울질한다. 또 하나는 자신이 자신에게 공양하지 않는다. 이렇게 말하면 혹자는 '나 자신에게 많은 것을 투자하고 있다' 하여 이것이 공양이라 주장할 것이다. 그것은 꾸미고 가꾸는 것으로 한낱 사치일 뿐이다. 상호공양은 소모성이 아니다. 자신도 좋고 상대도 좋으며, 지금도 좋고 미래도 좋아야 한다. 자연을 훼손하면서 좋은 세상을 만들 수는 없다. 상대를 괴롭히면서 나만이 좋기를 바라는 것은 상호공양이 아니다.

　　　　상호공양은 어려운 것이 아니다. 동업으로 살면서 도움을 주는 것보다 도움을 받는 것이 많다. 이것을 조금만 지혜로우면 상호공양이 될 수 있다. 아침에 잠자리에 일어나는 자체가 곧 법계에 내 몸을 맡기는 공양의 시작이다. 잠자리를 공양한 것에 감사하며 날이 밝음에 감사한 마음을 갖는다. 일상생활 하나하나에 감사함으로 받아들일 때 상호공양이 이루어진다. 옷을 입는 것은 직녀織女와 내가 서로 주고받는 공양이요, 밥을 먹는 것은 나와 농부가 서로 주고받는 공양이며, 글을 배우는 것은 나와 스승이 서로 주고받는 공양이요, 사회활동을 하는 것은 나와 사회가 서로 주고받는 공양이며, 이렇게 자연과 만물은 나와 서로 주고받는 공양이다. 서로가 서로에게 도움을 주고 도움을 받을 때 원만한 상호공양이 이루어지게 된다. 자신의 건강은 몸과 입과 뜻을 좋게 가지는 것이다. 이렇게 나의 건강으로 시작하여 가정과 사회와 국가가 평안한 것은 소중한 인연을 깨닫게 하는 최고의 상호공양이다.

　　　우리는 각각의 개성을 지니고 있으면서도 모두 소중한 존재로써 공양을 받을만한 복덕과 지혜를 지니고 있다. 상호공양의 공능을 지닌 중생은 가르치고 배움에 따라 무엇이든지 될 수 있다. 학문을 익히면 재상이 될 것이요, 무예를 익히면 장군이 될 것이요, 수행하면 부처가 될 것이다. 어느 한 생명인들 존중하지 아니하겠는가? 다만 그렇게 되지 못하는 것은 자신만을 생각하고 타의 생명의 귀중함을 모르고, 요행을 바라면서 게으름과 나태로 세월을 소비한다면 아무것도 될 수 없는 무지하고 몽매한 사람이 될 것이다.

　　　밀교는 생활이 곧 상호 공양불사供養佛事이다. 탐심과 보시, 성냄과 인욕, 우둔함과 슬기로움이 서로서로 주고받는 공양이 될 때 절대의 평등을 얻게 될 것이다. 이것이 마음 다스리는 법으로 탐진치 번뇌를 보리심菩提心으로 바뀌는 첫 번째 길이다. 우리는 조급한 마음이나 한꺼번에 셋을 다스리려 하지 말고 이 중에 근원이 되는 탐욕심을 집중으로 다스리면 된다. 탐욕심에서 진심과 치심이 발생하기 때문이다. 기복하는 마음으로 부처님께 귀명하면, 이는 오욕을 채우기 위한 귀명이다. 나의 목숨과 부처님의 목숨을 하나같이 생각하는 귀명예가 되어야 한다. 부처 속에 내가 있고 내 속에 부처가 있으며, 부처의 가르침이 곧 나의 가르침이며 나의 가르침이 곧 부처의 가르침임을 확인하는 예법이 곧 공양이다. 그러므로 부처님께 귀명하는 공양은 자신의 몸을 이룬 지수화풍공地水火風空에 공양하는 신분공양身分供養이 된다. 공양미는 지地를 대신함이요, 헌다獻茶는 수水를 대신함이며, 등불은 화火를 대신함이요, 소향은 풍風을 대신함이며, 염송은 공空을 대신하여 귀명공양하는 것이다.

신분공양이 잘 나타난 곳이 티베트의 4종 공양이다. 사원마다 설치된 마니차를 돌리며, 세 마디로 엮어진 108염주를 돌리면서 10만독, 백만독, 1억독의 염송하는 공양법, 서원의 기도문을 외우면서 만다라 판 위에 수미산을 형성하고 귀중한 것을 공양한다는 뜻으로 곡물과 보석류를 올려 쌓고 쏟기를 10만번 행하는 만다라 공양법, 오색의 모래로 서원을 담은 만다라를 그렸다 흩는 무상의 공양법, 라싸의 조캉 사원에 모셔진 12세 왕자시절의 싯다르타의 존귀하고 성스러운 모습을 참배하고자 3보 1배, 5보 1배의 오체투지로 먼 길의 순례하는 공양법이 있다. 이러한 공양의 서원은 한결같이 "일체중생이 고통에서 해탈하며, 현생의 복리와 다음 생에 좋은 곳에 환생하여 불법을 만나 수행을 하기를 서원합니다." 뿐이다. 이것이 일체중생이 함께 해탈하기를 서원하는 절대의 상호공양이다.

빛의 해탈을 얻기를!

제4화

공양과 이익

"부처님께 공양이익供養利益 먼저 알아 증득하면 세도世道자
연 행해진다."

성인聖人만이 미래를 볼 수 있는 혜안慧眼을 가진 것은 아니
다. 만물은 모두 미래를 보는 혜안을 지니고 있다. 자신만을 생각하는
편견偏見과 집착으로 마음이 탁해져서 보지 못할 뿐이다. 물질이 풍부
해지면 빛나야 할 마음이 오히려 어두워진다. 이것은 욕심으로 인한 것
이다. 나보다 남을 먼저 생각하면 욕심은 자연히 사라지게 된다. 욕심이
사라질 때 편견과 집착이 사라지면서 다시 미래를 보는 혜안을 가지게
될 것이다.

사람의 욕심은 끝을 모른다. 비유하면, 먼 길을 걸어가는 사
람이 피로하여 말을 타고 갔으면 하는 생각을 한다. 그러다가 말을 타
게 되면, 걸어가던 시절을 잃어버리고 더 편한 생각으로 마부馬夫를 거
느리고자 하는 마음이 일어난다. 마부를 거느리면 다음은 또 무엇을 얻
으려 하겠는가? 말벗을 얻으려 하고, 시중드는 사람을 얻으려 하고, 자

신을 즐겁게 해줄 아름다운 여인을 얻으려 할 것이다. 자연과 달리 가지면 가질수록 더 많은 것을 가지기를 바란 것이 사람의 마음이다. 주어진 환경에서 만족을 즐긴다면, '먼 길을 갈 수 있어 좋고, 가면서 자연을 즐길 수 있어 좋구나' 생각할 것이다. 만족의 마음은 물질을 맑게 하고 밝게 정화함으로 얻어진다. 밝게 정화한다는 것은 필요한 만큼만 가진다는 것이요, 맑게 정화한다는 것은 적게 가지는 것을 말한다. 필요 이상을 가지는 순간 탐욕이 기지개를 켜고, 인색한 마음으로 조금이라도 모으고자 하는 순간 집착이라는 번뇌가 깨어난다. 힘에 넘치면 하심하고, 재주가 뛰어나면 겸손하고, 덕이 높을수록 마음을 낮추면서 양보하고 배려하는 미덕을 가져야 한다. 이것이 밝고 맑게 정화하는 공양이다.

공양은 평등 공양이 최고의 공양이다. 상하上下의 마음으로, 유무有無의 마음으로, 빈부貧富의 마음으로, 귀천貴賤의 마음으로 차별한다면 올바른 공양이 되지 않는다. 동등한 절대의 마음에서 주고받을 상호공양에서 영원한 이익이 이루어진다. 권력과 재력과 인맥으로 행하는 공양은 뇌물로서 부정부폐不淨不廢의 고리가 된다. 옛 속담에 '고을 원님 집에 개가 죽으면 문전성시門前盛市를 이루고 원님이 죽으면 파리 날린다' 하는 말이 있다. 이것은 무엇을 의미하는가? 권력을 이용한 공양의 폐단을 말하는 것이다. 자신만을 위하여 공양한 이익은 시기猜忌와 질투嫉妬의 대상이 되어 서로서로 뺏고 뺏기는 아비규환을 만들지만, 상대를 위하여 베푼 공양의 이익은 밀려오는 파도처럼 무엇으로도 막지 못하며 사라지지 않는다.

진각성존은 가난 병고 불화의 세 가지 고통에서 벗어날 수 있는 법을 말씀하였다. 이 중에 가장 먼저 실천할 법은 화합이다. 화합은 평등을 이루는 법이다. 가난과 병고의 첫째 원인은 불화이다. 육대로 이루는 몸이 지수화풍공의 화합을 이루지 못할 때 아픔의 고통이 생긴다. 지성地性이 지나치게 많거나 모자라도 병이 되고, 수성水性이 지나치게 많거나 모자라도 병이 되고, 화성火性이 지나치게 많거나 모자라도 병이 되고, 바람[風性]이 지나치게 많거나 모자라도 병이 된다. 서로 필요한 만큼만 있어야 원만한 조화를 이룬다. 진각성존은 "불급不及도 병이요 태과太過도 병이다. 이 중에 더 큰 병은 태과 병이다." 하였다. 모두 화합을 이루지 못한 것으로부터 일어난 고통이다. 재물도 이와 같고 명예도 이와 같고 권력도 이와 같으며, 시간과 공간도 이와 같다.

보살의 교화법 제1호가 육바라밀행이다. 육바라밀인 육행은 법공양 실천의 차제이다. 보시는 서원이요, 정계는 스승이며, 인욕은 귀명이요, 정진은 참회며, 선정은 시간이요, 지혜는 깨달음이다. 우리는 무엇이든 시작할 때 목적을 설정한다. 목적은 담은 것이 서원이다. 서원은 곧 하고자 함이요 갖고자 함이요, 이루고자 함이요 되고자 하는 실천의 설계도다. 이때 자신만을 위하는 설계도가 아닌 일체중생이 모두 동참하는 이익과 안락을 얻을 수 있는 설계도를 그려야 한다. 이것이 가장 큰 보시행이 된다. 서원에 일체중생을 위하는 마음이 담겨있어야 한다. 이것이 육행 실천의 첫 관문이다. 서원의 관문이 결정된 연후에 방법을 찾아 길을 간다, 많은 것들을 길에서 만나게 될 것이다. 그 만남이 스승의 가르침이다. 길[道]에 질서가 있다. 때[時]를 찾고 인부[人]를 모집하고 자재를 구입하는 법을 자연[空]에서 배워야 한다. 부처님의 마지막 유법에 '계로써 스승 삼아라以戒爲師' 하셨다. 이것이 스승을 찾고 가르침을 받는 나침반과 같은 정계의 법공양이다. 시인공時人空을 찾은 연후에 일을 착수한다. 먼저 만난 일을 소중하게 생각하며 하심하는 마음을 갖는다. 고마움의 마음을 갖는다. 수순하는 마음을 갖는다. 일체중생을 위하여 자신을 희생할 마음을 갖는다. 이것이 귀명하는 마음으로 인욕의 법공양이다. 불보살의 가르침에 예를 하고 스승의 가르침을 믿은 다음 실천의 길을 찾는다. 자신의 능력과 자신의 지혜와 자신의 힘이 부족함을 감지하고 보강하고 수정할 원인을 찾는다. 이것이 참회로 이어지는 정진의 법공양이다. 자신의 하는 일을 점검한 후 앞으로 나아가되 끊임없이 지속한다. 일회성이 아닌 영원성을 향하여 정진한다. 작심삼일作心三日이 되지 않도록 한결같은 마음으로 나아간다. 수시로 일어나는 번뇌를 조복하고 점검하면서 발심을 거듭한다. 번뇌의 탁함과 어둠을 맑고 밝게 정화한다. 이것이 은혜에 감사하는 마음으로 이어지는 선정의 법공이다. 은혜로움을 지닌 마음으로 일체중생에게 회향한다. 바른 생각으로 회향한다. 바른 행동으로 회향한다. 올바른 회향으로 일체가 해탈할 때 이것이 지혜의 법공양이 된다.

과학이 발달하고 물질이 넉넉할수록 우리는 요구하는 것이 많아진다. 화려하면 더욱 화려한 것을 구하고, 편리하면 더욱 편리하기를 바라며, 아름다우면 더욱 아름답기를 바라고, 편안하면 더욱 편안하기를 바라고, 높이 오르면 더욱 높이 오르기를 바란다. 이러한 욕구는 자기만을 생각하는 마음에서 일어난다. 가진 것을 나누지 않고, 오른 자리는 내려올 생각을 하지 않으며, 땅을 넓히고 주변을 제압하며, 홀로 우뚝 솟기를 바라면서 이웃과 상대를 괴롭힌다. 그러면서도 괴롭힌다는 생각 없이 당연한 것으로 알고 갖은 악행을 일삼는다. 하기 좋은 말로 '욕망에서 건설된다' 하며 욕심을 정당화하여 스스로 위로의 말을 하면서 자기의 욕구를 채운다. 이런 사람들은 겉에 보이는 몸은 화려한데 꾸미면서 마음은 항상 불안하며, 뺏기지 않으려고 밤낮으로 지키고 감추는 삶을 살아야 할 것이다. 몸이 아름답고 화려하고 편리하면 마음도 아름답고 화려하고 편안해야 할 것인데 그러하지 못하다. 몸과 마음이 모두 아름답고 편하려면 나만의 세상을 만들지 말고 이웃과 상대가 좋아하는 공동의 세상을 만들어야 한다. 욕망도 자신만의 욕망이 아닌 이웃의 욕망도 함께 이루어지도록 베풀고 나누면서 살아야 한다. 이것이 진정한 상호공양의 이익이다.

옛날 농경사회에서는 자연스럽게 수입에 대한 일부를 보시하였다. 추수할 때 전부를 추수하지 않았다. 과일을 딸 때도 모두 따지 않았다. 자연에서 공존하는 동물과 벌레들이 살아갈 수 있도록 배려하여 이삭을 남기고 열매를 남기고 땅속의 것을 모두 거두지 않았다. 이것이 자연적으로 1/10, 1/100 회향의 공양을 한 것이다. 우리는 많은 것으로부터 도움을 받고 살아간다. 사람, 만물, 생명들로부터 은혜의 빚을 지고 있다. 받은 만큼 돌려주어야 한다. 물질로 돌려주지 못하면 마음으로 돌려주어야 한다. 항상 감사하는 마음을 가지고, 고맙다는 마음을 가지고, 정갈하게 사용하고, 용처만큼만 사용하여야 한다. 그리고 불보살에게 서원할 때 자신의 서원을 생각하지 말고 상대를 위한 서원을 동시에 세워야 한다. 국가를 위해 사회를 위해 이웃을 위해 만물을 위해 서원을 세운다면 만분의 일이라도 빚 갚음이 될 것이다. 진각성존은 교화하는 승직자에게 수익의 2/10를 하도록 법을 제정하였다. 일체중생과 만물을 내 몸 같이 생각하는 1/10과 뭇 생명의 은혜에 돌려주고

빚을 갚고 덕을 쌓는 보은의 1/10을 합하여 2/10의 정화법을 실천하도록 한 것이다. 상호공양으로 얻어진 공덕을 가난과 병고와 불화를 소멸하여 윤회가 없는 해탈을 얻도록 회향하여야 한다.

빛의 해탈을 얻기를!

제5화

불공佛供 법공法供 승공僧供

"불공만배佛供萬倍 법공천배法供千倍 승공백배僧供百倍 아는 이
는 법신불에 공供할 것은 아무 데도 못 쓸지라."

삼보에는 불삼보佛三寶와 승삼보僧三寶가 있다. 불삼보는 법
보화法報化 삼신으로 심心의 삼위일체를 말함이요, 승삼보는 불법승佛法
僧으로 법法의 삼위일체를 가리킨다. 일반적으로는 승삼보를 삼보로 불
은 화신불, 법은 8만 장경, 승은 출가승을 가리킨다. 불삼보는 모두 부
처이다. 불은 진리인 법신 비로자나불이요, 보는 인과응보로 나타난 보
신불이요, 화는 중생교화로 출생한 화신불을 말한다. 불삼보 공양은 공
덕이 같지만, 승삼보 공양은 공덕이 각각 다르다. 우리의 삼보 공양은
승삼보 공양이다. 승삼보의 가운데 성불하고자 행하는 것은 불공佛供이
므로 만배 공덕이 있고, 열반을 얻고자 행하는 것은 법공法供이므로 천
배 공덕이 있고, 해탈을 얻고자 행하는 것은 승공僧供이므로 백배 공덕
이 있다. 불공만배佛供萬倍를 얻을 수 있는 자는 대선지식大善知識과 대아
사리며, 법공천배法供千倍를 얻을 수 있는 자는 선지식과 아사리요, 승공

백배僧供百倍를 얻을 수 있는 자는 범부 중생이다. 대선지식 대아사리가 될 때까지 마음을 놓지 말고 항상 어루만지면서 육행을 실천하고 바라밀로 승화되도록 공양하는 수행을 해야한다.

보시 중에 제1 보시는 삼륜청정시三輪淸淨施이다. 첫째 보시하는 자가 청정하고, 둘째 받는 자가 청정하며, 셋째 보시하는 물건이 청정해야 한다. 청정한 보시는 불공이나 법공이나 승공의 공덕이 같이 나타나게 된다. 그러나 현생의 복을 구하는 보시는 청정하다 하여도 완전한 청정을 이루지 못하므로 공덕 또한 각각 다르게 나타난다. 우리는 불법승 삼보를 깨달음의 인도자로 생각하지 않고, 현실의 이익을 주는 능력자로 생각하는 마음이 있다. 그러므로 깨달음을 얻고자 하는 보시보다 복리를 구하는 보시를 하고 있다. 존경하는 마음에도 잘못이 있다. 막강한 힘을 가졌다고 생각하는 신神은 잘하면 복을 주지만, 잘못하면 벌을 줄 것이라 생각하여 존경하되 두려움으로 존경하게 된다. 두려움으로 존경하는 삼보에 보시는 진정한 보시가 아니다. 그러므로 공덕 또한 올바르게 나타나지 않는다.

깨달음을 향한 보시에는 공덕의 차등이 없다. 복리를 구하는 보시에 공덕의 차등이 있을 뿐이다. 이를 불공만배 법공천배 승공백배라고 말하는 것이다. 불에 귀명하는 목적은 성불에 있다. 남기신 법[法寶]도 성불이 목적이며, 가르침에 따라 수행하는 승[僧寶]도 성불을 목적으로 한다. 성불은 보통의 몸, 보통의 마음으로는 이룰 수 없다. 몸은 32상을 갖추어야 하고 마음은 허공 같이 걸림이 없어야 한다. 32 대인의 상을 갖추기 위하여 육행을 닦고, 허공과 같은 마음을 가지기 위해 바라밀을 닦는다. 육행은 자신을 위한 수행이요 바라밀은 일체중생을 위한 수행이다.

우리는 대인상을 갖추기 위하여 육행을 실천한다. 부처님은 깨달은 후 보리수를 떠나 쿠시나가라에서 열반상을 보일 때까지 육행 실천의 모습을 보이신 것이다. 제자들과 함께 발우를 들고 마을에 들어가 공양을 받는 모습은 공양을 받는 수행자와 공양하는 청신사 청신녀에게 복덕을 짓게 하는 가르침이며, 숲 그늘에 정좌한 모습은 정진과 선정의 모습이며, 교화 설법하신 모습은 정계와 인욕의 모습을 보이신 것이다. 전생담에 보시의 비유담이 많은 것은 원만한 대인상을 갖추게 된 인과응보를 확인시키고자 함이다. 우리는 이러한 부처님의 모습에서 성불하기 전에 먼저 대인상을 갖추어야 한다는 것을 알아야 한다. 그 가운데도 보시에 의한 성취가 으뜸이라는 것도 알아야 한다. 땅을 보시하면 땅을 받고 물을 보시하면 물을 받는다. 덕으로 베풀면 덕으로 돌아오고, 지혜로 베풀면 지혜가 돌아온다. 하심으로 보시하면 존경심이 돌아오고, 인욕으로 보시하면 아름다움이 돌아오고, 정진으로 보시하면 성공이 돌아온다. 가난한 자에게 보시하면 넉넉함이 돌아오고, 병 있는 자에게 보시하면 건강함이 돌아온다. 부처님께 공양하면 성불의 인이 쌓이고 법에 공양하면 지혜로움이 쌓이고 승에 공양하면 해탈의 얻게 된다. 그러므로 불공만배 법공천배 승공백배라 한다. 부처님 만날 인이 없는 사람은 부처님을 친근할 수 있는 인을 지어야 한다. 불상佛像과 불탑佛塔을 건립하고 불사리佛舍利를 봉안하며 법당을 장엄하는 것이 부처님을 친근하는 불공이요, 경전을 편찬하고 경각經閣을 지어 보전하고 사경寫經하고 유포하는 것이 법공이며, 스승을 믿고 공경하며 수행할 수 있도록 도움을 주는 것이 승공이다. 승공을 법공으로 불공으로 승화昇化시킬 수 있고 법공을 불공으로 승화 시킬 수 있다.

　　　승공을 불공으로 승화시키고 법공을 불공으로 승화시키는 법은 삼륜청정시이다. 보시 자가 청정심으로 보시하여도 보시를 받는 스승의 마음이 청정하지 못하면 승화되지 않는다. 예를 들면, 청정한 마음으로 가사袈裟, 낙자絡子, 법의法衣, 발우鉢盂, 약藥, 법상法床, 법구法具, 좌구坐具, 생필품을 보시하여도 받는 스승이 파계, 매불, 매법, 배은, 비방하고 자신의 개인적 이익을 구한다면 승공은 되지만 법공 불공으로 승화는 되지 않는다. 승공을 법공이나 불공으로 승화시키는 법은 보시자가 청정한 마음으로 스승에게 보시하였는데[僧供], 보시를 받은 스승이 수행하여 깨달음을 얻었거나, 수행하여 깨달음은 얻지 못하여도 경전을 편찬과 법당건립과 불상 조성과 불탑 건립에 사용하였다면 이것이 법공으로 불공으로 승화시킨 것이 된다. 보시자는 마음대로 조절할 수 없으므로 승공을 법공이나 불공으로 승화시키지는 못한다. 청정한 마음으로 좋은 마음으로 맑은 마음으로 보시할 때 그 보시를 받는 자도 같은 마음을 지닐 때 비록 적고 낮은 보시지만 크게 높게 승화가 되는 것이다. 강한 바람에도 끄지지 않는 빈녀 일등의 이치가 이와 같은 것이다.

　　　보시자는 공덕을 논하지 않아야 한다. 출가자는 상주물常住物을 관리하는 과정에서 불전佛前에 올린 불공佛供이 승공僧供이 되지 않도록 하여야 한다. 시방상주十方常住로 회향해야 한다. 상주물을 어떻게 사용하여도 보시자는 허물이 없다. 상주물을 사용하는 출가자가 잘못 사용하여 공덕을 축소 시키면 축소시킨 응보를 받게 될 것이다. 그러므로 출가자나 교화자는 불공 법공 승공이 모두 불공으로 승화시키는 불사를 해야 한다. 스승은 견물생심의 마음을 잘 다스려서 후세에 시은을 입은 빚쟁이가 되지 말고 중생을 제도하는 대 선지식이 되도록 수행정 진해야 한다. 진각밀교는 수행하는 자체를 공양供養이라 한다. 삼밀수행 의 보시와 귀명의 계를 지키고, 인욕하고, 정진하고, 선정에 들고, 염송 독경 독송이 모두 공양행이다.

빛의 해탈을 얻기를!

제6화

8공양 보살

빛의 근원 비로자나불의 궁전인 금강계만다라 제1 권속은 4불이요, 제2 권속은 4바라밀이며, 제3 권속은 16대보살이요, 제4 권속은 8공양이며, 제5 권속 4섭보살이요, 제6 권속은 명왕과 제천 8부중이며, 제7 권속 일체중생[印]이요, 제8 권속은 삼라만상[形]이며, 제9 권속은 일체 소리[字=眞言]이다. 이러한 만다라 세계의 권속은 보존과 파괴와 보완의 지혜가 있다. 제3 권속인 16대보살까지는 보존의 지혜를 지닌 보살이다. 제4 권속인 8공양은 파괴의 지혜를 지닌 보살이며, 제5 권속인 4섭보살은 보완의 지혜를 지니고 있다. 보존은 존속을 의미하며 영원하지만, 파괴는 변천을 의미하며 영원성이 없다. 공양은 번뇌 파괴로 얻게 되는 지혜이므로 싯다르타 태자가 보리수 아래에서 마왕을 항복시킴으로 무상정등정각無上正等正覺을 이룩한다. 파괴 이후 다시 보완한다는 제5 권속인 사섭지보살은 중생교화를 뜻한다. 교화는 자비를 근원으로 행하는 회향불사다. 싯다르타 태자는 깨달음을 얻은 후 45년간 법을 전하고 열반의 모습을 보이신 것이 자비 회향하는 모습이었다. 100년을 살아가야 하는 중에 80년을 살면서 당신이 받아야 할 20년의 공덕을 중생들에게 남긴 것이 또 하나의 파괴 공양행이다.

　　　공양이 파괴라는 의미는 싯다르타 태자는 6년간 선지식 찾는 공부를 마치고 정글 숲에서 다시 6년간을 고행한다. 12년의 고행이 깨달음과는 무관함을 알고 숲을 나와 몸을 씻었다. 수행에 의지하는 집착을 씻었다. 수자타의 우미죽 공양을 받음으로 완전한 수행 파계자가 된다. 함께 수행하던 5비구는 태자를 파괴자라 하면서 곁을 떠난다. 태자는 이 공양이 파계의 공양인가를 발우로 시험한다. 발우가 물을 거슬러 올라가는 모습을 보았다. 일반 수행법으로는 파괴가 되지만, 지혜를 얻는 수행에는 파계가 아님을 확인한다. 태자는 지금까지 수행한 모두를 마음에서 지우고[破壞], 강을 건너 사람들이 멀리하는 귀신 소리가 난다는 숲으로 들어갔다. 그곳에서 마왕을 항복시키고 납월 8일 새벽, 남아 있는 샛별을 보고 깨달음을 얻게 된다. 이것이 지금까지 가지고 있던 고정관념을 모두 부순 후에야 비로소 깨달음을 얻을 수 있다는 것을 보여주신 모습이다. 선지식을 찾아 법계 진리의 이론을 깨닫고, 정글에서의 난행고행으로 업의 틀을 깨달았다. 그러나 중생계의 깨달음이기 때문에 수자타의 우미죽 공양으로 이 모든 것을 파괴하고 새로운 길로 나아갔다. 원숭이들의 천국인 숲에서 공양받으며 수행성취를 하였다. 이 숲은 중생계가 아닌 불보살의 보리수가 자라는 숲으로 변하였다. 자연에서 생겨난 공양으로 자연법이自然法爾를 깨달았다. 법을 깨닫고 곧바로 열반에 들고자 하였다. 보리수 아래 깨달음은 중생계의 법이 아님을 알았기 때문이다. 이것을 아는 천신들은 태자를 권유를 받아들여 새로운 법을 전하기로 마음먹었다. 태자는 7, 7일을 머물면서 파괴의 법을 교화의 보완법으로 정리하였다. 이것이 사섭보살의 법이다. 정도의 파괴8공양는 소멸이 아닌 보완사섭을 목적으로 원만해진다. 열반에서 "나는 한 법도 설한 일이 없노라." 하신 것은 불의 법을 설하신 것이 아니라, 해탈법을 설하였음을 의미하는 것이다. 진리의 빛은 자유자재하다는 것을 보이기 위하여 열반 7일 후에 가섭 존자에게 곽시쌍부槨示雙趺의 심법을 보이었다.

금강계만다라 8공양은 내 공양, 외 공양으로 나눈다. 내 공양은 자신의 신구의로 행하는 공양으로 깨달음이 목적이며, 외 공양은 삼라만상의 물질 정화가 목적이다. 8공양의 순서는 도량을 청정하게 정화하는 외 공양을 먼저 행한 다음에 마음을 닦는 내 공양을 행하는 것이다. 외 공양의 순서는 제1 향을 태워 진여眞如의 훈습이 도량에 가득하게 하며, 제2 꽃을 올리고 흩어 도량을 아름답게 장엄하며, 제3 등불을 밝혀 빛이 상주하도록 하며, 제4 향을 뿌려 도량의 악취를 제거하고 결계結界를 관정 한다. 도량을 청정하게 결계한 후에 환희심으로 편안하게 정좌한다. 호흡을 조절하여 마음에 맺혀 있는 악심을 제거한다. 단전에서 울려오는 소리로 불법 만난 것을 찬양하면서 자신의 본존 진언을 송한다. 숨을 고르게 하면서 마음을 울리는 리듬으로 염송한다. 자기의 소리를 들으면서 일체 의심疑心과 교만심驕慢心을 버리고 오로지 진언에 파묻혀 환희의 불 세계에 자재하며 즐긴다. 이러한 장면을 티베트에서는 5대 명왕五大明王의 가무로 표현하기도 한다. 5색 빛깔의 옷으로 장엄하고 오색의 가면을 쓰고 무언의 몸동작을 한다. 느린 듯 빠르며, 빠른 듯 느린 춤사위로 가볍게 움직이면서 도량을 정화한다. 깨달음으로 향한 발자국을 느린 듯 빠른 듯 내디디면서 도량을 활보한다. 이것은 장엄[身] 가무[語] 향화[意]를 법보화 삼신에 상호공양하는 삼위

일체 불사의 모습이다.

　　　　금강계 37존 만다라의 제4 권속 8공양이 파괴라는 것은 8공양의 행위에서 알 수 있다. 고요히 수행하는 것과는 다르게 웃음으로, 장엄으로, 노래로, 춤으로, 향을 뿌리고, 꽃을 흩고, 등불을 밝히고, 향을 태우는 공양으로 인간계에서 할 수 있는 수행 공양이다. 진정한 공양은 선업善業이든 복업福業이든 업이 되지 않는 공양을 해야 한다. 업業은 곧 윤회를 가져오기 때문이다. 중생의 몸과 중생의 마음과 중생으로 행하는 모든 것을 파괴[輪廻]하는 공양이어야 한다. 기쁨이 충만한 환희한 마음으로 화려하게 장엄하고 미묘한 음성으로 노래하며 신비의 춤으로 윤회의 업을 파괴하고 새로움을 구하는 공양이어야 한다. 다음으로 주변을 파괴해야 한다. 향을 태우고 꽃을 흩고 불을 밝히고 향을 흩뿌리면서 탁함을 부수고 더러움을 정화하고 어둠을 밝히고 맑게하여야 한다. 나와 만물이 집착과 연민의 고정관념에서 벗어나 새로운 모습과 환경을 이루어야 한다. 이로써 시방상주十方常住의 놀이마당이 건설되면서 파괴의 목적이 달성되고 제5 권속인 4섭보살이 활동하기 좋은 청정도량으로 장엄된 것이다. 심우도尋牛圖 제8 장면에 사람도 소도 모두 사라지는[人牛俱忘] 것이 8공양의 모습이라면, 제9 장면에 본래의 자리로 돌아가는[返本還源] 모습이 4섭보살의 모습이다.

　　　　밀교 가르침에 8공양의 의미를 다시 한번 생각하기 바란다. 우리는 화신불의 일대사인연이 가진 의미를 바로 깨달아야 한다. 점과 선으로 이루어진 만다라, 점은 청 빛으로 나타나고 선은 인연의 응함으로 나타난다. 청 빛과 인연의 응함으로 우리의 마음자리에 만다라가 있었다. 보이지 않던 마음의 만다라가 세상 밖으로 나타난 것이 금강계

37존 만다라이다. 시작을 모르는 긴 시간을 흘러오면서 만들어진 만다라를 다시 제자리로 돌려야 한다. 첫 번째 단계로 파괴 작업을 해야 한다. 악으로의 파괴가 아닌 선으로의 파괴를 해야 한다. 소멸의 파괴가 아닌 건설을 위한 파괴를 해야 한다. 개인의 집착과 애착으로 만들어진 고정관념의 만다라를 자비 공양으로 파괴하여 제자리로 돌아갈 수 있도록 만들어야 한다. 그 자리는 텅빈 허공의 자리일 것이다.

중생계는 탐심과 진심과 치심과 교만과 의심은 버리려고 하면 더욱 기승氣勝을 부리는 곳이다. 이러한 세계가 밀교의 삼밀행으로 근본 번뇌를 다스릴 수 있는 최고의 수행처이다. 이곳에서만이 비로자나불의 가지력加持力을 입을 수 있기 때문이다. 비로자나불의 가지력은 입으면, 만물로부터 가지를 입을 수 있는 자격이 주어진다. 이때부터 나와 만물과 상호공양을 할 수 있는 힘이 생기게 된다.《대일경》에서 가지력을 입는 수행단계와《금강정경》의 37존의 상호공양相好供養으로 증명하는 것이다. 밀교의 불사佛事는 공양으로 시작하고 공양으로 회향한다. 귀명이 공양이며, 발원이 공양이며, 수행이 공양이며 회향이 공양이다. 보시布施가 곧 공양이며 정계淨戒가 곧 공양이며 안인安忍이 곧 공양이며 정진精進이 곧 공양이며 선정禪定이 곧 공양이며 지혜智慧가 곧 공양이다. 8정도와 4섭법이 공양이며, 37조도품이 공양이다. 32상과 80종호 3,000위의 8만 세행은 비로자나불과 나, 나와 만물의 상호공양에서 이루어진 공덕의 결과이다.

비로자나불은 곧 진리이다. 진리는 보이지 않아 눈으로는 볼 수 없고, 귀로 들을 수 없고, 코로 맡을 수 없고, 입으로 맛볼 수 없고 손으로 잡을 수도 없다. 그러나 눈, 귀, 코, 입, 몸과 함께한다. 나와 비로자나불이 같은 몸이며, 같은 마음을 지니고 있으면서 변천작용 한다. 부처의 변천작용은 과거 1,000불, 현겁 1,000불, 미래 1,000불로 작용할 것이며, 중생은 시작함을 모르는 체 지금까지 육도를 윤회하고 있다. 부처의 변천작용은 깨달음을 상호공양이요, 중생의 변천작용은 번뇌를 일으키는 상호공양이다. 중생의 상호공양은 윤회의 틀을 벗지 못하여 무한한 고통을 받고 있다. 현생부터라도 불의 공양법을 실천하여 육도를 벗어나기를 서원해야 할 것이다.

빛의 해탈을 얻기를!

제7화

사섭보살

싯다르타 태자가 세상에 출생하여 팔상八相으로 보인 일대사인연은 중생을 교화하기 위한 것이었다. 일대사인연의 첫 소리이며 끝소리가 "천상천하 유아독존 삼계개고 아당안지天上天下 唯我獨尊 三界皆苦 我當安之."이다. 교화는 마음의 편안함을 주기 위함이다. 순간의 편안에서 영원한 편안으로 이어가는 것이 교화의 목적이다. 부처에게는 부처의 말이 통하고, 보살에게는 보살의 말이 통하며, 중생에게는 중생의 언어만 통한다. 제1층에서 제3층에 오르려면 제2층을 지나야 한다. 2층은 1층과 통하고 3층과 통한다. 불의 일승법一乘法도 마찬가지이다. 이승법二乘法의 보살을 통하여 삼승법三乘法을 들을 수 있다. 불 1승이 아닌 보살 2승인 싯다르타는 200여km 걸어 바라나시 사슴의 동산순수함을 간직한 동산으로 갔다. 5비구를 상대로 삼계개고三界皆苦의 법을 시작으로 아당안지我當安之를 찾는 법을 설하였다. 이때 교진여는 삼승의 법을 깨달아 응공應供의 자리에 오른 것이다. 교진여의 깨달음이 없었다면, 오늘과 같은 불교는 이 땅에 존재하지 않았을 것이다.

　중생은 아무리 뛰어난 지혜를 가졌다 하여도 부처님의 정법을 바로 들을 수 없다. 불위佛位에서 보살위菩薩位로 낮춘 방편의 삼승법에서 깨달음을 얻을 수 있는 것이다. 우리는 가장 높은 소리와 가장 낮은 소리를 듣지 못한다. 지구에 살면서 지구가 돌아가는 소리를 들을 수 없다. 만일 그 소리를 듣는다면 귀 고막이 파열될 것이다. 그리고 개미들의 속삭임을 듣지 못한다. 만일 듣는다면 한발도 땅을 밟을 수 없을 것이다. 법의 소리는 크고 작은 것에 따라 듣고 못 듣는 것이 아니다. 마음의 분을 열지 못하면 어떠한 소리도 듣지 못한다. 비유하면, 응접실 벽에 걸린 괘종시계는 정시마다 알림의 소리를 낸다. 온종일 응접실에 있으면서 몇 번이나 종소리를 들을 수 있겠는가? 귀로는 소리를 들었으나 마음으로 듣지 않았기에 듣지 못한 것이다. 부처님의 깨달음의 법음도 이와 같다. 자연의 삼라만상으로 전하고 있지만, 마음의 문을 열지 않았기에 듣지도 못하고, 보지도 못하고, 느끼지 못한다.

비로자나불이 무언설의 경이 《화엄경》이다. 금강지권인을 결하고 법계 장엄으로 설하신 경이지만 듣지를 못한다. 입법계품에서 언어가 나온다. 우리 자신이 선재동자가 되어 선지식을 찾아 길을 나선다. 싯다르타 태자가 카필라성을 나와 보드가야 보리수에 이를 때까지의 모습을 설한 것이다. 그 사이에는 53명의 선지식이 조연배우로 등장한다. 《금강정경》도 마찬가지다. 비로자나불의 가지加持를 받아 출생한 보살들이 법을 전한다. 금강수의 몸을 빌려 가지하고 관정하는 법을 설한다. 백의관음 무설설白衣觀音無說說 남순동자 무문문南巡童子無聞聞이다. 설하지 않고 설하는 법을, 듣지 않고 들을 수 있는 법이 불법佛法이다. 중생은 이러한 경지에 도달하지 않았기 때문에 언설言說의 말씀이 필요한 것이며 방편의 가르침이 필요하다. 눈으로 보는 설법, 귀로 듣는 설법, 코로 냄새 맡는 설법, 입으로 맛보는 설법, 몸으로 빛이 나는 설법 중에 가장 쉽게 받아들이는 설법이 소리의 설법이다. 깨달음을 쉽게 얻을 수 있는 소리의 설법이다. 편안함의 자리는 소리가 먼저이다. 그러므로 중생계를 벗어난 첫 번째 성인의 자리가 성문聲門이다. 성문은 아라한이며 응공의 자리이다.

비로자나불로부터 출생한 4섭지 보살은 우리에게 편안함을 주기 위하여 방편의 법을 설한다. 사섭지보살은 비로자나불의 지혜를 깨닫게 하는 최고 방편을 설한다. 갈고리를 지닌 금강구보살金剛鉤菩薩, 방편의 다섯 끈을 지닌 금강색보살金剛鎍菩薩, 견고한 법의 자물쇠를 지닌 금강쇄보살金剛鎖菩薩, 환희의 요령을 지닌 금강령보살金剛鈴菩薩이다. 첫째 금강으로 된 사섭의 갈고리는 보시布施의 갈고리, 애어愛語의 갈고리, 이행利行의 갈고리, 동사섭同事攝의 갈고리를 방편으로 사용하여 고통의 바다에서 편안한 곳으로 인도하는 보살이다. 둘째 금강으로 된 다섯 지혜의 끈으로 묶어 산란한 고해에서 편안한 곳으로 인도하는 선교 방편의 보살이며, 셋째 각자가 좋아하는 화려한 장식의 녹거鹿車, 아름다운 양거羊車, 견고한 우거牛車, 백우거白牛車에 승차시켜 편안한 곳으로 인도하는 보살이다. 밀교의 4도 가행으로 제도하는 보살이다. 넷째 견고한 신심으로 사마외도의 현혹된 소리에서 벗어나도록 맑고 청아한 소리로 인도하는 환희지의 보살이다. 처마 밑에 떨어지는 빗방울 소리, 깊은 산속 개울물이 흐르는 소리, 바람에 떨어지는 낙엽 소리가 모두 환희지의 소리이다.

중생은 사섭지 보살의 방편의 힘을 빌려 본래의 고향으로 돌아가야 한다. 비유하면, 첫째 종의 모양을 보는 것이며, 둘째 직접 종

소리를 듣는 것을 말하며, 셋째 종소리의 여운을 듣는 것을 말한다. 즉 끊어질 듯 끊어질 듯 이어지고, 이어질 듯 끊어지는 여운의 소리를 들어야 한다. 넷째는 소리 없는 가운데 소리를 들어야 한다. 중생은 소리를 귀로만 듣고 마음으로 듣지 못한다. 눈으로 종을 보고 마음에 깊이 새기면 종을 보지 않고도 종소리를 기억하게 된다. 보름달을 마음에 깊이 새기면 초하루 그믐밤에도 보름달을 볼 수 있고 밝은 낮에도 달을 그릴 수 있다. 법계의 모든 것과 하나가 되게 하는 사섭지보살의 방편 설법을 들을 때 중생들은 윤회의 어두움에서 벗어나게 될 것이다. 사섭지보살의 법은 어려운 것이 아니다, 우리 주변에서 일어나는 삼라만상의 소리가 진언이며, 삼라만상의 운행이 진언의 수행법이요, 삼라만상의 변천이 진언의 활동이다. 삼라만상의 변천 활동을 진언으로 새겨 의식意識의 편안함을 얻게 된다. 이것이 사섭지보살의 설법이다. 사섭지보살의 법에서 비로자나불의 청 빛을 확연하게 깨닫게 될 것이다.

빛의 해탈을 얻기를!

제8화

해탈절 불공

부처님은 4월 8일 출생하시고, 2월 8일 출가하시고, 12월 8일 성도하고, 2월 15일 열반하셨다. 석가모니불은 비로자나불의 화신이다. 법신 비로자나불을 태양에 비유하고 화신 석가모니불은 달로 비유하였다. 태양은 자신의 빛을 가지고 있지만, 달은 자신의 빛이 없다. 달이 태양의 빛을 받아 반사하듯 석가모니불은 비로자나불의 빛을 가지 받아 전하는 것이다. 달빛 활동은 반달에 시작하고 보름에 회향하는 것이다. 달의 모습에서 진리를 배우자. 초생을 출발점으로 하는 것은 범부의 시작이요, 반달을 시작점으로 하는 것은 중도中道를 가르치는 성인의 시작이다. 싯다르타는 본가도 외가도 아닌 중간지점인 룸비니에서 중도[8]일 출생하였다. 출가도 중도[8]일이요, 성도도 중도[8]일이다. 달이 원만한 15일은 보살의 열반이요, 중생의 해탈이다. 달의 본 모습은 365일 변함없는데 지구에서 보는 태양의 빛이 초생 반달 보름으로 보일 뿐이다. 남방불교에서는 부처님의 출생 출가 성도 열반을 모두 같은 날로 행사를 하는데 이것은 성인의 위대함을 나타내는 것이라 하였다. 태양의 빛과 달의 이치로 보면 틀린 말은 아니다. 우리가 지닌 불성도 태양처럼 밝았으나 시작함을 모르는 날로부터 흘러오면서 무명에 가리어서 어두워진 것이다.

석가모니불의 일대사인연은 자신의 빛이 아닌 비로자나불의 빛을 방편으로 사용하여 반달과 보름을 기준으로 큰일을 결정하여 시간의 진리를 나타내었다. 윤회하는 우리에게 최고의 해탈은 윤회에서 벗어나는 것이다. 벗어난 모습을 15일의 보여주는 원만한 보름달이다. 일년의 중앙 달인 7월 15일과 봄의 기운이 시삭되는 2월 15일 보름에 열반하신 것은 화신불의 열반은 법신불의 시작임을 알리기 위함이다. 이것은 시작과 회향을 의미하는 것으로 해탈은 중생으로써 마지막 회향이며 무상정등정각으로 향하는 시작이요, 열반은 교화를 마친 화신불이 법신의 자리로 돌아가는 회향이며 중생에게 빛을 가지는 시작의 모습이다.

해탈의 원을 이룰 수 있는 인간계에 태어난 것이 얼마나 고마운가? 무상정등정각을 바라보는 자신은 행운아다. 이런 행운으로 이 세상에 온 우리는 자신만의 업인業因으로 온 것은 아니다. 많은 동업의 인이 있었다. 그 가운데 가장 큰 힘은 부모님이다. 부처님의 십대제자 가운데 신통 제일 목련 존자가 어느 날 부처님으로부터 부모의 은혜에 관한 법을 듣고 환희한 마음으로 부모님을 찾아보았다. 신통으로 열반하신 부모님을 천상에서 찾았다. 어머니의 모습을 천상에서 찾지 못하고 지옥에서 찾았다. 목련 존자는 어머님의 은혜를 갚기 위하여 부처님의 가르침에 따라 7월 15일 해탈의 공덕을 쌓는 우란분盂蘭盆 공양을 베푼다. 7월 15일은 수행승들이 안거安居를 회향하면서 행하는 자자일自恣日이다. 이날을 목련 존자의 어머니를 구하는 지극한 효심으로 해탈절

이 된 것이다. 목련 존자에 의하여 백중일이라고도 한다. 그 내력을 살펴본다.

천성이 대효大孝요, 신통제일인 목련 존자가 7월 15일 하안거 자자일에 자신의 수행을 점검하여 허물을 찾는 중에 부모가 일찍 세상을 떠난 것은 내가 불효한 인이 있었다는 것을 깨닫고 참회한다. 그리고 부모님은 어느 세상에 환생하였는지 궁금하여 신통으로 찾아보았다. 아버지는 화락천에서 복락을 누리고 계시는 것을 확인하였다. 그리고 어머니를 찾았으나 천상에는 없었다. 인간계도 축생계도 아귀 세상에도 없었다. 지옥계 중에 무간지옥無間地獄에서 아비阿鼻의 고통을 받고 있음을 알았다. 무간지옥은 들어가는 문이 없는 지옥이다. 죄의 업풍業風으로 인하여 거꾸로 매달려 들어가는 지옥이다. 목련 존자는 자기의 효성과 신통으로 아비지옥에 계시는 어머니를 고통에서 벗어나게 하고자 하였으나 역부족力不足이었다. 밥 한톨을 드릴 수 없었다. 입에 닿는 순간 불꽃으로 변하였다.

목련 존자는 통곡하며 부처님께 간청하였다. 부처님은 "너의 효성이 지극하지만, 너의 모친 죄가 지중하여 너 한 사람의 힘으로는 해탈시킬 수가 없느니라. 만일 해탈시키려면 시방의 여러 수행승의 힘을 빌려야 하느니라. 수행승의 힘을 빌리려면 7월 보름 자자일에 우란분의 공덕을 베풀어라. 우란분 공덕을 베풀면, 현재 부모님뿐 아니라 과거 7세 부모님까지 모든 고에서 벗어나 해탈을 얻게 될 것이니라." 하고 목련에게 말씀하였다.

자자일自恣日이란 부처님 당시 우기雨期가 되면 마을에 들어가 걸식하지 않고 일정한 장소에서 외출하지 않고 수행하였다. 이것을 안거安居라 하였으며, 마지막 날 7월 15일 수행자들은 한자리에 모여 안거동안 견見, 문聞, 의疑, 삼사三思를 가지고 그 동안 지은 죄를 모두 들어내어 그 죄과를 서로서로 참회하고 다른 수행승들로부터 훈계받는 날이다.

목련 존자는 부처님의 가르침에 따라 7월 15일 자자일에 어머니를 위하여 우란분盂蘭盆 공양을 베풀기로 하였다. 수행승의 공덕을 빌리기 위하여 3일 전부터 수행승을 찾아 필요한 것을 주문받았다. 약藥이 필요로 하는 수행승에게는 약을, 옷이 필요로 하는 수행승에게는 옷을, 발우鉢盂를 필요로 하는 수행승에게는 발우를, 좌구坐具를 필요로 하는 수행승에게는 좌구를, 음식을 필요로 하는 수행승에게는 음식을, 과일을 필요로 하는 수행승에게는 과일 등 각각의 필요한 공양물을 우란분에 준비하여 공양하였다. 추선회향追善回向의 공덕을 받기 위하여 우란분 공양을 올린 것이다. 우란분의 우란盂蘭은 도현倒懸으로 거꾸로란 뜻이며, 분盆은 그릇을 뜻한다. 무간무문無間無門인 아비지옥에 들어갈 때 거꾸로 날아 들어가듯, 그곳에서 해탈하는 길도 그러하다 하여 거꾸로[倒懸] 한 모양의 그릇에 공양물을 쌓은 것이다. 우란분의 모양은 일반인이 사용하는 제기祭器와 같다. 쟁반에 위에 놓인 그릇 형상을 거꾸로 한 모습이다. 즉 거꾸로 한 그릇 위에 쟁반을 올려놓은 형상이다. 그리고 공양은 담는 것이 아니라, 쟁반에 쌓아 올리는 것이다. 공덕을 쌓듯이 쌓아 올린다. 우란분은 평소에는 사용하지 않는 그릇으로 특별하게 제작한 공양기[祭器]이다. 목련 존자의 우란분 공양으로 어머니는 무간지옥인 아비지옥을 벗어나 소흑암小黑暗지옥에 떨어졌다. 목련 존자는 이듬해 7월 15일에 다시 시방 수행승에게 우란분 공양을 베풀었다. 시방 수행승의 추선 공덕을 받아 어머니는 소 흑암지옥에서 벗어나 아귀도餓鬼道에 떨어졌다. 다시 우란분 공양으로 축생의 과보로 왕사성의 장자집에 어미개 몸을 받았다. 목련 존자는 다시 이듬해 3일간 우란분을 준비하여 7월 15일 시방 수행승에게 공양하였다. 수행승의 추선공덕을 받은 어머니는 축생의 보를 벗고 도리천에 환생하여 무진 복락을 누리게 되었다.

우란분 공양을 하여도 지중한 죄의 응보는 곧바로 해탈하지 못한다. 지옥에서 아귀로 아귀에서 축생으로 축생에서 천상으로 환생하게 된다. 목련 존자의 지극한 효심과 시방 수행승들의 추선 공덕으로 무간지옥에서 천상으로 해탈하는 것을 보아도 알 수 있다. 육도의 업을 보면, 지옥과 아귀는 같은 업으로 지옥은 무겁고 아귀는 가벼우며, 축생과 인간도 같은 업으로 축생은 무겁고 인간은 가벼우며, 수라와 천상도 같은 업으로 수라는 무겁고 천상이 가볍다. 그러므로 지옥과 아귀도 사이는 왕래가 쉽고 인간과 축생 사이도 왕래가 쉽고 수라와 천상 사이도 왕래가 쉽게 이루어진다. 그러므로 목련 존자 어머니는 인간계를 거치지 않고 곧바로 축생에서 천상으로 환생할 수 있다.

7세 부모님을 위한 추선 추복 불사와 인연 있는 영식들을 위하여 불공하는 것이 해탈절 불공이다. 7세 부모와 7대 조상은 다르다. 7대 조상은 태어난 가문의 조상을 의미하는 것이요, 7세 부모는 과거 일곱 생의 부모를 뜻하는 것이다. 7대 조상을 위한 강도 불사는 가문의 7대 조상이 해탈하는 것이요, 7세 부모를 위한 강도는 과거 7세 부모를 위한 불공이다. 해탈절 우란분 공양은 7세 부모를 위한 불공이다. 신년 초에 새해대서원불공을 회향하고 일주일 후 월요일부터 시행하는 49

일 불공은 7대 조상불공이다. 불공 방법은 49일 동안 통합으로 7대 조상을 위한 불공하는 법이 있고. 1주간씩 나누어서 제1주간은 제7대 조상님, 제2주간은 제6대 조상님 제3주간은 제5대 조상님, 제4주간은 제4대 조상님, 제5주간은 제3대 조상님, 제6주간은 제2대 조상님, 제7주간은 부모님을 위한 불공하는 법도 있다. 모두 근기따라 행하는 것이다. 7월 15일 해탈절 불공도 여러 가지 법이 있다. 7월 15일을 회향일하는 49일불공과 3주간하는 불공과 1주간만 행하는 불공이 있다. 이것이 여의치 못하면 3일 불공하거나 당일만 할 수도 있다. 모든 불공의 공덕은 정성에 의하여 일어나는 것이다. 형식이나 모양이나 시간의 많고 적음에 있는 것이 아니다.

부모를 위한 공양에 우란분공양이 필요하다. 우란분 공양은 수행승의 법력을 받기 위함이다. 재시財施를 법시法施 바꾸는 공양이다. 현재는 우란분 공양 준비를 할 때 스승을 찾아 필요함을 묻지 않고 언제든지 필요할 때 사용할 수 있도록 금전을 공양하기도 한다. 천상 수라는 즐거움과 투쟁으로 수행하려는 생각이 없으며, 지옥 아귀 축생은 고통받느라 수행할 여유가 없다. 고락苦樂이 평등한 인간계만이 해탈절 불공을 할 수 있다. 그러므로 인간으로 태어난 좋은 기회를 허송하지 말고 은혜의 빛을 갚는 우란분 공양으로 해탈하기를 바라는 것이다.

빛의 해탈을 얻기를!

생활장

제1화

생활중각生活中覺

부처님은 정법으로 살아가는 법을 전하였다. 8만 장경이 모두 일상생활을 떠난 말씀이 아니다. 생활 자체가 깨달음으로 나아가는 길이라는 것을 가르치신 것이다. 모든 생명은 세상에서 살기 편하도록 모습이 만들어졌다. 더운 곳의 중생은 더움을 이길 수 있도록 태어나고, 추운 곳의 중생은 추위를 이길 수 있도록 태어난다. 어떠한 환경변화가 생겨도 그 환경에 적응 할 수 있도록 태어나는 것이다. 마음도 환경에 맞도록 적응하게 된다. 모두 태초처럼 청정하게 태어나는 것이다. 어느 곳에 태어나서 무엇을 하든지 모두 청정을 근본으로 활동하고 있다. 청정성은 모든 만물을 포용하는 힘이 있다. 그러나 우리는 시작함을 모르는 먼 겁으로부터 오늘에 이르기까지 각종 잡물에 물이 들어 청정의 본의가 아닌 잡물의 고통을 받으면서 윤회하고 있다. 진리의 몸이며, 법계의 몸인 비로자나불의 청정이 우리에게 있음을 알리기 위해 일상생활에 각가지 빛으로 나타난다. 크게 다섯 가지 빛의 조화를 일으키면서 나타나 우리와 함께 생활하는 것이다. 아버지의 흰빛과 어머니의 붉은빛이 중앙에 모여 흰빛은 위로 올라가고 붉은빛은 아래로 흐르면서 사대육신이 되어 청 빛의 마음이 그 가운데 머물면서 태어났다. 내가 태어나기 전에 이 세상의 만물도 흰빛, 붉은빛, 노란빛, 검은빛, 파란빛 녹색 빛으로 조화를 이루면서 생겨났다. 그렇게 생겨난 만물이 나의 놀이터에 놀이도구로 쌓았다 허물기를 반복하면서 놀게 하였다. 영원성과 가치성과 자애성과 창조성을 구사할 수 있는 놀이도구들이다. 빛에는 각각의 주인이 있다. 그러나 나의 말을 잘 듣는 주인들이다. 나의 마음이 주인 중에 왕이기 때문이다. 이를 불佛이라 이름하고, 보살이라 부른다. 푸른 빛을 가지加持 받은 아축불은 금강살타에게 영원성永遠性을 관정灌頂하여 우리에게 보리심을 일으키게 하고, 붉은빛을 가지 받은 보생불은 금강보보살에게 가치성價値性을 관정하여 우리에게 공덕을 모으게 하고, 황색빛을 가지 받은 아미타불은 금강법보살에게 자애성慈愛性을 관정하여 우리에게 지혜를 베풀게 하고, 녹빛을 가지 받은 불공성취불은 금강업보살에게 창조성創造性을 관정하여 우리에게 하고자 하는 일들을 성취하도록 돕고 있다.

　　우리는 밝음이 가리어진 무지의 마음이 두터워서 부처님의 청옥 빛이 나의 청옥 빛과 같은 것인 줄을 알지 못할 뿐이다. 이제 우리가 알아보기 쉽도록 부드러운관정한 빛으로 청 황 적 백 녹으로 나타내 보이는 것이다. 빛은 본래 잡을 수 없는 것이다. 지혜가 높은 자만이 느낄 수 있는 빛을, 쉽게 잡을 수 있도록 방편을 가자假子하여 삼라만상으로 펼쳐 보인다. 빛으로 펼치는 영원한 진리, 변함없는 진리, 보이지 않는 진리, 잡을 수 없는 진리와 삼라만상과 우리 마음은 모두 삼위일체가 되는 것이다. 비로자나불이 윤회하지 않고 영원하면, 나도 윤회하지 않고 영원할 수 있으며, 삼라만상도 윤회하지 않고 영원할 수 있을 것이요, 비로자나불이 높고 낮음 없이 평등하면, 나도 높고 낮음 없이 평등할 수 있으며, 삼라만상도 높고 낮음 없이 평등할 수 있을 것이며, 비로자나불이 모든 것을 창조하면, 나도 모든 것을 창조할 수 있고 삼라만상도 모든 것을 창조할 수 있을 것이다. 이처럼 우리는 무엇이든지 할 수 있고, 무엇이든지 될 수 있는 능력이 있으면서 항상 부족하여 욕심부리고 화내고 우둔하고, 의심하고 목말라하고 배고파 허덕이면서 불안한 삶을 살고 있다. 모든 능력을 비로자나불과 같으면서도 왜? 그 능력을 발휘하지 않고 굳이 고통의 길로 가고자 하는지 알 것 같은데 모르고 있다. 지금이라도 자신이 지닌 청옥 빛을 찾아야 한다. 자신에게서 청옥 빛을 찾지 못하겠으면, 삼라만상에서 찾으면 된다. 삼라만상과 자신과 비로자나불은 삼위일체이기 때문에 …….

자신은 해탈의 청옥 빛만 가진 것이 아니다. 분노의 빛도 가지고 있다. 눈부신 푸른 빛이 비로자나 법신의 청정 빛이지만 우둔한 마왕의 빛도 된다. 흰빛이 아축불의 원만한 생성의 빛이지만 분노존이 제지制止하는 빛도 된다. 붉은빛은 복덕으로 만드는 보생불의 빛이지만 욕망의 나락으로 추락시키는 빛도 된다. 노란빛은 자비 무량한 아미타불의 지혜 빛이지만 어두운[無知] 지옥으로 안내하는 빛도 된다. 녹 빛은 창조의 불공성취불의 빛이지만 시기 질투를 일으키는 파괴의 빛도 된다. 이처럼 나 자신이 가진 빛은 불 본존과 분노존의 작용으로 나타나는 양면성을 가지고 있다. 자비와 지혜의 연꽃 위에 밝은 미소로 나타나는가 하면, 한편으로는 금강의 오고저를 손에 쥔 분노존忿怒尊으로도 나타난다. 같은 하나에서 다른 하나가 나타나게 된다. 비유하면, 방문과 같다. 밖에서 방으로 들어갈 때는 입구入口라 하고, 방에서 나갈 때는 출구出口라 하는 것과 같다. 하나의 문을 두고도 안과 밖에서 보는 관점이 다르다. 이러한 이치를 알고 어느 하나에 집착과 고정관념을 일으키지 않는 것이 제3의 눈을 가진 선각자가 되는 것이다.

일상의 생활에서 제3의 눈을 얻으려면, 먼저 마음을 중도에 두어야 한다. 수평의 두 눈 사이에 수직의 눈이 제3의 눈이다. 어느 한쪽으로 기울지 않는 곧은 마음의 눈이다. 거울은 있는 그대로 반사하듯이 모든 일을 바라볼 때 자신의 어떠한 생각도 개입하지 않고 직시하는 연습을 해야 한다. 색안경을 쓰지 않고 보는 그대로를 인정해야 한다[大圓鏡智]. 어느 편에도 치우치지 않는 평등한 마음으로 보아야 한다[平等性智]. 그런 연후에 높고 낮음, 깊고 얕음, 크고 작음, 넓고 좁음, 희고 검음, 아름답고 추함, 장원 단명, 멀고 가까움, 복잡 단순을 있는 그대로 판단하여야 한다[妙觀察智]. 제3의 눈을 이룬 연후에 용맹심을 가져야 한다. 행해야 할 것은 행하고 가지 말아야 할 것은 포기하며, 기다려야 할 때는 기다리고, 서둘러야 할 때는 서두르며, 가식으로 행하지 않고 진실로 행하며, 쌓을 것은 쌓고 무너뜨릴 것은 무너뜨리며, 억지로 행하지 않고 자연스럽게 행하면서 이웃과 사회에 피해를 주지 않고, 훼손하지 않으면서 모두가 조화로운 세상을 만드는 용기를 가져야 한다[成所作智]. 이것이 비로자나 법신의 청 빛과 함께 하는 것이며, 금강살타의 가르침을 따르는 것이며, 자신이 스스로 이루어가는 편안한 삶이 된다[法界體性智].

먹고 입고 잠자는 모든 것에서 로봇처럼 할 수 있는 것은 아니다. 스스로 자기에게 맞는 먹거리와 몸에 맞는 옷과 편안한 잠자리를 찾게 된다. 편안함을 얻는 것이 비로자나 법신의 청정성에 가장 가까이 이르게 되는 것이다. 편안함을 얻는다는 것은 쉬운 일이 아니다. 노력하지 않고는 얻을 수 없다. 편안함을 얻기 위한 아침부터 저녁까지 노력한다. 그리고 저녁의 잠자리에서 그것을 확인한다. 100점 만점에 몇점이나 맛보았는가? 아침에 잠자리에서 일어나 몸가짐을 바르게 하여 밤사이에 흐트러진 골절을 바르게 한다. 들숨과 날숨을 조절하여 혈액의 순환을 온전히 하며 새벽 정진한다. 오늘도 생활에서 당체법문을 깨달을 수 있는 지혜를 열기 위해 정진한다. 비가 오거나 날씨가 맑거나 부는 바람에서 설법을 듣는다. 무심코 일어나는 일은 아무것도 없다. 모든 것에는 그렇게 되는 원인이 있다. 그 원인을 알고 일을 하면 쉬울 것이다. 오늘 하루 동안에 일어날 선악 시비 선후 본말을 알 수 있는 혜안을 갖기를 서원한다. 자만심을 버리고 지나친 욕심은 부리지 않으며, 질투하지 않고 분노하지 않으며, 육체적 욕망을 따르지 않으며, 자기만을 위한 행동으로 남을 배려하지 않은 행동은 하지 않으며, 좋은 세상을 만들기를 서원한다. 이웃이 편안해야 자신이 편안해진다. 나의 주위가 불편하고 슬픔이 가득하여 고통스러우면 나 자신의 마음도 그와 같이 고통스럽다. 부모님이 편안할 때 내가 편안하고, 가족이 편안할 때 나도 근심 걱정이 없으며, 부모님이 아프면 나도 아프고 자녀들이 괴로우면 나도 괴롭다. 자녀들이 사회에 적응하지 못하고 따돌림을 받는다면, 나 역시 사회에서 따돌림을 받는 아픔을 겪어야 할 것이다. 이러한 것들의 출발점이 나로부터 시작된다. 그러므로 상대에서 선악 시비 선후 본말을 찾으려 하지 말고, 자신에게서 찾아야 한다. 무엇이든지 가질 수 있고, 어떠한 자리에도 오를 수 있는 영원의 빛, 무가보의 빛, 평등의 빛, 지혜의 빛, 창조의 빛이 본래부터 자신의 가지고 있었던 빛이다. 오늘 새벽 마음을 모은 정진으로부터 일상이 시작되고 성공 실패, 행 불행이 시작된다. 조용히 차분히 마음 모아 정진하기 바란다.

빛의 해탈을 얻기를!

제2화

생명은 소중한 것

생명은 소중한 것이다. 싯다르타 태자처럼 '천상천하 유아독존'이라 외치지 않아도 내가 이 세상에 태어남으로 소중하게 된 것이다. 나만 소중한 것이 아니라, 모든 생명이 존경스럽다. 비로자나불이 가진 영원한 불성을 가진 생명이다. 땅이 가졌고, 물이 가졌고 불이 가졌고 나무가 가졌고, 바람이 가졌고, 물고기가 가졌고, 동식물들이 가졌다. 그 양은 무량하며, 크기는 광대하며, 걸림 없는 허공에 가득하다. 웃고 싶으면 웃고, 울고 싶으면 울고, 성내고 싶으면 성내고, 앉고 싶으면 앉고 눕고 싶으면 눕고, 걷기도 하고, 뛰기도 하고, 머물기도 하고, 만들기도 하고 부수기도 한다. 춥게도 하고 덥게도 하고, 단단하게도 하고 부드럽게도 하고, 나누기도 하고 합치기도 한다. 모든 것을 내가 할 수 있기에 나는 소중한 사람이며, 만들어진 만물도 존귀한 것이다.

　　시작을 모르는 과거로부터 이 땅에는 수없는 생령生靈들이 왔다가 사라짐을 반복하면서 현재를 이루었다. 풍륜風輪의 재난이 지나가고 수륜水輪의 재난이 지나가고 화륜火輪의 재난이 지나갔다. 이러는 사이에 주인공 노릇을 한 인간은 몇 번이고 곤두박질을 당하면서 순수하고 청정하던 본성을 잃고 자신만을 생각하는 자만심과 시기 질투와 분노와 욕망을 근본으로 착각하고 집착하는 마음이 형성되었다. 자연의 소중함과 다른 생명의 소중함을 모르고, 자연을 파괴하고 다른 생명을 멸시하는 자아존중의 시대로 흐르게 되었다. 자연이 이것을 보고만 있겠는가? 몸부림을 치면서 인간을 저지하는 새로운 힘들이 생겨날 것이다. 인과응보로 무한한 고통을 받게 될 것이다.

복잡하던 도시 중앙, 네거리 가운데 나 홀로 서 있다고 생각하자. 소리도 들리지 않고 그림자도 없는 그곳, 사방을 돌아보아도 적막한 그곳에 나 혼자 서 있다. 풀이 마르고 바람조차 불지 않아 나무는 미동도 하지 않는 그곳에 서 있는 자신, 할 일도 갈 곳도 피할 곳도 없다. 목적이 사라진 그곳에 홀로 서 있다. 남은 것은 한낮의 태양과 밤하늘의 달과 별이다. 이때 자신의 마음은 어떠하겠는가? 이러한 상황을 자신이 만든 것인 줄을 알면 마음이 어떠하겠는가? 남도 없고 상대도 없는데, 그래도 남이 만들고 상대가 만들었다고 할 것인가? 욕심낼 것도 분노도 시기도 질투도 생각할 여력이 아직도 남아 있을까? 보여줄 것도 보여줄 사람도 없는 세상이다. 다시 예전처럼 된다면 모두가 은혜라는 것을 알게 될까? 그때도 자만심과 분노와 시기 질투를 할것인가? 생각해 보자. 다시 모든 것이 전과 같이 이루어졌을 때 나의 마음은 어떻게 변할지 의문이 생긴다.

부처 공자 예수 성자들이 가르쳐주지 않아도 인간은 욕심내고 성내고 어리석음을 행하여 자신과 세상을 어둡게 하고 혼란스럽게 하여 스스로 악한 업을 지어 괴로움을 받고 있음을 알까? 그러나 우리는 이로 인해 받는 고통임을 인식하지 못하고 당연히 받는 것으로 알면서 살고 있다. 조금만 생각하면 우리가 가진 청정의 본심은 욕심과 성냄과 무지를 정화하여 고통 없이 살 수 있다는 것을 알 것이다. 자신이 자신을 소중하게 생각하듯이 불보살과 자연도 우리를 소중하게 생각한다. 그런데 자신 스스로가 자신을 존중하지 않은데 자연이나 만물이 어찌 나를 존중하겠는가? 내가 먼저 자신을 소중하게 생각하고, 나아가 상대도 자연도 소중하게 생각하는 마음을 가져야 한다. 부처님은 자신이 지닌 청정을 알려주기 위하여 화신의 몸으로 출현하여 인과응보를 말씀하였다.

> "인因지어서 과果 받음은 우주만유宇宙萬有 법칙法則이라. 좋은 인因을 지은 이는 좋은 과果를 받게 되고 나쁜 인을 지은 이는 나쁜 과를 받게 된다. 모든 법法은 인연으로 이뤄지는 것이므로 만약 인연 없게 되면 모든 법도 없느니라."

우주 법계 만유를 움직이는 원리는 인과법칙이다. 인因은 씨앗과 같다. 뿌려지면 언젠가는 싹이 돋아난다. 시간과 환경에 따라 빠르고 늦음이 있을 뿐이다. 모양은 씨앗의 본성을 닮고, 양量은 주변 환경을 따르며, 질質은 뿌린 자의 성품을 닮는다. 좋은 환경이나 좋은 시간을 만나면 장애 없이 충실하게 잘 자라며, 악조건을 만나면 시달림을 받고 자란다. 이때 새로운 열매[質]가 형성된다. 이를 변천작용[方便]이라 한다. 씨앗은 어떠한 환경이 처해도 자신을 보호하는 능력을 지니고 있으므로 쉽게 생을 포기하지 않는다. 예를 들면, 소나무에 솔방울이 어느 해보다 많이 달리는 것은 자라는 환경이 열악하다는 것이다. 자신이 죽을 줄도 모른다는 생각으로 자신을 보존하기 위하여 더 많은 솔방울을 만들어내는 것이다. 반대로 열매 맺음을 싫어하는 것은 그만큼 삶이 편안하다는 것이다. 사람도 경제가 발전하여 삶이 편안해지면 가정 갖기를 멀리하는 현상이 일어나는 것도 이와 같은 이치이다. 중생의 생활이 지금만 있다고 아는 것에서 온 현상이다. 미래를 모르고 과거를 모르며 윤회를 모르는 무지의 생각에서 일어난 현상이다. 이것은 자신을 소중하게 생각하거나 존중하는 마음이 없다는 증거이다. 자신만의 안녕이 제일이라는 이기적인 생각이다. 이웃을 싫어하고 동반을 싫어하며, 남이 잘되는 것을 싫어하고 자신만을 생각하는 이기적인 소인의 마음이다. 이러한 환경은 오래가지 못한다. 올라간 것은 반드시 내려오고, 있던 것은 반드시 없어지며, 주먹을 쥐면 언젠가는 펴야 한다. 모든 것은 일시적인 현상일뿐이다. 우리는 일시적인 현상에서 영원을 찾을 기회임을 알아야 한다. 그 찾는 방법을 가장 잘 가르치는 스승이 부처이다. 인과응보를 가르치면서 좋은 인을 짓고 영원한 인을 짓고 무량한 공덕을 받도록 가르치는 큰 스승이다.

부처님은 모두가 가진 불성이 가장 위대하다는 뜻으로 청정성을 보이었다. 모든 색을 흡수하는 청정의 빛으로 나타내었다. 모든 빛깔의 물감을 섞으면 검은색으로 나타나지만, 모든 빛을 모으면 흰빛이 된다. 생을 가르치는 것은 본래의 청정성을 가르치고자 하는 것이다. 우리의 생활 터전인 지구는 하나의 공기 방울이다. 공기 방울 속에 땅이 물을 앉고 떠 있다. 허공과 물은 청정한 무색無色의 흰빛이다. 흰빛이 눈부시게 밝아 푸른 빛으로 보이므로 하늘도 바다도 푸르게 보이는 것이다. 그리고 공기 방울 속의 만물은 공기와 물의 청정을 머금고 존재한다. 씨앗이 물에 의하여 촉이 나고, 공기로 숨쉬고 성장한다. 만일 청정의 물이 없으면 싹은 나지 않을 것이요, 싹이 돋아나는 곳은 허공이다. 돋아난 싹이 바람의 흔들림에서 자신을 지키기 위하여 새로운 능력을 만들어낸다. 그 능력에 선善과 악惡이 있다. 선악은 본래 없는 것인데 자신을 보호한다는 명분名分으로 자신도 모르는 사이에 선악을 짓는 것이다. 이 세상에 아름다운 것일수록 독성毒性이 강하다. 장미가 가시가 있고, 독버섯이 아름답다. 독성이 만들어지는 것은 자신의 아름다움과 장점들을 자랑하고 보호하고자 하는 본능에서 생긴다. 자신의 잘함을 자랑하지 않고 겸손하며 능함을 뽐내지 아니하고 부지런함으로 대처한다면 독성은 생기지 않을 것이다. 독성이 짙으면 집착執着과 애착愛着의 업을 더하게 된다. 자신의 독성을 제거하는 방법으로 희사喜捨를 가르친다.

길지도 않는 100년의 삶이 소중함을 알아야 한다. 흐르는 물에 손을 씻으면서 같은 물에 두 번 씻을 수 없다. 다시 돌아오지 않는 하루들이 모여서 100년을 이룬 것이다. 웃으면 살아도 하루를 보내고, 성내면서 살아도 하루가 지나간다. 웃는 얼굴로 평생을 살아도 웃음의 바닥이 보이지 않을 것이며, 성내는 얼굴로 평생을 살아도 성냄의 바닥은 볼 수 없을 것이다. 끝을 모르는 마음 작용으로 끝이 보이지 않는 즐거움, 끝이 보이지 않는 고통을 받는다. 두 마음 가운데 어느 마음으로 살아가는 것이 행복할까? 눈언저리부터 사나움이 배어있어 아름다움을 해치기도 하고, 자비가 넘쳐 아름다운 얼굴은 더욱 아름답게 되기도 한다.

연꽃이 진흙에 살면서 청정의 물을 먹고 살아가고 있다. 청정을 요구하는 사람이 청정의 본연을 버리고 오탁에 물이 든다는 것은 희유하고 불가사의한 일이다. 그런데도 우리는 희유한 일을 하고 있다. 불가사의한 행동을 하고 있다. 사람으로 태어나기도 어렵고, 불법을 만나는 것은 더 어렵다. 하는데 이제 사람이 되었고 불법까지 만났으니 자신은 대단한 사람이다. 스스로 대단함에 귀명하며 길을 떠나자. 좋은 인을 지으면서 수행의 길을 떠나자. 마음의 청정을 찾아 떠나자. 다시 한번 자신의 소중함을 되돌아보는 정진의 길을 떠나자. 지나온 잘못을 참회하면서 해탈을 향하여 길을 떠나자.

빛의 해탈을 얻기를!

제3화

숨김과 나타냄

"사람은 자기의 잘못과 부족한 것을 들어내어 자랑하고 넉 넉하고 선한 것을 숨긴다."

경전에서 처음으로 이 말씀을 대하였을 때는 잘못된 가르침이 아닌가? 생각하였다. 그런데 진언 염송을 하면서 화두話頭처럼 긴 시간을 보낸 어느 날 마음의 눈을 뜨고 보니, 부처님의 말씀에 조금도 틀림이 없음을 알았다. 중생은 구하는 마음이 있고, 모든 것을 가지고자 하는 마음이 있으며, 높이 오르고자 하는 마음이 있다. 구하는 마음은 구하고 구하여도 그 끝을 볼 수 없이 계속된다. 구하는 마음 뒤에 일어나는 마음이 자랑하는 마음이다. 자랑한다는 것은 자신의 부족不足함을 알리는 것이다. 채우고 채워도 만족함을 느끼지 못하는 우리 마음, 항상 목말라 하는 마음에서 자랑하는 마음이 생긴다. 조금 얻은 것을 스스로 자신에게 위로하는 말이 자랑하는 것으로 보이는 것이다. 이러한 마음을 부처님은 갈애渴愛라 하였다. 갈애는 곧 애착愛着에서 나온다. 애착은 부족함에서 생긴다. 애착을 버리지 못하면 고통 속에 살아야 한다. 애착을 버리는 길은 지족하는 마음을 갖는 것이다. 부족만 생각하는 사람은 아무리 많아도 만족을 모른다. 중생들은 해탈의 경지에 오르기 전까지 갈증渴症은 계속된다. 부처님이 우리들의 이러한 마음을 알고 수행의 문을 열어 벗어나게 하고자 45년간 5천축을 누비면서 자비법문을 하였다.

　　부족함이 많은 사람이 천신만고 끝에 명예나 재물은 얻게 되면, 지금까지 천대하고 멸시한 사람에게 자신도 모르게 가졌다는 것을 자랑하게 된다. 이때의 자랑은 복수심을 품은 자랑이다. 이러한 사람은 아직 원만한 재물과 높은 명예를 얻지 못한 결과이다. 진정으로 원만함을 얻은 자가 '부귀영화를 누리는 것은 당연한 누림이다. 그런데 왜 그것을 자랑하겠는가?'라고 반문하며 숨길 것이다. 학문이 높은 자는 자신의 학문을 자랑하지 않고, 덕이 높은 자는 자신의 덕을 자랑하지 않으며, 높은 벼슬에 올라도 자신의 벼슬을 자랑하지 않는다. 세상에는 자신을 자랑하고 남의 허물 보기를 좋아하는 사람이 많다. 능력 없고 재주 없고 가진 것 없는 자가 조금의 이익만 얻어도 자랑하는 것은 자신의 부족함을 덮으려는 마음에서 비롯된 것이다. 자랑은 또한 의뢰심을 일으킨다. 의뢰하는 마음은 동정을 받기 위함이다. 동정받고 싶은 마음 때문에 자기의 재주가 뛰어난 것처럼, 자기가 모든 일을 성사시킨 것처럼, 조그마한 도움을 주고도 크게 도움을 준 것처럼 자랑하는 것이다. 이러한 자랑은 대가를 바라는 마음으로 연결된다. 반대로 모든 것이 갖추어진 사람은 그 어떤 것도 부탁하지 않는다. 오로지 자신의 능력대로 최선을 다하고 그것에 만족하는 것이다. 이것이 자주력이다.

　　덕이 없는 사람이 덕을 논하고, 벼슬이 낮은 사람이 벼슬을 자랑하며, 정치를 모르는 사람이 정치에 유능한 것처럼 말하고, 기술이 모자라고 재주가 없는 사람이 자기가 가진 기술과 재주가 우수하다고 광고한다. 주변 사람을 보라, 그 사람의 인격을 알 수 있을 것이다. 자신의 능함을 자랑하고, 부모의 능함을 자랑하고, 형제의 능함을 자랑하고, 자식들의 능함을 자랑하는 사람이 있다. 무슨 일이 성사되었을 때도 우리 부모가 너에게 도움을 주어 성사되었다고 자랑하고, 우리 형제가 너에게 도움을 주어 일이 성사되었다고 자랑하고, 내가 아는 사람 아무개가 도움을 주어 당신의 일이 성사되었다고 자랑하는 사람이 있다면, 그 사람은 경계해야 할 사람이다. 이러한 사람은 반드시 그에 대한 보상을 바라기 때문이다. 만일 도움을 주지 않을 경우 등을 돌리면서 깊게는 수원심을 갖기도 한다.

그리고 소인들이 말하는 학연學緣, 지연地緣, 혈연血緣에 의하여 일을 성사시키면 부정不淨이 따르고, 부정은 또한 사회질서를 혼란하게 하는 원인이 되며, 강한 자가 약한 자를 괴롭히는 형국이 될 것이다. 이러한 사람이 받는 행복은 영원하지 않을 것이다. 곡식은 익을수록 고개를 숙이는 것과 같다. 자신의 잘함을 감추고 남의 잘함을 칭찬하는 사회가 되어야 한다. 물거품처럼 허황한 생각을 일으키지 않아야 한다. 남을 도와주고도 도와준 표현을 하지 않으며, 자신의 공을 타인에게 미루는 미덕과 상대의 허물을 내 허물로 깨닫는 자비의 마음으로 항상 겸손한 생활을 부처님은 가르쳤다.

선각자들이 "사람 위에 사람 없고, 사람 밑에 사람 없다." 하여 동등권을 주장하기도 한다. 이 말은 우리들의 바람[願]이지 정답은 아니다. 불성佛性에는 차별이 없지만, 중생은 차별이 있다. 사람은 누구나 다 평등하기를 바라지만 그러하지 못함은 각자의 행위가 달라서 사람 위에 사람 있고, 사람 밑에 사람이 있다. 세상을 보라! 성인聖人이 있고 군자君子가 있고 현자賢者가 있으며, 악인惡人이 있고 어리석은 자가 있으며 못난 자도 있다. 이렇게 각각 다른 응보를 받는데 어찌 차별이 없다고 하겠는가? 진각성존은 《실행론》에서 이렇게 말하였다.

> "자신의 미래를 알고 싶으면 현재 내가 행하는 것을 살펴보고, 과거 생을 알고 싶으면 현재에 받는 것을 보라."

현재는 지난 생에 내가 행한 업業대로 나타난 것이며, 나의 미래는 지금 내가 행한 대로 응보를 받을 것임을 말씀한 것이다. 사람은 누구나 다 행복하기를 바라면서 행동과 말과 생각은 불행의 원인이 되는 행은 하고 있다. 진각밀교의 육자진언수행으로 무지를 찾아 지혜로 바꾸는 방법이다. 불성佛性은 본래 갖추어 있는 것이라 찾을 필요가 없다. 다만 불성을 가리고 있는 무명의 검은 천막을 걷기만 하면 된다. 불성의 밝은 빛 아래 원만한 모습이 나타날 것이다. 부족함이 없는 완전한 모습이 나타날 것이다. 서원이 필요 없는 세상이 열릴 것이다.

빛의 해탈을 얻기를!

제4화

고행과 고생

우리의 생활은 즐거움과 고통이 반반半半이다. 자기 마음 씀씀이에 따라 고통으로 살기도 하고 즐거움으로 살기도 한다. 고통과 즐거움은 인과응보로 나타난 것이라 진실한 것은 아니다. 영원하지 않기 때문에 얼마든지 조절할 수 있다. 조절하는 방법이 고행이다. 고생은 인과응보로 받는 것이요 고행은 스스로 행하는 것이다. 방편의 법을 깨달아야 올바른 고행을 할 수 있다.

　　　　법계를 열 개로 나누어 이를 십법계十法界라 한다. 십법계를 보면, 모두 나의 마음으로 이루어진 세계임을 알 수 있다. 여러 종류로 구분하지만, 그 가운데 즐거움과 고통으로만 구분하면, 부처 세계는 즐거움과 고통이 평등하여 하나이면서 열이며, 보살 세계는 즐거움이 아홉이요 고통도 아홉이며, 연각은 즐거움이 여덟이요 고통도 여덟이며, 성문은 즐거움이 일곱이요 고통도 일곱이다. 사성의 즐거움은 법희열法喜悅이요, 고통은 중생을 제도하는 방편의 고행이다. 이렇게 사성세계四聖世界는 즐거움과 고통이 평등하다. 이에 반해 육도 중생계는 즐거움과 고통은 차별이 있다. 천상계는 즐거움이 여섯이요 고통은 넷이며, 수라계는 즐거움이 넷이요 고통도 여섯이며, 인간계는 즐거움이 다섯이요 고통도 다섯이며, 축생계는 즐거움이 셋이요 고통이 일곱이며, 아귀는 즐거움이 둘이요 고통이 여덟이며, 지옥은 즐거움이 하나요 고통이 아홉이다.

　　　육도의 즐거움은 희노애락喜怒哀樂이요, 고통은 생노병사를 근본으로 윤회하는 고통이다. 중생들이 받는 즐거움과 고통은 자신이 지은 업業에 의하여 받는 것이므로 방편이 아닌 실지이다. 인을 지어 받는 고락이기 때문에 면한다는 것은 어려운 일이다. 고통만 받는 지옥에 즐거움이 하나 있다는 것은 스스로 만든 즐거움이 아닌 범종의 소리를 듣는 순간 고통을 느끼지 못하는 것과 중음신中陰身으로 머물지 않고 환생한다는 희망의 즐거움이다. 이 하나의 즐거움으로 인하여 아홉의 고통을 참으면서 죽었다 살아나기를 수명이 다하는 날까지 반복하고 있다. 이곳에서의 악업이 다하면 아귀로 들어가는 경우가 있다. 아귀는 두 가지의 즐거움이 있다. 환생의 즐거움과 먹을 수 있다는 희망이다. 먹을 수 있다는 것은 마음대로 먹을 수 있는 것은 아니다. 모든 음식은 입이 닿으면 불로 변한다. 다만 청정비구들의 발우 씻은 물만 불로 변하지 않는다. 이 청정수도 모든 아귀가 다 먹을 수 있는 것이 아니다. 다음생에 축생으로 환생할 수 있는 아귀만 먹을 수 있다. 소화消化 기능과 배설기능이 없는 아귀도 있다. 그러므로 일정한 양이 차게 되면 배안에서 자연 절로 불꽃이 일어난다. 불꽃으로 변하기 때문에 목구멍은 항상 갈증을 느껴 마시려 하는 것이다. 축생계의 즐거움은 태어난 것, 먹을 수 있다는 것, 종족種族을 이어가는 교합의 즐거움이다. 수라계는 고통이 무겁고 즐거움이 가벼우며, 천상계는 즐거움이 무겁고 고통이 가벼운 곳이다. 즐거움과 고통이 많고 적음의 상관 없이 육도를 윤회하는 원인이 된다.

인간은 즐거움과 고통이 반반이다. 즐거움 뒤에는 그림자가 따르듯 고통이 따라오고, 고통 뒤에는 즐거움이 따라온다. 무엇이든 영원한 것은 없다는 것이다. 안이비설신의가 만들어지는 즐거움과 사라지는 고통이 있으며, 오장육부가 형성되는 즐거움과 사라지는 고통이 있으며, 오욕칠정五慾七情을 누리는 즐거움이 있는가 하면 사라지는 고통도 있다. 즐거움과 고통은 물이 흘러가듯 멈추지 않고 반복된다. 하루의 즐거움으로 한 달의 고통을 받기도 하고, 하루의 고통으로 한 달의 즐거움을 받기도 하며, 1년의 고통으로 평생의 즐거움을 받기도 하고 1년의 즐거움으로 평생을 고통으로 살기도 한다. 어느 구름이 비를 품고 있는지 알지 못하듯, 우리의 얕은 지식으로는 즐거움과 고통의 원인이나 양을 알 수 없다.

중생계는 영원한 즐거움이 없고 영원한 고통도 없다. 그러므로 어느 한 곳에 집착할 필요가 없다. 즐거움이 영원하지 않기 때문에 욕망의 욕심이 생기고, 고통이 영원하지 않기 때문에 해탈하기를 희망하고 있다. 윤회하는 마음은 악업 짓기 좋은 조건으로 되어 있다. 부처님은 이를 아시고 고락의 근본됨을 전하면서 그것에 연연하고 집착하지 않는 법을 고행하는 모습으로 보여주었다. 고행은 스스로 행하는 것이다. 타에 의지하거나 의뢰하지 않고 자신을 스승 삼아 발심하고 수행하고 보리를 이루는 것이다. 이것이 최후 가르침인 자귀의自歸依 자등명自燈明, 법귀의法歸依 법등명法燈明하라는 유법遺法이며 다시 "게으름 피우지 말고 정진하라." 하였다. 이 말씀은 고행의 길로 가라는 부탁의 말씀이다. 중생은 누구나 자신의 잘못을 알기도 하고 참회법도 안다. 그러나 행하지 않는 것은 어리석음 때문이다. 어리석음은 진리를 모르고 현실에 집착하기 때문이다. 현실에 집착하지 말고 생각을 오로지하며 열熱과 성誠을 다해 정진해야 한다. 요행도 희망도 생각하지 말고 모든 것을 놓고 오로지 고행 정진해야 한다. 옛 선지식들은 방하착放下着을 강조하였다. 탐진치도 놓고, 오욕과 칠정도 놓고, 시시비비도 놓고, 상대성의 비교와 분별심도 놓아야 한다. 중생계는 무상無常하다. 하늘도 무상이요 땅도 무상이며 허공도 무상이요 바람도 무상이며 물도 불도 무상이다. 삼라만상과 우리 몸을 구성하는 오대원소五大元素도 무상인데 그로부터 형성된 것들도 역시 무상할 뿐이다. 공간도 무상으로 비어 있고, 시간도 무상을 향하여 흐르고 있다. 어제의 시간은 지나서 잡을 수가 없고, 미래는 아직 오지 않아 잡을 수 없고, 현재의 시간은 머무르지 않아 잡을 수 없다. 젊음은 잠간이며 늙음이 곧 찾아온다. 중생 몸도 흐르는 시간도 만물도 모두 놓아라. 오로지 불법을 향하여 고행 정진하라. 윤회의 씨앗이 되는 즐거움과 고통을 방하착하라. 고행 정진으로 해탈의 진미를 맛보기를 바란다.

빛의 해탈을 얻기를!

제5화

기다리는 자비심

기다리는 마음, 공간과 시간으로는 해가 뜨기를 기다리고, 바람이 불기를 기다리고, 꽃이 피기를 기다리고 열매 맺기를 기다리고, 봄을 기다리고 여름을 기다리고 가을을 기다리고 겨울을 기다린다. 사람과 사람 사이에도 기다림이 있다. 사랑하는 사람, 좋은 사람, 아름다운 사람, 덕 있는 사람, 훌륭한 사람, 위인과 성인을 기다린다. 미운 사람, 나쁜 사람, 원수진 사람, 해치는 사람이 떠나가기를 기다린다. 기다림이란 자신을 위해서 상대를 기다리는 것이다. 상대의 좋은 것을 기다리지 말고, 자신 스스로 좋은 삶이 되기를 기다려야 할 것이다. 어떠한 기다림을 할 것인가? 준비하는 기다림, 자비한 기다림이 되어야 할 것이다.

부처님의 가르침은 자비를 근본으로 한다. 자비는 사무량심 四無量心의 하나이다. 불보살과 중생이 가진 자비심이 같다. 불보살의 자비는 생활 자체에 나타나지만, 중생의 자비는 오욕과 칠정에 덮이어 쉽게 나타나지 않는다. 우주 법계의 운행도 마음으로 살펴보면, 자비의 운행이다. 우리 눈앞에 전개되는 좋고 나쁜 현상들은 비로자나불의 자비한 모습이다. 그러나 중생은 이 이치를 알지 못하기 때문에 별도의 모습과 별도의 말씀으로 운행의 이치를 알리고자 하였다. 이에 불보살은 원으로 자비의 모습을 보여준다. 아미타불의 48원, 약사여래 12대원 석가모니불의 500원이 불보살의 자비로 이루어지는 일대사인연의 서원이다. 현교의 4홍 서원과 밀교의 5대서원도 모두 자비의 서원이다.

우리들의 마음은 강한 것 같지만 약하고, 행동은 용맹스러운 듯하지만 두려움이 많다. 약함과 두려움에서 벗어나기 위하여 귀의하는 믿음을 택하였다. 하늘의 두려움에서 벗어나기 위하여 하늘에 귀의하고, 땅의 두려움에서 벗어나기 위하여 땅에 귀의하며, 불의 두려움에서 벗어나기 위하여 불을 섬기고, 물의 두려움에서 벗어나기 위하여 물을 섬기며, 어둠에서 벗어나기 위하여 태양을 믿는 것이다. 그리고 혼자는 살아갈 수 없다는 것을 알고 서로 의지依支한다. 의지하는 자체가 자비의 시작이다. 자식을 사랑하는 부모의 마음이 자비이며, 부부로서 서로를 의지하고 도움을 주는 것이 자비이며, 형제간에 우애友愛가 자비이며, 친구 사이의 의리義理가 자비이며, 상하가 서로 존경하고 사랑하며 질서를 유지하는 것이 자비심이다. 사회의 한 사람으로서 좋은 일에는 함께 웃어주고 나쁜 일에는 함께 슬퍼해 주고 서로 사랑하고 배려하며 보살펴 주는 행위가 자비심이다.

그리고 또 하나의 자비가 있다. 질서를 익히고 배우며 기다리는 마음이다. 육행 중에 선정禪定은 기다림이다. 이때의 기다림은 멈춤이 아닌 화합이다. 화합을 위하여 기다리는 것이다. 삼매에 들어가는 것은 나의 마음과 부처의 마음을 합일시키는 것이다. 하늘과 땅이 하나이며, 땅과 바다가 하나이며, 물과 불이 하나이며, 불과 바람이 하나이며, 바람과 허공이 하나이며, 허공과 심식心識이 하나로 조화를 이루

는 선정이다. 옛 어른들은 아랫사람에게 일을 맡긴 다음, 잘하든 잘못
하든 기다리는 마음이 있었다. 만일 일이 잘못되었을 때도 꾸지람을 하
기 전에 자신의 잘못을 스스로 깨달을 때까지 기다려주었다. 현재 우리
는 어떠한가? 급한 마음이 있어 기다릴 줄을 모른다. 오히려 즉석에서
해결하기를 바란다. 오늘 씨앗을 뿌리고 내일 꽃과 열매를 얻으려는 것
과 같다. 씨앗이 물을 만나 싹이 나고, 줄기와 잎이 자라며, 꽃이 핀 연
후에 열매를 맺는다. 이러한 시간을 참지 못하고 씨뿌린 후 곧바로 꽃
과 열매를 보려고 한다면 어리석은 것이다. 비유하면 옛날 어느 시어머
니가 12월에 아들을 장가 보내고 정월에 며느리에게 "시집 와서 2년인
데 아직도 손주가 없으니 너는 며느리 자격이 없다." 하고 꾸짖었다는
우화가 있다. 마음이 급하여 기다릴 줄 모르고 결과만을 재촉하면서 일
의 잘 잘못을 지적한다면, 지적받은 사람은 잘못을 고치고자 하는 마음
보다는 말로 변명하면서 그 자리를 모면하려 할 것이다. 이것은 잘못된
원인을 영원히 찾지 못하는 어리석음일 뿐 이익은 없다.

부처님이 쿠시나가라에서 열반한 후 아난다는 법신을 화장
터로 옮겨 관에 불을 붙이려 하였으나 불이 붙지 않았다. 몇 번을 시도
하여도 붙지 않았다. 일주일이 지난 뒤 마하가섭이 도착하여 부처님 발
아래 합장하였다. 곽시쌍부槨示雙趺의 법을 보이시고 법신의 관은 자연
발화自然發火하였다. 만일 아난다가 불을 붙였다면 오역죄를 범한 것이
된다. 마하가섭으로 인하여 아난다는 오역죄를 짓지 않게 되었던 것이
다.

기다림은 준비를 위함이다. 진각성존은 원정각 전수에게
"한 글자도 바꾸지 말라. 30년 뒤에 내가 오리라." 하였다. 30년 동안

바꾸지 말라는 뜻이 무엇이며, 30년 뒤는 내가 오리라는 것은 또 무슨 뜻일까? 후학은 진각성존이 속뜻을 알지 못하고 겉만 보고 30년을 기다렸다. 특히 '오리라'는 비밀의 말씀, 그 본뜻을 모르고 기다림의 잘못을 범한 것이다. 진각성존의 18년깨달음 이후 가르침에 유독 빛나는 법이 자주自主이다. 자주를 깨달았다면 금기하는 것으로 기다리는 것이 아니라, 준비하면서 기다렸을 것이다. 30년이란 세대의 바뀜을 뜻한다. 이것은 새로운 법을 새워 흔들림이 없이 완전하게 자리하는 시간이다. 부처님은 한 세대를 보내고 다시 반 세대를 머물렀다. 이것은 한 세대에 본법이 완전하게 자리하였는데도 반 세대를 다시 머문 것은 근기의 조화와 실천의 편불편을 점검하기 위하여 자비의 연민으로 지켜보신 것이다. 그리고 "계로써 스승 삼아 정진하라." 하신 것은 이제 모든 법이 완벽하다. 다시 더 첨가할 법이 필요하지 않다. 오로지 남긴 계율만 잘 지키면 된다는 의미로 말씀하신 것이다.

강력한 군주는 자신의 세운 법이 사후에도 흔들림 없기를 바라면서 살아생전에 왕위를 물려주고 상왕으로 앉아 지켜보면서 섭정의 권력을 행사하기도 한다. 이것은 후대 왕이 자신이 세운 법이 재대로 흐르게 하는지를 확인하기 위함이다. 진각성존의 30년 말씀이 이와 같다. 창종의 법이 자리하려면 30년의 한 세대가 필요하다. 그런데 12년이나 모자랄 시기에 열반에 들었다. 그런데 진각성존은 한 세대를 머물지 못하고 열반에 들었다. 시절 인연에 의한 열반이라 막을 길이 없었다. 그리하여 '한 글자로 바꾸지 말라', '내가 오리라' 하는 비밀의 말씀을 하면서 오로지 밀법密法만을 실천하라는 간곡한 부촉의 말씀을 하신 것이다. 한 세대를 채우지 못한 법은 다분히 흔들림이 있을 수 있다.

그러므로 후학들에게 한 세대를 한 글자 한 자구도 바꾸지 못하게 한 것이다. 그리고 이에 의심할 것을 염려하여 원정각 전수에게 "30년 뒤에 내가 다시 오리라."는 비밀어를 남기신 것이다. 한 세대인 30년에서 모자라는 12년이면 될 것을 왜 30년인가? 라고 반문할 수도 있다. 이것은 후학들이 30년의 한 세대를 직접 체험하면서 지켜보아야 하기 때문이다. 30년간 후학들이 해야 할 일은 무엇이겠는가? 진각성존이 완성하지 못한 12년의 법을 한 후학들은 준비하려면 한 세대가 소요된다는 뜻이다. 진각성존이라면 12년이면 되지만, 후학은 한 세대 30년이 소요된다. 기다리라는 30년 동안 남은 12년의 법이 무엇인지를 깨달아 준비한다면 그법은 반드시 육자진언을 근본 삼아 준비한 법으로 시대에 맞고 근기에 맞는 새로운 방편의 법일 것이다. 이러한 법이 30년 뒤 공포가 된다면 이것이 진각성존이 이 세상에 다시 오신 것이 되는 것이다. 그런데 후학은 어찌하였는가? 오신다는 비밀의 말씀에 집착하여 준비 없이 마냥 기다리고만 있었던 것이다. 비밀의 언어는 비밀이 되지 못하고 막연하게 기다림을 주는 폐단의 말씀이 되었다. 비밀의 말씀을 전수받은 분은 온갖 고난을 받으면서 30년 한 세대를 지키었다. 진각성존의 남기신 "30년 뒤에 다시 오리라."는 마음의 법을 깨달아 준비를 잘하였다면 진각밀교의 법이 완성되었을 것이다. 당체법문 당체설법을 그렇게 강조하면서 항상 등잔 밑이 어둡다는 말은 남의 이야기가 되었던 것이다.

　　　모든 만물과 생명에는 변천의 주기가 있다. 짧게는 7일이요 길게는 600년이다. 곡식을 얻으려면 1년이면 되고, 나무를 구하려면 10년이요 인재를 얻으려면 100년이라 하였다. 1년 농사는 봄에 뿌려 가을이면 거두고, 10년의 과일나무는 3년이면 열매를 얻을 수 있듯이 100년의 인재는 30년이면 얻을 수 있다. 그러므로 인간의 주기는 30년으로 할아버지와 아버지의 사이가 30년이요 아버지와 아들의 사이가 30년이다. 인간의 역사는 30년에 완성을 볼 수 있다는 뜻이다. 사람은 30년 주기이듯 삼고三苦의 변천도 30년이다. 진각성존은 미완성의 법을 남기면서 나머지 못다한 법을 남겼다. "옛날에는 의발이요 이제는 심인법 약불단약藥不斷藥 서남법."을 유필로 남겼다. 기다리는 30년 동안 이 두 법의 본의를 알았다면, 육자진언의 본존? 불사의식과 수행? 정송과 정시법? 심인당과 사택? 등등 많은 것이 제자리로 돌아갔을 것이다. 진각성존은 남산동 서원당에서 밀각심인당 서원당에서 당체법문을 보신 깊은 뜻을 알게 될 것이다. 열반의 급함을 알고는 정진할 시간조차 없어서 간단한 방법으로 당체법을 볼 때도 있었다는 것을 알아야 한다. 이러한 모든 것을 30년의 기다림으로 묶은 것이다. 일상생활에서의 기다림은 질서를 지키는 것이다. 질서는 곧 법을 지키는 것이다. 어떠한 법이라도 그 법이 지닌 본의를 알아야 한다. 법을 본의를 모른다면 올바른 기다림은 이루어지지 않는다. 기다림으로 자신을 찾고 기다림으로 준비하여 내일의 삶에 해탈이 있기를 바란다.

빛의 해탈을 얻기를!

제6화

보원행報怨行

"그대가 역경을 만나도 걱정하지 말라. 그대의 의식은 그것
을 통하여 깨달음을 얻을 수 있다."

보원행은 나를 성숙시키며 깨달음의 삶을 살도록 인도하는
훌륭한 스승이 될 것이다. 원수와 마장은 곧 나에게 공덕을 가져다주는
최고의 선지식이다. 나를 이 세상에 존재하게 만든 분은 부모이지만,
알지 못하는 과거 생의 악업을 녹여 고통이 사라지게 하는 것은 자신
앞에 나타난 원수怨讐이다. 부모는 현세에서 나를 사랑으로 키우고 보
호하지만, 알지 못하는 과거 생에 내가 지은 나쁜 업을 녹여주지는 못
한다. 원수는 나를 해치고 괴롭히면서 내가 하고자 하는 일에 방해하지
만, 이것은 실지로 내가 받아야 할 고통을 줄여주는 스승이다. 원망하
는 마음을 일으키도록 하는 사람이나 하는 일을 방해하고 장애를 일으
키는 것은 인욕의 법을 설하는 좋은 설법자이다. 아프고 슬프고 괴로움
의 고통은 도움을 주는 선지식을 만난 것과 같다. 원수와 마장은 현생
을 살아가면서 숙세의 악업을 소멸시키는 제일 좋은 법이다. 이제부터

라도 원수나 마장꾼을 만나면 진심으로 고개 숙여 합장해야 할 것이다.

수행하는 자는 억울함을 참아야 한다. 억울함은 수행의 목적을 성취하는 가장 좋은 법문이다. 그러므로 억울함을 참음으로써 도에 쉽게 들어서게 된다. 고통을 당하고 어려움을 만났을 때 지금은 잘못한 일이 없지만, 셀 수 없는 세월을 지나오면서 지은 잘못에 대한 응보로 나타난 것이다. 나는 세속적인 삶을 살면서 겉모습에 의하여 까닭 없이 화내고 까닭 없이 남을 미워한 적이 있었다. 실지로 잘못이 있는데도 아무런 잘못도 없다고 하는 것은 남을 기만하는 또 하나의 잘못이 첨가되는 것이다. 원망하는 마음을 끊고 가슴으로 모든 것을 받아들여 참회할 뿐이다. 진실한 참회는 수원심을 영원히 사라지게 하는 보원행報怨行이다. 보복하고자 하는 마음, 원망하는 마음, 두고 보자는 마음이 사라지는 순간 해탈의 공덕이 일어나게 된다.

출가자가 출가한 이유를 물으면, 부처님 법이 좋아서, 또는 깨달음을 얻기 위하여 출가한다는 사람보다 가난해서, 외로워서, 이별 때문, 세상이 무상해서 등등을 말하는 사람이 많다. 이것이 불법에 입문시키는 원인이 된 셈이다. 어떠한 이유로 출가하였어도 출가자는 수행을 본업으로 삼아야 한다. 그리고 수행자의 마음가짐이 세간 사람과는 다름이 있어야 한다. 칼은 칼로 불은 불로 원수를 갚는다면, 원수를 갚지 못할 뿐 아니라, 끝없는 윤회의 틀을 벗어나지 못하게 될 것이다. 일시적인 역한 심정으로 화도 나고 실망도 하고 밉기도 할 것이다. 조용히 앉아 생각해 보면, 그 나름에 이유가 있었음을 알게 될 것이다. 이 모든 것이 우연으로 이루어지는 것이 아니다. 어느 생엔가 인연이 있었기에 그러한 일들이 생겨난 것이다. 수행의 지혜로 더 이상의 고통의 바다에 휩쓸리지는 않도록 해야 한다. 수행문 중에도 수행을 싫어하는 자가 있다. 요행을 바라는 자가 있다. 수행자는 어려움을 만났을 때 도와주는 사람이 없다. 무소의 뿔처럼 혼자 해결해야 한다. 자신의 지혜와 힘으로만 해결해야 한다. 해결 방법 가운데 하나가 크게 한번 웃는 것이다. 모두가 무상하다는 생각으로 웃고 넘기면 된다. 도가 높을수록 시기 질투를 받게 되고, 덕이 높을수록 아첨하는 사람이 모여들며, 행이 뛰어날수록 가까이하고자 할 것이다. 도고일척道高一尺이면 마고일장魔高一丈이라 하였다. 이러한 일들이 자신의 주변에 일어나면 나의 도가 높아졌구나, 하고 겸손의 마음을 가져야 한다. 그리고 비난의 소리를 들을 때는 크게 한번 웃으면 된다.

> "은혜는 평생으로 잊지 말고, 수원讐怨은 일시라도 두지 말라."

정진할 때마다 마음으로 새기고 또 새겼으나 실천하기는 손가락 열 개도 접지 못한다. 물에 기름 돌듯이 말씀의 주위만 맴돌고 있었다. 중생은 혼자는 살아갈 수 없다. 많은 것으로부터 도움을 받고 살아야 한다. 만물과 시간도 있지만, 크게는 부모, 국가, 사회, 스승 넷이 있다. 부모와 국가와 사회와 스승이 나에게 바라는 것은 같은 하나이다. 은혜를 알고 효孝를 행하면 그것이 충忠이 되고, 정正이 되고, 의義가 되고, 신信이 돈독해진다. 이 몸은 은혜로 태어나고 은혜로 지탱하며 은혜로 사라진다. 이렇게 태산같이 쌓인 은혜에 감사한 마음과 고마운 마음으로 살아야 한다. 듣기 싫은 소리는 지나가는 바람 같이 생각하고,

멸시하는 것은 미세한 먼지 같이 생각하고, 해침을 당할 때는 모래를 쌓는 것 같이 생각하면 된다. 모두 은혜를 갚지 않은 탓임을 깨달아 참회하여야 한다.

은혜 입은 빚은 갚지 못할지라도 수원은 맺지 말아야 한다. 상대의 행동에 대하여는 이러쿵저러쿵하기 전에 자신을 되돌아보자. 살생의 빚으로 단명하고, 남의 물건을 훔친 빚으로 빈궁하고, 남을 못되게 한 빚으로 다병하고, 남의 도움만 받은 빚으로 실패하고, 상대방을 멸시한 빚으로 불화하다. 덕이 없이 공경받은 빚, 아는 것 없이 높은 좌리에 앉은 빚, 친구와 이웃에 정을 받고 갚지 않은 빚, 음식을 공양받고 타박한 빚, 상주물을 아끼지 않은 빚, 자연을 파손한 빚, 뜨거운 물을 버린 빚, 물자를 지나치게 소비한 빚, 약속하고 지키지 않아 손해를 입게 한 빚, 배부르게 많이 먹은 빚, 때아닌 때에 먹은 빚, 물건을 파손한 빚, 고마움을 모르는 빚, 감사할 줄 모르는 것들이 모두 빚으로 남아 있다. 이 빚을 다 갚아야 해탈할 수 있다. 빚을 갚는 방법은 수순하고 긍정하면서 불평불만 없이 바르게 살아가는 것이다.

모든 것은 인연으로 받아들여야 한다. 고통을 당하고 즐거움을 느끼는 것도 인연에 따라 움직이는 것이다. 선한 것이든 악한 것이든 그것은 알지 못하는 지난 생에 자신이 뿌린 씨앗들의 싹이 난 응보들이다. 이제 모두 거두어서 소멸시켜야 한다. 본래 없던 것이었으니, 인연이 다하면 모두 무無로 돌아간다. 나를 상대한 세상과 사람과 시간에는 잘못이 없다. 그것을 이용하는 자신의 잘못일 뿐이다. 우리는 그 누구를 탓하기 전에 항상 자신의 행위를 돌아보아야 한다. 부처님 말씀에 "설혹 백천만겁이 지난다하여도 지은바 업은 없어지지 않아서 인연이 돌아오면 반드시 받는다." 하였다. 나타나는 응보가 좋은 것이든 나쁜 것이든 긍정하고 받아야 한다. 피할 수 있으면 피하자는 생각으로 요령을 부릴 수는 없다. 편안한 마음으로 받는 것이 제일이다. 부처님의 십대제자인 목건련과 사리불도 명을 다하지 못하고 비명에 갔으며, 제2 석가라고 불리며 8종의 조사인 용수도, 중국 선종의 초조인 달마도 죽음을 온전하게 하지 못하였다.

용수龍樹는 길상초에 목이 잘린다

용수는 남인도 교살라국 수라비바드라引正王의 스승이 되어 대승법과 밀법을 크게 일으키고 1,000여 사원과 700여 탑을 조성하였다. 수라비바드라왕의 태자는 하루속히 왕좌에 오르기를 바라고 있었다. 이것을 알고 있는 어머님은 태자에게 "태자가 왕위를 받으려면 부왕이 죽어야 한다. 부왕은 수명을 자유 자재하는 용수와 한 몸이다. 너의 형들도 생전에 아버지가 죽지 않아 왕위를 물려받지 못했다. 네가 왕이 되고자 하면 용수를 죽여야 한다. 용수를 찾아가 머리를 요구하면 줄 것이다." 라고 말하였다.

태자는 어머니의 말대로 용수에게 머리를 요구하였다. 용수는 태자에게 머리를 잘라가게 하였다. 태자가 용수의 목을 잘라도 잘리지 않았다. 용수는 "내가 전생에 익힌 이숙과異熟果가 있어 500생 이전에는 죽지 않는다. 이제 그 업이 다하였다. 그러나 칼로는 자를 수 없다. 내가 과거 길상초를 벨 때 나도 모르게 벌레를 죽였다. 나는 그 후에 수행하였으나 이숙과를 아직 철저히 닦지 못하였다. 그러므로 너는 길상초를 사용하여 나의 머리를 벨 수 있다."라고 말하였다. 태자는 길상초로 용수의 목을 베었다. 용수는 둘로 나누어진 몸이 미륵불이 이 땅에 올 때 합쳐진다는 것이다. 이것은 윤회의 업이 사라졌기에 어머니의 태를 빌리지 않는다는 의미이다.

달마達摩는 제자에게 독살당하였다

흔히 양나라 무제가 암암리에 죽였다고 하지만 확실한 것은 아니다. 달마는 남인도 팔라바스Pallavas의 셋째 왕자로 태어나 부왕의 왕위계승 권유를 뿌리치고 출가하여 대승불교와 선에 통달하고 반야다라의 선법을 이었다. 프라기야타라Pragyatara 비구니가 중국에 선법을 전할 때가 되었으니 중국으로 가라는 부탁을 받고 중국으로 건너간다. 양나라 무제와 대담을 한 후 숭산 소림사 뒷산 토굴에서 9년간 면벽하면서 찾아온 제자들에게 선법을 전하였다. 네 부류의 법제자가 있었다. 가죽에 비유한, 살에 비유한, 뼈에 비유한, 골수에 비유한 네 부류의 제자가 있었다. 그 가운데 골수의 법을 받은 혜가慧可로 제29조의 전법자가 되었다. 골수의 법을 받지 못한 제자들이 독살하였고 전해진다. 그 후 달마는 짚신 한 짝을 지팡이에 메달고 히말라야로 들어간 후 죽음을 모른다. 달마는 독살당하면서 인과의 응보를 녹인 것이다. 이것은 현생의 인으로 받는 것이 아닌 지난 생의 인을 마감하면서 150년을 살다가 영원한 보신불보리달마로 돌아간 것이다. 달마의 법을 받은 제2조 혜가 스님은 팔이 하나 없으며, 제3조 승찬 스님의 문둥병의 과보를 받아 나부산으로 들어갔으며, 제6조 혜능 스님은 제5조의 법을 받고 37년간 사냥꾼 아닌 사냥꾼 행세를 하면서 숨어 살았다.

인과 이치는 마음을 조금만 밝게 사용하여도 깨들을 수 있다. 어느 날 부처님이 숲을 발견하고 쉬고자 그늘로 들어갔다. 그때 그늘에서 쉬고 있던 사람들이 부처님에게 그늘이 뺏긴다는 생각으로 욕을 하고 꾸짖었다. 부처님은 듣고만 있었다. 사람들이 물러가자 제자들이 부처님에게 "왜 아무런 말씀을 하시지 않았습니까?"라고 여쭈었다. 부처님은 "말없이 듣는 것은 나의 마음 쓰는 법이고, 사람들이 말하는 것은 그들의 마음 사용하는 법이다. 그들이 사용하는 마음 씀을 내가 관여할 부분이 아니다." 하였다. 그러면서 부처님은 비유법을 설하였다.

"너희들이 나무 아래로 지나갈 때, 나뭇가지가 떨어져 너희들을 다치게 하였다면, 다치게 한 나뭇가지를 때려야 하겠는가? 만일 누군가가 욕할 때 나뭇가지와 마찬가지로 생각하면 될 것이다. 내가 그 자리에 있지 않았다면 다치지 않았을 것이다."

우리는 자신의 이익만을 생각하고 자신의 편안함만 생각하고 자신이 상대방에게 방해가 되었다는 것은 생각하지 않는다. 상대방은 해칠 마음이 없었는데 나를 보는 순간, 나의 행동에서, 내가 하는 말에서 헤칠 마음이 일어날 수도 있다. 상대는 나로 인하여 악업을 지은 결과가 된다. 이러한 상황을 누가 알겠는가? 항상 조심하면서 만물이 방해하고 만인이 나를 해하고자 할 때 원망하거나 미워하거나 싫어하지 말고 마음으로 받으면서 이것이 나를 성숙시켜주는 은혜로운 물결로 생각하고 감사하는 마음으로 자비롭게 받아야 한다. 만일 악이라면, 스스로 모든 업을 녹이기를 바라는 것이다. 우리의 수명이 100년을 넘기기 어려운데 얻은 명예는 몇 년을 이어가고, 아름다움은 몇 년이나 유지되며, 모은 재산은 몇 년이나 가져가고, 권력은 언제까지 누릴 수 있고, 부귀는 몇 년을 지속할 것이며, 건강이 몇 년을 지키게 될 것인다. 아무도 모른다 인과만이 알고 있다. 모든 것은 무상無常으로 잠시 머물다 사라진다는 것을 …….

　　어떻게 하면 남을 이롭게 할 수 있을까?
　　내가 조금 손해 보는 일이 있다해도 …….
　　어떻게 하면 상대가 편안해질 수 있을까?
　　내가 조금 괴로움이 있더라도 …….
　　어떻게 하면 상대를 웃게 할 수 있을까?
　　내가 바보가 되더라도 …….

다음 생으로 줄달음치는 이 몸을 다시 돌아보면서 때를 놓치거나 늦음을 후회하지 않기를 바랄 뿐이다. 만다라의 세계에 너와 내가 함께 고통 없는 해탈의 만다라를 형성하기를 서원하면서 보원행이 끝나기를 바란다.

빛의 해탈을 얻기를!

제7화

유위법과 무위법

마음! 마음! 마음! 이것은 무엇인가? 우리는 몸과 마음으로 이루어졌다고 한다. 마음으로 오대를 조합하여 몸을 만들었다. 오대가 조합한 후 마음이 생겼다. 몸이 먼저인지 마음이 먼저인지 아니면 꽃과 열매가 동생同生인 연꽃처럼 동시인지? 지수화풍공의 오대는 조금은 알겠는데, 마음은 보이지 않아 알 수 없다. 그래서 비밀이라 하는가? 지혜가 얕은 나로서는 알 수 없다.

　　　불심은 형상도 이름도 작용도 없어 무심이요. 삼라만상과 중생심은 유심이다. 불심을 무심이라 하고 중생심을 유심이라 한다하여 상대성으로 보면 안 된다. 무심은 본래 무심일 뿐이다. 유심의 중생심에서 유위로 만든 무심과 유심이 상대성이다. 이것을 유위법과 무위법이라 한다. 불의 무심은 깨닫는 것이 아니다. 중생의 마음[無爲心]을 깨닫는 것이다. 비유하면, 인류가 처음 보이지 않은 불[火]을 발견한 것 같이 불佛의 무심無心도 중생의 마음[無爲心]을 밝혀 깨달[發見]는 것이다. 불의 무심과 중생의 무심에 대하여 차별이 있음을 알아야 한다. 불의 무심은 절대의 무심이요 중생의 무심은 차별의 무심이다.

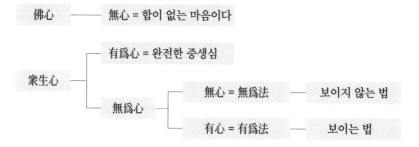

위爲는 행위이다. 중생의 업연業緣으로 행하는 모든 것을 말한다. 행위는 가는 것, 원하는 것, 위하는 것, 생각하는 것, 마음에 두는 것이다. 일체유심조一切唯心造가 일체위심조一切爲心造이다. 이때 마음은 중생의 상대성을 말하는 것으로 '마음을 찾는다', '마음을 밝힌다'라고 말한다. 부처 마음은 본래 무심無心으로 찾고 밝힐 수 있는 마음이 아니다. 그러므로 해탈이니 열반이니 성불을 말할 수 있는 마음이 아니다. 해탈, 열반, 성불은 중생의 경지에서 유위법 무위법의 마음자리에서 논하는 말이다.

유위법은 눈에 보이는 법이요, 무위법은 보이지 않는 법이다. 유위법은 인연으로 결과가 나타나는 삼라만상이요, 무위법은 인연자체가 없는 텅 빈 공의 진리이다. 유위법은 중생의 마음에서 만들어지는 상대성이며, 무위법은 무심無心의 절대성으로 나아가는 행위이다. 인간계에서는 절대인 무위법을 직접적으로 가르칠 수 없다. 태양을 가까이에서 보지 못하는 것과 같다. 그러므로 중생계 무위법은 부처의 무심이 아닌 해탈을 위한 방편의 무위법이다. 비로자나불의 화신으로 출현한 석가모니불의 가르침을 방편의 무위법이다. 비로자나불의 무심은 깨달을 것이 없는 마음이요, 석가불의 방편의 무위법은 깨달아야 하는 마음법이다. 석가불의 가르침은 방편의 무위법으로 얻을 수 있는 것이 해탈이요 열반이요 성불이다. 해탈을 얻은 다음 열반을 얻을 수 있고 열반의 경지에서 성불하여 무심의 고향으로 돌아가는 것이다. 우리는 유위법으로 이루어지는 윤회를 멈추기 위하여 무위법으로 들어가야한다. 유위법에는 선악 시비 선후 본말의 상대성의 차별법이 있어 윤회를 거듭하게 되고, 무위법에는 진실을 설하여 윤회에서 벗어날 수 있다. 진각성존은《실행론》말씀하였다.

> "유위법은 각종 인연 화합하여 조작하고 있는 모든 현상이며, 무위법은 분별 조작 하나 없이 일이 자연 이뤄짐을 말함이라. 학교에는 유위법을 의무義務로써 가르치고 종교에는 무위법을 자심으로 증證케 한다."

오늘 아침에 받은 밥상은 어제 저녁까지 내가 지은 인으로 나타난 유위법의 결과물이며, 무위법으로 나아가는 출발점이다. 진수성찬이나 간장 하나뿐인 밥상 앞에서 새로운 인을 짓는다. 수량을 말하거나 맛이 좋고 나쁨을 논하는 것이 저녁 밥상을 결정하는 인이 되는 것이다. 좋은 생각으로 좋은 인을 지었으면, 아침 밥상보다는 저녁 밥상이 좋아질 것이다.

그런데 우리는 이것이 인연법으로 보지 않는다. 인연 법칙은 특별한 사람들의 사용하는 용어로, 출가자나 수행자에 해당되는 것으로 생각하고 나와 무관한 것으로 보고 있다. 이 땅에 태어난 이상 어느 누구도 인연으로 돌아가는 굴레를 벗어날 수 없다.

인연은 보이는 현재의 법이라면, 결과는 보이지 않는 미래의 법이다. 오늘 내가 인을 지은 것은 미래에 나타나기 때문에 중생들의 눈으로는 알 수가 없다. 부처의 혜안으로만 볼 수 있다. 중생의 눈으로 미래에 나타나는 결과를 미리 안다면 악을 행할 어리석은 중생은 없을 것이다. 결과를 모르기 때문에 선악을 가리지 않고 필요요건에 따라 행동하는 것이다. 사람들은 선행을 어렵다고들 하지만 어려운 것이 아니다. 조금만 남을 생각하는 마음이 있으면 얼마든지 선을 행할 수 있다. 나에게 복과 지혜를 가져다주는 것은 상대이다. 만일 상대가 없다면 복을 지을 수 없다.

인도에서는 오랜 세월 동안 내려오는 자연의 법이 있다. 베푸는 자가 받는 자에게 예를 올린다. 받는 자는 곧 주는 자의 복전福田이기 때문이다. 우리는 어떤가? 베푸는 자는 당당하고 받는 자가 고개 숙여 예를 한다. 베푸는 자는 교만심과 자기 자랑이 가득하다. 이것은 누구에 의하여 복이 되는지를 알지 못하기 때문이다.

인연의 법은 상대성이므로 얼마든지 변화시킬 수 있다. 짓고 짓지 않는 것과 받고 받지 않는 것은 본인의 마음으로 결정할 수 있다. 상대에게 큰 죄를 짓고도 가벼운 고통을 받게 할 수도 있고, 가벼운 악을 행하고도 큰 고통을 받게 할 수 있다. 자비는 중생이 고통에서 벗어나기를 서원하는 무위의 수행으로 성취된다.

부처님 당시에 범지가 부처님에게 욕을 하였다. 부처님은 끝까지 들은 다음 범지에게 말씀하였다.

"만일 네가 누구에게 선물을 주었는데 그 사람이 네가 준 선물을 받지 않으면 어찌하겠느냐?"

범지는 말하였다.

"도로 가지고 갑니다."
"네가 이제 나에게 욕을 하였는데 내가 너의 욕함을 받지 않으며 너는 어찌하겠느냐?"
"도로 가져갑니다."

이와 같이 복 되는 것이나 화 되는 것은 모두 상대에 있다. 나의 복 밭이 중생이며 나의 재앙 되는 것도 중생이다. 내가 상대를 위하여 좋은 인을 지으면 나의 삶이 즐거울 것이요. 내가 상대에게 나쁜 인을 지으면 나의 삶이 고통스러워질 것이다.

인과법은 자연 법계의 운행 법칙이다. 누가 만들거나 제정한 것이 아니다. 모두 나 자신이 이렇게 만든 것이다. 내가 만든 것에서 내가 고통받고 내가 만든 것에서 내가 즐거움을 받는다. 자신이 만든 것이므로 자신이 그 의미를 가장 잘 알고 있다. 숨은 것 같지만, 숨기지 않았다. 다만 만들 때의 마음을 잊어버린 것이다. 다시 마음 모아 찾아보면 알게 될 것이다.

사과가 떨어지는 것을 보고 만유인력의 법칙을 말한 것은 뉴턴이다. 뉴턴이 만유인력을 만들어 낸 것이 아니다. 갈릴레이가 주장한 지구는 둥글다는 것도 마찬가지이다. 갈릴레이가 지구를 둥글게 만든 것은 아니다. 찾은 자가 뉴턴이요 갈릴레이이다. 누가 먼저 찾았던지 그것을 보는 순간 '맞다' 하고 무릎을 칠 것이다.

이 세상에 사는 사람은 동업 중생이다. 만들 때도 이용할 때도 부술 때도 함께한다. 인과법은 부처님이 제정한 것이 아니라, 본래부터 그렇게 운행되고 있는 것을 부처님은 밝혀서 전하였을 뿐이다. 어느 누구는 신이 만들었다 하여 신이 마음대로 벌을 주고 상을 준다고 한다. 참으로 인과를 모르는 어리석은 사람이다. 중생들은 인과 이치를 모르므로 하늘을 원망하고 땅을 원망하고 부모와 조상을 원망하며 친구와 이웃을 원망하고 있다. 모든 것이 과거에 내가 지은 것임을 알면 원망할 것이라고는 아무것도 없다.

상대적인 유위과 무위법이 자신의 법인 것처럼 고집과 집착으로 정답을 조작하고 있다. "하느님을 믿고 예수를 믿으라, 믿으면 천당에 가고 믿지 않으면 지옥으로 떨어진다."라고 한다. 그러면 악을 행하는 사람이 하느님과 예수를 믿으면 천당에 가고, 착하게 사는 사람이라도 하느님과 예수를 믿지 않으면 지옥에 가는지? 궁금하다. 모든 답이 믿음에 있다면, 착하게 살고 악하게 살지 말라고 가르치는 부처님, 공자님, 부모님, 스승의 가르침은 필요가 없다. 동전의 양면처럼 유위법과 무위법일 같은 하나의 법이다.

부처님은 "마음 없이 마음을 일으켜라. 악도 생각하지 말고 선도 생각하지 말라. 그러는 중에 자신의 본래 면목을 깨닫게 된다." 하였다. 어디에도 집착하지 않는 마음을 가지고자 마음 닦는 수행을 한다. 심장은 모르는 사이에 움직이고, 의식하지 않는 가운데 호흡한다. 호흡을 인식하는 순간 호흡은 가파르게 되고 맥박은 불규칙함을 느끼게 될 것이다. 본래대로 무심無心으로 돌아가면 모두가 편안해질 것이다.

빛의 해탈을 얻기를!

제5장

교리장

육대연기

무심無心은 주인공이 없다. 빛으로만 존재한다. 밝기는 태양보다 밝으면서 파괴하거나 태우거나 부수지도 못한다. 이것이 불佛의 무심이다. 무심은 성불할 수 있는 것이 아니다. 불[火]을 발견하듯 성불도 발견發見하는 것이다. 중생은 자성自性이 있다. 자성이 있으면 주인공이다. 만물도 자성이 있다. 모두 주인공이며 무엇이든지 조합하여 만들 수 있지만, 수명의 한계가 있어 오랜 시간 지탱하지 못하며 변천한다. 이 모든 것의 근본이 지수화풍공식地水火風空識의 작용 때문이다.

땅은 단단한 자성을 지니고 있고, 물은 습기濕氣의 자성을 지니고 있으며, 불은 따뜻한 자성을 지니고 있고, 바람은 움직이는 자성을 지니고 있으며, 허공은 비어있는 자성을 지니고 있고 식은 아는 자성을 지니고 있다. 각각 지닌 자성은 서로 뺏을 수 없고 뺏기지도 않기에 각각의 주인공들이다. 서로 생존하기 위하여 화합으로 모양을 만들어 그 속에서 각각의 본능을 발휘하지만 본성을 잃지는 않는다. 중생들은 이렇게 나타난 것을 이용하면서 주인 가운데 주인으로 행세하면서 많고 적음을 조절하는 것이다. 무심無心의 이치를 깨닫지 못한 중생은 무지無知하여 영원히 자기 것으로 만들려고 한다. 그러나 언제든지 제자리로 돌아가 평행을 이루는 것이 우주 자연의 법칙이다.

자연 법계에서 조화하는 육대 연기를 비로자나불이 인과에 적용하여 가르치는 것이 밀교의 육대 연기설이다. 지수화풍공地水火風空 오대는 무정無情의 물질로 이理가 되고, 식識대는 유정有情의 마음으로 지智로 표현한다. 무정의 5대理는 유정의 식대[智]에 의하여 조합하여 생성하고 작용한다. 중생의 마음에서는 화합하여 생성하고 변화하며 사라진다. 시작과 마침은 불가사의하여 불생불멸不生不滅, 불구부정不垢不淨, 부증불감不增不減이다. 그러면서 생멸生滅 구정垢淨 증감增減하여 희노애락喜怒哀樂의 번뇌를 일으킨다. 한 방울의 공기 속에 존재하는 지구는 시작함이 없는 광대한 겁으로 흘러오면서 변함이 없었다. 지구는 봄부터 여름까지 나무와 열매가 헤아릴 수 없이 자라고 열매 맺으며, 가을이면 낙엽이 쌓이지만 한결같은 무게이다. 허공에서 내린 비로 천강이 받아 흘러 바다에 모이지만 바다는 한결같다. 모두 공기 방울 속에서의 화합이요 변화요 생성이요 소멸작용의 조화이다. 이러한 조화의 변천작용이 무시 광대 겁으로부터 흘러왔다.

무시 광대 겁을 스리랑카에서는 현겁의 부처님 4분이 왔다가는 시간이라 한다. 석가모니불 이전 과거에 28불이 있었다. 28불을 4분씩 나누면 제7 무시 광대 겁이 된다. 지금은 제8 무시 광대 겁을 시작하는 첫 번째 부처 시간인 석가모니불의 세상이다. 제7 무시 광대 겁 동안에 있었던 일들을 불보살과 중생들의 자성에서는 모두 알고 있다. 우리 자신의 마음으로부터 생성된 시간의 운행이었기 때문이다. 몸은 과거의 산물이요 언어는 현재며, 마음은 미래를 가리킨다. 몸을 받은 시간은 이미 지났기 때문에 잡을 수 없고, 생각의 미래는 아직 오지 않았기 때문에 알 수 없다. 지금 눈앞에 나타난 현상을 언어로 표현하면서 시작과 마침을 계속하고 있다. 그러므로 우리는 지금 무엇이든지 만들 수 있고, 될 수 있고, 변화시켜 아름답고 화려하게 할 수 있다. 그러므로 자신의 불성을 발견할 수도 있다. 모든 것이 현재를 중심으로 이루어지고 사라지는 것이므로 삼아승지겁을 기다리지 않고 즉신성불이 가능하다는 것이다. 거울은 현재만을 비춘다. 과거도 미래도 나타나지 않는다. 거울에 나타난 현상은 언제나 현재일 뿐이다. 친소도 없고, 미추도 없고, 꾸밈도 없고, 미련도 없이 있는 그대로 보여주면서 내가 사라지면 함께 흔적 없이 사라진다. 이것이 육대 연기의 무상함을 보여주는 거울의 법문이다.

만물은 중생의 자성[佛]이 자연법이[自然法爾]로 형성되어 자연법이로 존재하는 것이다. 땅[地]은 본래부터 땅으로 있었으며, 물[水]은 본래부터 물로 있었고, 불[火]은 본래부터 불로 있었으며, 바람[風]은 본래부터 바람으로 있었고, 허공[空]은 본래부터 허공으로 있었으며, 식識도 본래의 식이다. 모든 것이 지구라는 공기 방울 속에 존재한다. 불은 처음에 어느 인간이 섶을 놓고 나무 막대를 돌에 문질러 따뜻함의 불의 자성을 불러오듯이 각각의 성품을 조화시켜 방원각方圓角의 모양을 만든다. 그리고 변천시키고 부수면서 결국 제자리로 돌아간다. 불이 사라지듯이 없어진다. 그러나 허공에는 단단함은 땅으로, 따뜻함은 불로, 움직임은 바람으로, 빈 것은 허공으로 되돌아가 본연의 자성을 잃지 않는 것이다. 육대의 조화로 자신이 공들인 만큼만 존재하다가 사라진다. 공을 좋게 들이면 좋게 나타나고, 나쁘게 들이면 나쁘게 나타나며, 장원하게 들이면 장원하고, 짧게 들이면 짧게 머무를 것이다.

육대는 빛을 지녔다. 조화와 생성과 변천과 조락의 빛을 가지고 있다. 이것이 원소元素의 빛이며 자연법이로 존재한다. 자연법이를 진리라고 표현하며 형상으로는 무심이다. 무심을 공기 방울형 모양의 '○'이다. 인간계에 나타낼 때 평행의 '一'이며, 한자漢字에서 수평의 일一로 표현하고 있다. '一'의 평행을 세우면 1이 된다. 지역마다 1을 다르게 표현하기도 한다. '一'과 1은 보이는 물건이 아니다. 진리의 표현이다. 수평의 '一'을 세우고자 하는 것이 사람이다수평'一'을 세우기 위해 받혀 올리는 형상이 시[一+l]. 인간이 진리를 세우고자 하나 세우지 못한다. 진리는 스스로 세워지는 것이다. 인간이 진리를 세우지 못하고 자신이 먼저서게 된다. 그 모습이 '亻[l]+l]'이다. 불교에서는 이를 불[亻+弗=佛]과 승[亻+曾=僧]으로 표현하였다. 사람은 사람이되 사람이 아닌 뛰어난 사람을 불佛이라 하고, 사람은 사람이되 일찍 사람다운 뛰어난 사람을 승僧이하 표현한 것이다. 그리고 '一' 진리를 세우는 과정에서 '一'을 자신 속으로 갈마들이기[시]도 한다.

밀교는 빛은 일직선[一]으로 곧게 흐르며 잡히는 물건이 아니다. 만물이 빛을 머금고 있으면서 에너지가 되어 각각의 빛을 발하고 있다. 즉 그 빛에 의하여 활동이 있고, 그 빛에 의하여 성패가 있고, 그 빛에 의하여 부귀빈천富貴貧賤이 있고, 그 빛에 의하여 생로병사生老病死가 있고, 그 빛에 의하여 희노애락喜怒哀樂이 있고, 그 빛에 의하여 육도윤회六道輪廻가 있고, 그 빛에 의하여 불국정토가 있다. 이 빛을 어떻게 활용하는가에 따라 윤회도 해탈도 열반도 성불도 있다. 밀교 수행은 빛의 선지식을 찾아 빛의 조화를 배워 즉신성불하는 것이다. 빛 중에 가장 뛰어난 빛의 선지식은 비로자나불과 빛으로 이어진 육자진언이다.

빛의 해탈을 얻기를!

제2화

밀교에서 말하는 허공

우리는 얼굴을 들고 아득한 하늘과 가물거리는 허공을 보고 있다. 이글
거리는 태양 빛이 지나가는 공간, 무엇이든지 포용하는 허공을 보고 있
다. 허공에는 두 종류가 있다. 태양을 중심으로 하는 태허공太虛空과 공
기 방울인 지구의 허공이다. 태허공은 비로자나불이 운영하고 공기 방
울인 지구의 허공은 화신불이 설법하는 허공이다. 내가 마음대로 다니
고 거닐어도 거침이 없는 공간인 허공은 지구의 허공이다. 태허공은 무
한하고 지구의 허공은 유한하다. 무한한 태허공의 흐름은 중생이 모르
지만, 지구의 흐름을 알 수 있다. 두 허공의 흐름의 진리는 같다. 그러므
로 태허공은 지구의 흐름을 보고 미루어 알 수 있는 것이다. 텅 비어 아
무것도 없는 것 같은 공간은 실상 무엇인가 가득 차 있어 진공묘유眞空
妙有라 한다. 가득한 것은 걸림 없는 허공의 포용력이다. 태양은 공전公
轉하면서 빛을 생성하고 지구는 자전自轉하면서 만물을 생성한다. 태양
은 태허공에서 에너지를 태우면서 수천 수백만 년 빛을 발산하면서 뭇
별과 지구를 자전하게 한다. 부처의 자비한 마음처럼 아무런 대가를 바
라지도 않은 채 오늘도 중심을 세워두고 자신의 몸을 태우면서 빛을 발

하고 있다. 그 빛에 만물은 성장하기도 하고 조락凋落하기도 하지만 태양은 소실되지 않으며 허공 또한 상처를 입지 않는다.

　　허공은 광대廣大하고 무변無邊하여 본래 없는 것이다. 모양도 빛도 없다. 광대도 무심無心이요, 무변도 무심이며, 모양도 무심이다. 본래 없는 태허공에 유심의 지구가 있고, 유심의 달이 생겼다. 유심으로 밝음이 생기고, 유심으로 모양이 생겼다. 유심의 허공에 중생을 위해 석가모니로 태어났다. 그리고 허공의 이치를 설하였다. 걸림 없고 치우침이 없는 법을 설하였다. 한 방울의 공기 방울 속에 살아가는 뭇 생명들에게 방울의 모양을 닮도록 법을 설하였다. 허공은 공기 방울의 모양으로 둥글면서 천상千相의 모양을 가지고 있다. 네모난 것에는 네모를 담고, 세모난 것에는 세모를 담고, 둥근 것엔 둥근 것을 담도록 가르치고 있다. 둥근 지구의 공기 방울에서 바라본 태허공의 태양과 달과 별은 모두 둥글게 보인다. 둥근 태양의 빛을 받고, 둥근 달의 정기를 받은 마음이 흙, 물, 불, 바람을 조화로 몸을 만들어 살고 있다. 모든 것이 둥근 가운데서 모남의 걸림을 생산하고, 모남의 막힘을 생산하며, 날카로운 칼날 같은 위태한 성질을 부리면서 살아가는 것은 참으로 불가사의한 일이다. 부드러움에서 거칠고 날카로운 것을 만든다는 것이 불가사의하다는 것이다. 그러므로 인간도 부처처럼 불가사의하고 미증유未曾有한 재주를 가지고 있다.

　　비로자나불이 무심을 알리기 위해 화신으로 세상에 왔다. 보리수 아래에서 깨달음을 얻어 석가모니불이 되었다. 허공을 근원으로 중도의 법을 설하였다. 부처님도 허공처럼 대가를 필요로 하지 않는 무심無心, 진리의 빛, 자연을 품고 천축을 집으로 삼아 중생이라는 가족에게 공도를 설하였다. 공도의 법을 들은 제자들은 두 가지로 나뉘었다. 하나는 아라한이요 하나는 보살이다. 4성제, 8정도, 12인연, 3법인, 6바라밀, 37조도품의 방편으로 아라한과 보살을 만들었다. 아라한이 된 제자들은 부처의 근본법을 존중하여 혼자만의 법락法樂에 누리었다. 이것이 혼자만이 타는 작은 배를 타고 해탈의 강을 건너는 소승으로 성문聲聞, 독각獨覺의 이승이다. 보살이 된 제자들은 자신이 타는 배를 넓혀 많은 사람을 해탈의 강을 건너주고 있다. 이것이 대승이다. 초전법륜에서 깨달음을 얻은 다섯 비구는 아라한이며, 1,250인의 제자들도 대부분이 아라한이다. 보살의 길을 택한 분은 십대제자 가운데 마하가섭, 가전연, 부루나, 라훌라 정도이다. 아라한은 깨달음을 얻어 응공은 받지만, 자비가 없는 소승이요, 보살은 근본은 가볍게 여기면서 자비를 지니고 있어 대승이라 한다. 아라한과 보살의 결점을 충족시킨 것이 금강승金剛乘=密乘이다. 금강승은 작은 배도 큰배도 만들지 않는다. 상대를 위하는 보살, 한 걸음 나아가 자연까지 한 몸으로 보는 것이 금강승이다. 이땅 자체를 해탈의 땅으로 만든 것이다. 즉신성불과 밀엄정토인 것이다.

아라한에서 대승으로, 대승에서 밀교로 이어지는 불법은 하나이다. 근본불교에서 대승불교로 이어지는 그것이 곧 밀교이다. 그러므로 대승불교와 밀교는 굳이 나누어볼 필요가 없다. 교화의 방편상 나누는 것이다. 모든 대승경전에는 밀교적인 주문, 명주, 다라니, 진언이 있다. 부처님의 가르침이 돌아갈 마지막 장소가 밀교이다. 모두 무심의 허공으로 돌아가야 한다. 밤이 되면 무수한 별들이 반짝이고, 아침에는 둥근 해가 동편에 솟아 저녁에 서편으로 기운다. 이것은 지구에서 바라본 태허공이다. 바람이 불고 눈비가 오고, 구름이 일어나고 사라지며

초목의 군생들이 시샘하듯 아무런 걸림 없고 변동 없는 허공이 지구 안의 허공의 흐름이다.

       태허공과 지구의 허공이 지닌 넓은 마음을 배워서 두 허공을 닮았으면 좋겠다. 허공을 닮는 공부는 상대를 배려하고 상대를 위하고 상대를 이해하는 마음을 갖는 것이다. 누군가 나의 명예를 더럽히고 허물을 말하면, 가시나무가 허공을 향하여 자라되 허공에는 아무런 상처가 나지 않음을 생각하고, 누군가 나의 자리와 나의 물건을 가져가거든 불꽃이 허공을 태워도 없어지지 않음을 생각하고, 누군가 나의 몸을 상하게 하거든 바람에 무너지지 않는 허공을 생각하면서 자신의 마음을 다스려야 한다. 봄이 되면 개나리가 노랗게 피고 벚꽃이 꽃망울을 터트리며, 여름이면 우거진 숲에서 새들이 지저귀고, 가을이면 국화 향기와 붉은 단풍과 누른 곡식들이 가득하며, 겨울이면 백설이 하늘과 땅을 뒤덮는 천지가 하얀 아름다운 세상이 있다. 모두가 허공의 너그러운 양보와 포용에서 이루어지는 세상이다. 이러한 허공에서 윤회에서 벗어나는 날까지 즐기면서 살아야 한다.

       빛의 해탈을 얻기를!

제3화

밀교의 계율

계śila는 행위行爲, 습관習慣, 성격性格, 도덕道德, 겸손謙遜 등의 자율적인 것을 말하며, 율vinaya은 조복調伏, 이행離行, 화도化度, 선치善治, 지진志眞 등으로 금계禁戒를 가리키는 타율적인 것을 말한다. 모두 함께 살아가는 일상생활에서 지켜야 할 규범이다. 부처님이 마지막으로 남긴 유법에 "계로써 스승 삼아라." 하였고, 열반 후 제1 결집에서도 계율을 먼저 결집한 것은 법보다 계율이 소중하기 때문이다. 계가 무너지면 불법 또한 사라진다.

밀교는 생활불교이다. 석가모니불의 가르침은 비로자나불 진실 법이 방편 법으로, 방편 법이 생활법으로 전한 것이 밀교이다. 진실법과 방편 법과 생활법이 다른 것이 아니다. 모두 한 법에서 설해진 법이다. 다만 중생의 근기에 맞추고 시대에 맞춰진 법일 뿐이다. 생활법을 알면 방편 법을 알게 되고 방편 법을 알면 진실 법을 깨닫게 되는 것이다. 보드가야에서 깨닫고, 녹야원에서 시작하고, 쿠시나가라에서 회향의 가르침은 하나이다. 처음으로 법을 받은 5비구와 최후의 출가자인 120세 수밧다는 모두 아라한이 되었으니 깨달음에는 차별이 없다.

만일 부처님의 설법이 년도 별로 깨달음의 차이가 있다면 그 법은 정법이 아니다. 연도별로 차등을 논한다면 초전 법륜에서 아라한과를 얻은 5비구는 소승일 것이요, 쿠시나가라의 수밧다는 대승일 것이며, 25년간 시봉하며 법을 들은 아난다는 어디에 속하겠는가? 부처님의 법은 일음법一音法이므로 차등이 없다. 다만 깨달음을 얻은 자의 활동에서 소승, 대승, 금강승으로 구분할 뿐이다. 화신불의 가르침으로 깨달음을 얻어 아라한도 되고 보살도 되었다. 아라한이 교화하지 않는다하여 소승이라 낮추어보면 않된다. 아라한은 상대도 불성을 가졌음을 알고 존중하는 마음으로 간섭하거나 방해하지 않는다는 생각으로 스스로 할 수 있도록 자주권을 준 것이다. 아라한이 된 모습만으로 교화를 마친 것이다. 마승비구의 엄숙하고 올바른 위의를 본 사리불이 바라문교를 버리고 부처님의 제자가 되었듯이 아라한이 됨을 보여준 것으로 교화하는 것과 같은 것이다.

만물은 불성을 지니고 있어 모두 평등하다. 그중에 사람은 가끔 평등을 깨고 주인이 되려는 마음 때문에 사람과 사람들 간에 복잡다단한 일들이 만들어낸다. 그것을 다스리는 데는 서로의 마음을 알고 행동과 언어를 조심하면서 질서를 지키는 법이 필요하다. 모두의 화합을 위하여 율의律儀가 필요하다. 사회생활을 떠나 출가한 승단에서 화합이 으뜸이라 한 것만 보아도 알 것이다. 화합은 중생계를 형성하는 기본법이다. 화합이 되지 않으면 원만함도 아름다움도 장원함도 없으며, 어긋나고 모나고 불편하고 추하며 쉽게 파괴되는 괴로움이 나타날 것이다. 우리의 일상에서 일어나는 즐거움과 고통은 대부분 불화에서 일어난다. 인과를 깨닫는다는 것도 과거의 인과 현재의 인의 화합에서 깨달음을 얻게 된다. 올바른 화합으로 조화를 잘하였다면 고통은 받지 않을 수도 있다. 이것이 방편이 구경이라는 뜻이다. 화합은 인과를 긍정하고 응보에 순응하며, 인과법을 존중하며 질서를 지키는 것이다. 질서를 지킨다는 것은 자연을 소중하게 생각하여 훼손하거나 파괴하지 않는 것이다. 재가인은 상대를 존중하는 마음으로 질서를 지켜야 하고, 출가인은 몸과 말과 마음을 다스리는 수행을 해야 한다. 일상생활에서 바른길을 찾는 것이 밀교의 계행지킴이다. 우리는 혼자 사는 것이 아니다. 두 사람 이상 모여 상부상조하면서 살아야 한다. 이러한 삶은 화합이 중심이며, 화합의 방법으로 계를 지키는 것이다.

중생계는 상대성이다. 상대성을 떠나는 것이 해탈이다. 부처와 중생, 차안과 피안, 태어남과 죽음, 남자와 여자, 행복과 불행, 부귀와 빈천, 사랑과 미움, 성공과 실패, 웃음과 눈물, 큰 것과 작은 것, 높은 것과 낮은 것, 추움과 더움, 어둠과 밝음, 안과 밖, 낮과 밤 등 어느 것이든 상대 아닌 것이 없다. 올라가면 내려와야 하고, 가졌으며 놓아야 하며, 받았으면 주어야 한다. 진각성존은 말씀하였다.

"사사로서 공중 일에 방해되게 하지 말며,
공중 법을 어기고서 질서문란 하게 말며,
자기 의견 고집하여 윗사람에 대항 말고
부귀 인과 권력 인에 간사하고 아첨 말며
빈천 인과 아랫사람 거만하게 경만 말라
내 자랑을 하지 말고 남의 험담하지 말며
남의 은혜 모르고서 배은망덕하지 말며

한꺼번에 큰 부자가 되려 하지 말며

나의 이익을 위하여 적은 일에 투쟁 말고

나의 것을 남을 줌에 인색하게 하지 말고

남의 것을 바라기에 너무 무례하지 말고

항상 다른 사람들의 마음 둔 것 먼저 알아

내 마음에 미루어서 생각하여 볼지니라."

진언수행자는 상대를 보면서 자신의 마음을 살피고 스승을 찾아 길을 물어야 한다. 스승은 계율을 기준으로 방편법을 설하여 인도하여야 한다. 스승의 가르침을 받았을 때 자신의 행동이 정당한가를 자문하는 것이다. 자문에서 나타난 법을 실천하는 것이 자답의 성취이다.

계는 삼가는 것과 장려하는 두 길이 있다. 삼가는 것은 '하지 말라'고 제지하는 것이요, 장려하는 것은 '하라'고 권장하는 것이다. 5계, 8계, 10계, 48계, 250계, 364계는 삼가도록 제정된 계율[不定]이다. 이 가운데 현교의 5계, 10계, 48계를 권장하는 계로 바꾼 것이 밀교 계율[肯定]이다. 삼가하는 부정계는 이곳을 떠나 피안으로 향하는 것을 말함이요, 권장하는 긍정계는 차안此岸과 피안彼岸의 상대를 없애고 이곳을 불국정토로 만드는 불작불행佛作佛行하는 것이다. 이것이 밀교의 계율실천이다.

불작불행의 목적은 즉신성불이요 즉신성불의 천 공덕은 마음의 안정이다. 마음의 안정은 계를 지킴으로 이루어진다. 마음이 안정이 곧 깨달음으로 이어지는 것이다. 부처님은 처음도 중간도 끝도 계의 중요함을 말씀하였다. 이 말씀을 실천한 분 가운데 신라의 자장율사가 있다. 자장 스님은 불지종찰佛之宗刹인 통도사가 세워진다. 일주문을 들어서면 하노전이요, 천왕문을 지나면 중노전이요, 불이문을 지나면 상노전上爐殿이다. 상노전 중앙 법당 사면에 금강계단金剛戒壇, 대웅전, 대적광전, 적멸보궁의 4개의 편액이 있다. 불이문에서 보이는 쪽은 금강계단이란 편액이다. 법당 안에는 불상이 없다. 부처님의 진신사리 탑을 경배할 수 있도록 공간만 있다. 불상 없이 금강계단에 올라 사리탑을 참배할 수 있도록 중앙 법당을 건립한 것은 계율의 중요성을 나타내고자 함이다. 계율이 곧 사리며, 계율이 곧 법이며, 계율이 부처이다. 통도사는 이곳에서 계를 받아야 비로소 승려가 되고 불법이 이어진다는 뜻이 있는 불지종찰이다. 팔만대장경을 모신 법지종찰 해인사에는 법보단法寶壇이 있고, 십대제자, 16라한, 1,255인의 제자를 모신 송광사는 승보전僧寶殿이 있어 승지종찰이라 한다. 삼보종찰 중에 가장 중요한 사찰은 금강계단이 있는 불지종찰의 통도사와 금강계단이 있는 해인사이다. 금강계단과 진신사리와 일치를 이룬 것은 부처님의 가르침은 계율이 중심임을 말하는 것이다. 금강계단에서 수계를 받지 않으면 계맥戒脈은 사라진다. 계맥이 사라지면 불교도 사라진다.

현교의 금강계단이 밀교에서는 삼매야계단이다. 비로자나불 ⇨ 금강살타 ⇨ 용수보살 ⇨ 진각성존으로 이어진 밀교의 전법계와 보살십선계를 가지 관정하는 삼매야계단은 월곡정사에 있다. 이곳이 한국에서 처음으로 밀교의 삼매야계단이 성취된 곳이다. 계戒가 없으면 법이 없고, 법이 없으면 수행의 중심[定]을 찾지 못하며, 수행의 중심을 찾지 못하면 깨달음의 지혜慧를 얻지 못한다. 불교의 역사에서 계맥의 중요성이 잘 나타나 있다. 출가승단은 비구·비구니계가 청정하게 지켜질 때 흥왕하고, 재가불교는 5계, 10계를 지킴으로 발전할 것이며, 밀교는 48심인계四十八心印戒를 수지하고 실천할 때 흥왕하게 될 것이다. 심인계는 일상생활에 있다. 계맥의 소중함을 지킨 역사를 살펴본다.

스리랑카의 계맥

스리랑카 불교는 아소카왕247~207의 아들 마힌다장로가 전하면서 출가가 시작되었다. 상좌부불교가 흥왕하고, 뒤를 이어 대중부가 전래 되면서 처음으로 밀교가 시작되었다. 기원전 1세기 왓다가마니왕B.C. 43~29 시대 타밀의 침략, 힌두교도들의 반란, 가뭄, 기근 등으로 승려들이 죽고 사원이 황폐해지면서 처음으로 불교가 사라지는 참극을 맞는다. 이때 경전을 암송하던 승려들이 아누라다푸라 사원에서 100km 남쪽 알루아 위하라 바위굴에서 재난이 끝날 때까지 겨우 목숨을 연명하면서 삼장을 보전하면서 결집하였다. 그 후 마하나마왕410~432 붓다고사에 의하여 교학이 크게 발전하였다. 10세기경 아누라다푸라 왕국이 촐라왕국에 의하여 멸망하면서 상좌부계통의 비구교단이 사라졌다. 위자야바후 1세1055~1100가 촐라군을 격파하고 폴론나루와를 수도로 새로운 나라를 세우면서 불교를 회복하고자 하였다. 파괴된 불교를 일으키고자 하였으나 구족계 의식을 행할 최소한의 비구 5명도 없었다. 파간미얀마의 아누룻다왕1044~1077에게 사신을 보내 도움을 요청하였다. 이것이 스리랑카 1차 비구계사 초청이다.

　　　아누룻다왕은 부파불교와 대승불교 밀교 힌두교 등 갖가지 종교가 혼합되어있는 바간지역에 상좌부불교를 확립하여 오늘의 버마

불교 상가를 확립시킨 왕이다. 스리랑카 왕의 원에 따라 장로와 경전들을 스리랑카로 보냈다. 상좌부의 법통이 다시 스리랑카로 되돌아오게 된 것이다. 이로 인하여 대사, 무외산사, 기다림사 등이 부활하였다. 왕의 보호로 청정하고 순수성을 지닌 승단을 형성하면서 대승불교와 일상생활 속에 하나가 된 밀교가 다시 터를 잡게 되었다. 마힌다 장로 이후 남방불교의 종주국 역할을 하던 스리랑카가 다시 남방불교의 종주국이 된 것이다. 15세기에는 거꾸로 버마왕의 요청으로 비구를 파견하여 스리랑카의 계맥을 잇기도 한다. 태국과 미얀마 캄보디아도 마찬가지 스리랑카의 계맥을 잇게 된다. 16세기 서양의 침략으로 불교가 약해지면서 라자싱하왕1581~1592은 부왕을 죽이고 왕위를 찬탈한다. 힌두교로 전향하면서 불교사원 파괴, 불경 소각, 승려들은 죽음 아니면 환속시켰다. 세 번째 법난이다.

캔디왕조가 세워졌다. 위말라 담마수리야왕1592~1604과 2세왕1687~1707은 버마 아라칸 왕에게 사절단을 보내 스리랑카에서 구족계 의식을 복구할 수 있도록 요청한다. 두 차례 승려들이 구족계를 받고 복구된다. 그러나 오래가지 않아 비구들은 차츰 줄어 1721년에는 비구가 한 명도 없었다. 당시에 승려도 속인도 아닌 사원에서 일하던 사람들이 가사를 걸치고 점성술과 비도덕적 행위를 하면서 사원을 장악하고 가족 중에 사미승을 만들어 재산을 물려주는 폐단이 있었다. 사라난카라1698~1778 스님이 승가의 복원을 위해 끼르띠스리 라자싱하왕1747~1782을 설득하여 태국에 사신을 보내 비구계를 내려 줄 수 있는 승려를 초청하였다. 왕은 팔리어로 친서를 작성하여 1통은 시암왕 보롬마콧Borommakot에게 다른 1통은 아유타야Ayutthaya 승왕에게 보냈다. 네

델란드의 무역선을 타고 스리랑카를 출발하여 수마트라 말라카를 거쳐 1751년 5월에 시암에 도착하였다. 시암의 보롬마콧왕은 스리랑카로부터 계맥을 이어 온 전통교단의 승려들을 다시 스리랑카로 보내었다. 1753년 우팔리Upāli장로를 중심으로 18명의 비구들과 7명의 행자들이 네달란드의 무역선을 타고 스리랑카 캔디에 도착하여 캔디의 말라왓띠 Malwatta 사원에 머물면서 스리랑카 사미승들에게 구족계 의식을 베풀었다. 이로 인하여 스리랑카 최대종파인 시암니까야(시암종)가 형성되면서 스리랑카 민족의 자긍심인 불교가 다시 발전하게 된다.

미얀마의 계맥

미얀마의 전통 계맥은 스리랑카로부터 받은 것이다. 불교가 흥왕할 때는 문제가 되지 않았다. 담마쩨티왕1474은 라만냐데사에서 여러 갈래로 분열한 불교 교단을 하나로 통합하기 위해 비구계 수계전통의 불완전성을 지적했다. 수계의식의 적법성은 신성한 5가지 조건, 즉 ① 시마의 성취(sīmā) ② 수계를 위한 정족수 성취(Parisā) ③ 수계 받으려는 대상의 성취(vatthu) ④ 절차의 성취(ñatti) ⑤ 공표의 성취(anusāvana) 등을 갖추어야 성취된다. 특히 수계장소는 세속적 공간과 종교적 공간을 구분하는 경계석(시마)이 확립되어야 한다. 밀교는 시마의식을 결계結界라 하였다. 스리랑카에서는 세속적 공간과 완전한 분리하기가 어렵다고 생각하여 강이나 호수에 뗏목을 띄워 한시적 청정계단을 시설하기도 하였다. 시마가 확립되지 않으면, 계율을 합송하거나 수계의식을 행할 수 없다.

　　　미얀마의 담마쩨티왕은 이 다섯 가지를 갖추지 못한 것을 지적하면서 유명무실해진 소나Soṇa와 웃타라Uttara 수계전통을 포기하고, 스리랑카 불교의 구족계 정통을 수입하기 위해 승려, 대신 등 각각 22명으로 구성된 두 그룹의 사절단으로 왕의 친서 및 수많은 선물과 함께 스리랑카 콜롬보의 파락카마 바후1세 부와에카와왕1153~1186에게 보내어서 깔라니시마Kalyāṇi sīmā를 출발점으로 새로운 수계전통으로 라만냐데사 불교 교단을 정화하고자 하였다. 스리랑카 파락카마 바후왕은 마하위하라 고승 24명으로 하여금 44명의 미얀마 승려들에게 수계의식을 행하게 하였다. 먼저 뗏목 위에서 우다카웃케파 시마를 진행하고 마하위하라의 전통 수계의식을 행하였다. 이때의 수계로 지금도 미얀마의 승단은 자신들의 수계전통이 아소카왕의 아들 마힌다 이래로 중단 없이 이어지고 있다는 것을 굳게 믿으면서 자부심을 가지고 있다. 담마쩨티왕은 수계를 받고 돌아온 승려들을 중심으로 수도 페구 근교에 무타오Cetiya Mutao 사원을 건립하고 팔리율장의 주석서의한 시마를 확립하여 모든 승려들에게 수계를 받도록 하였다. 1479년에는 15,666명의 비구들이 수계를 받기도 하였다. 이것이 현재 버어마에서 갤라니아왕사라고 불리는 것이다. 동남아시아의 불교 교단은 모두 스리랑카의 마하위하라의 상좌부 수계전통을 이어받은 것이 된다. 정법의 불교가 흥왕하고 이어지는 것은 모두 올바른 수계전통이 지켜져야 한다는 좋은 예이다.

현교의 금강계단과 밀교의 삼매야계단의 중요성을 알아야 한다. 불교의 왕성과 파괴는 계행을 실천하고 파계하는 것에 따라 나타나는 현상이다. 승단이 청정하고 사원이 청정할 때 청정한 불법이 일어나게 된다. 사찰에서 가장 청정해야 하는 곳이 수계도량이다. 계사, 수계처, 법구가 청정해야 한다. 그리고 청정한 곳은 보호되어야 한다. 방글라데시 치타콩에서 시마를 행하던 터를 보았다. 사원은 폐허가 되어 승려는 없었으나 시마장소는 보존되어 있었다. 언젠가 이곳에서 청정한 수계 불사가 이루어지는 날 방글라데시의 불교는 일어날 것이다. 불사리를 참배하는 적멸보궁을 계맥을 이어가는 금강계단으로 사용하도록 설계되어 세운 사찰이 불지종찰인 통도사이다. 이곳이 한국불교의 본가이다. 금강수를 채취할 수 있는 금강원의 청정 결계 터가 확립되고 삼매야계단이 성립된 본원에서 진각성존의 48심인계를 가지 관정 받을 때 진각 밀교는 흥왕하게 될 것이다. 이곳이 한국 밀교의 본가로 거듭나게 될 것이다. 계맥의 중요성을 알아야 한다. 다시 한번 부처님의 마지막 말씀인 이계위사以戒爲師의 말씀을 새겨본다.

빛의 해탈을 얻기를!

제4화

밀교의 살생

부처는 교화하지 않는다. 아라한도 교화하지 않는다. 교화는 보살이 한다. 싯다르타 태자가 깨달음을 얻어 부처가 되었으나 부처로써 교화하지 않았다. 녹야원 전법을 시작으로 45년간 법을 설한 석가모니불은 보살의 자리에서 법을 설하여 두 부류의 제자들을 만들었다. 아라한과 보살이다. 아라한은 깨달음을 얻은 후 법락을 누리면서[聲聞] 한 사람만이 탈[獨覺] 수 있는 작은 배를 타고 피안으로 건너갔다. 일체중생들은 모두 불성을 가진 소중한 존재이다. 이것은 간섭하거나 방해하거나 강요하거나 귀찮게 하지 않으면서 스스로에 맡기는 자비를 베푼 것이다. 보살은 스스로의 법락을 누리지 않고 이 땅에 머물면서 큰 배를 만들고 뱃사공이 되어 중생을 피안으로 건너게 하는 것이다. 이를 소승, 대승으로 구분한다. 보살에도 소승 보살과 대승 보살이 있다. 피안으로 건너주는 뱃사공은 소승 보살이다. 대승 보살은 건너갈 필요 없이 이 땅을 불국토로 만드는 밀교의 금강승을 말한다. 소승과 대승은 좋고 나쁨을 말하는 것이 아니다. 굳이 분별한다면 소승은 순수하며 대승은 순수함이 부족하다. 역사적으로 보면, 대승이 불법을 흥하게도 하였지만, 파멸의 원인제공도 하였다.

차안에서 피안으로 건너는 것이 지혜의 배요, 지혜의 배는 계로 이루어진다. 이 땅을 불국토로 만드는 것도 계를 근본으로 한다. 계戒가 없으면 법이 없고, 법이 없으면 안정[定]에 들지 못하며, 안정에 들지 않으면, 깨달음의 지혜慧를 얻을 수 없다. "계로써 스승 삼아라." 하신 유법의 말씀을 실천하는 길은 두 가지다. 하지 않는 길과 행하는 길이다. 즉 '하지 말라'고 가르치는 금계禁戒와 '하라'고 가르치는 위계 爲戒이다. 아라한은 금계를 실천한 자리요, 보살은 금계 실천하는 보살과 위계爲戒 실천하는 보살[金剛乘]이 있다. 과거 칠불은 "모든 악을 짓지 말고 거듭 선을 봉행하여 스스로 그 뜻이 깨끗해지는 것이 이것이 모든 부처님의 가르침이다[諸惡莫作 重善奉行 自淨其意 是諸佛教]."라 하여 선善을 강조하는 법이었다. 밀교의 계는 하라는 위계로써 일상생활을 부처님이 인증한 심인心印을 중심으로 바르고, 착하게 살아가는 것을 말한다. 바르게 산다는 것은 법질서를 지키는 것이며, 착하게 살아간다는 부끄러움이 없이 살아간다는 것이다.

일상생활에서 선善이란 착함만을 말하는 것이 아니다. 착함과 정당함과 도덕적인 것을 함께 가지고 있어야 한다. 그 기준이 생명존중과 자연 사랑이다. 생명존중은 대소승의 불교가 다르지 않다. 자연을 사랑하는 부분에서 보살승과 금강승의 차이가 있지만, 이것이 삼취정계三聚淨戒에 잘 나타나 있다. 첫째 섭율의계攝律儀戒는 율의律儀는 도덕적인 행동을 말하며, 둘째 섭선법계攝善法戒는 착함을 말하고, 셋째 이익중생계利益衆生戒는 일체 중생에게 이익을 주는 삶이다. 모두 생명의 존중尊重하고 자연을 사랑함을 뜻하는 것이다. 신라의 자장율사가 유학의 길을 떠나기 전에 국가의 부름을 받고도 나아가지 않은 것은 섭율의 계를 지킨 본보기요, 지장보살이 지옥 중생을 구제하는 원을 세운 것은 섭선법계를 실천한 것이며, 원광국사의 화랑오계는 국가를 위한 것으로 중생을 이익되게 한 자비행이다.

현교의 금계법 십계와 밀교의 위계법 십선계가 있다. 십선계는 삼매야계의 정신을 실제 생활에서 실현하는 구체적인 행동방침이다. 항상 계체戒體인 행원보리심行願菩提心, 승의勝義보리심, 삼마지三摩地보리심에서 물러나지 않고, 정법을 지켜 일체중생에게 은혜의 마음으로 이익되게 하는 것을 근본으로 하는 계이다. 십선계문十善戒文을 보면, 첫째 자비한 마음으로 살생殺生하는 마음을 다스리며, 둘째 청정한 마음으로 투도偸盜를 다스리며, 셋째 정결한 마음으로 사음邪淫을 다스리며, 넷째 정직한 마음으로 망어妄語를 다스리며, 다섯째 진실한 마음으로 기어綺語를 다스리며, 여섯째 화합하는 마음으로 양설兩舌을 다스리며, 일곱째 부드러운 마음으로 악구惡口를 다스리며, 여덟째 보시하는 마음으로 탐욕貪慾을 다스리며, 아홉째 환희하는 마음으로 진에瞋恚를 다스리며, 열째 지혜로운 마음으로 사견邪見을 다스림을 말한다.

불교에서 선善의 기본은 생명존중이다. 생명존중의 장애가 되는 행위가 살생이다. 그러므로 모든 계율은 살생을 금하는 것을 으뜸으로 하고 있다. 특히 인명을 해친 응보는 무겁다는 것을 강조하였다. 경에 "살생하는 죄罪 가운데 인명살해人命殺害가 제일 큰 죄이니, 이것은 4바라이四波羅夷에 하나이요, 십중금十重禁의 하나이다." 하였다. 그리고 살생계를 구품으로 나누어 인과응보의 차등을 설하였다.

"제불 성현과 부모 등의 상품중생上品衆生 살해殺害하면, 오역
죄五逆罪가 되니 오무간五無間 지옥에 떨어지게 되고, 사람과
및 제천 등의 중품中品중생을 살해하면, 바라이죄波羅夷罪가
되어 삼악도에 떨어지며, 축생 등의 하품下品중생 살해하면,
경구죄輕垢罪가 된다. 만약 사람으로 태어나도 단명短命하거
나 다병多病한 과보를 받게 된다."

우리는 현실에서 인명을 살해하는 사람은 극히 드물다. 그러
므로 오무간지옥에 들어가는 사람은 없을 것이다. 뉘가 부모를 해하고
국왕이나 선지식을 해하며, 부처님 몸에 피를 내겠는가? 다만 가축 등
동물들을 살해할 때가 있을 것이다. 그것도 일평생에 몇 번이나 살생의
업을 짓겠는가? 이렇게 보면, 인명살해의 과보가 없을 것인데, 이 세상
에는 병도 많고 명도 짧고 몸이 불편한 사람들이 많은 것은 무슨 이유
이겠는가? 모두 생명존중의 본의를 몰랐으며, 자연을 소중하게 생각하
지 않고 훼손한 인을 지어 받는 응보이다.

밀교에서 살생의 계율을 바르게 지키는 것은 모든 생명을
존중하여 이익되게 하고 안락하게 함에 있다. 살생은 남의 생명을 빼앗
는 것만을 말하는 것이 아니다, 남의 삶을 가벼이 생각하고 그의 삶을
괴롭히고 불편하게 하는 것을 말한다. 일상생활에서 행하는 말이나 행
동에서 생명의 소중함을 알 때 살생계를 지킨 것이 된다. 하나의 생명
이 태어나는 데는 많은 원력과 업력을 필요로 한다. 한 포기의 풀이 자
라는 데도 많은 공력이 소모된다. 최선을 다하여 꽃을 피우고 모양과
색상을 만들어낸다. 우리들은 한 송이의 꽃을 보면서 '이 꽃은 아름답

고, 저 꽃은 아름답지 못하다' 하는 차별적인 말을 하게 된다. 이것도 무심코 살생의 인을 지은 것이 된다. 아름답지 못하다고 지적받은 꽃은 마음에 상처를 입을 것이다. 그러므로 모든 생명들을 평등한 마음으로 보아야 한다. 이것이 밀교의 위계爲戒실천이다.

밀교의 살생계는 생명을 죽이는 것만이 아니다. 삶을 못살게 하는 것도 살생이 된다. 삶을 괴롭히는 것에는 많은 종류가 있다. 남을 업신여기고, 남의 물건을 빼앗는 것과 남의 자리를 탐내는 것도 살생이다. 상대로부터 멸시와 업신여김을 받고 그 마음을 다스리지 못하고 죽음을 생각한다면, 멸시한 사람이 살생의 업을 지은 것이 되며, 상대의 자리인 줄 알면서도 시기 질투 때문에 뺏기도 하고, 공평하게 경쟁하지 않고 수단과 비리의 방법을 동원하여 뺏기도 하고, 남이 만든 자리를 자신 것으로 중상과 모략으로 뺏을 수도 있고, 상대의 진실을 거짓으로 꾸밀 수도 있고, 상대의 공을 내공으로 속일 수도 있고, 자신의 잘못을 상대방에게 돌려 모함할 수도 있다. 모두 살생의 인이 되어 이렇게 얻은 물질이나 권좌나 명예는 오래가지 못할 뿐 아니라, 그로 인해 자신은 물론 대대로 단명하고 다병하고 빈궁한 응보를 받게 된다는 것을 알아야 한다. 어떤 사람이 귀중한 물건을 잃고 죽음을 생각한다면, 그 물건을 훔친 사람도 살생의 업보를 받게 될 것이다. 온 가족이 생이 걸린 일자리를 누군가가 뺏었다면, 뺏은 사람은 살생의 업을 지은 것이 된다. 나는 가볍게 생각하는 것들이 상대에게는 목숨을 맡길 정도로 귀중할 수가 있다. 나는 웃음의 말이지만 상대방은 가슴에 대못이 박히는 큰 상처가 될 수 있다. 논둑길을 걷다가 무심결에 발로 찬 개구리는 떨어져 나가 생명이 오가는 극한에 처할 수가 있다는 것이다. 비록 대수

롭지 않은 행동이 주위환경과 여건에 따라 목숨까지 잃을 수도 있고, 목숨을 잃을 만큼 큰 것인데도 주위에 미치는 영향에 따라 가벼운 고통을 받을 수도 있다.

우리의 몸은 순간순간 태어나고, 순간순간 사라지고 있다. 새로운 세포가 태어나고 오래된 세포들이 사라지고 있다. 필요한 세포는 살아나고 필요 없는 세포는 사라지며, 강한 세포는 살아나고 힘없는 세포는 사라진다. 누군가가 선한 말을 하면, 그 소리를 듣는 순간 즐거움의 세포가 생겨나고 슬픔의 세포는 사라지게 될 것이다. 악한 소리를 들으면, 악한 세포가 생겨나고 선한 세포는 사라진다. 이것이 세포의 생사生死이다. 선지식으로 부터 좋은 법문을 들을 때는 좋은 업을 짓는 세포[囚]가 생겨나고, 좋지 못한 악한 말을 들으면 악惡의 세포가 생겨난다. 이러한 원리를 깨달아 행동 하나하나, 말 한마디 한마디, 생각 하나하나를 조심해야 한다. 일상생활 속에서 입으로, 마음으로, 행동으로 살생의 업을 멀리하고 생명을 존중하고 생명을 살리는 업을 짓도록 가르치는 것이 밀교의 살생계다.

이 세상에 허물없는 사람은 없다. 다만 자신의 허물을 알면서도 감추고 있을 뿐이다. 진실로 자신의 허물을 모르는 사람은 무지한 사람이다. 무지한 사람은 잘못을 모르기 때문에 참회할 줄도 모른다. 생사로 윤회하는 중생들의 비록 잠간 머물지만, 이익과 안락의 세계에 머물 수 있도록 수행하고 정진하는 것이 공덕을 쌓는 금강승 보살의 행할 업이다.

빛의 해탈을 얻기를!

밀교의 삼세인연설

중생은 누구나 불성을 갖고 있어 성불할 필요가 없이 묻혀있는 본래의 불성을 끄집어내면 된다. 우리는 언제부터인지 모르는 아득한 과거부터 고락이 동반된 생명으로 태어나 윤회를 거듭하고 있다. 윤회를 벗어나면 그 자리가 성불의 자리이다. 윤회의 원인을 찾기 위하여 많은 생을 노력하였다. 그러는 중에 선지식과 악지식을 만나면서 윤회가 더욱 굳어지기도 하고 얇아지기도 하면서 비로자나불의 빛이 삼세에 통하는 빛이라는 것을 깨달은 것이다. 중생은 중생이라는 고정관념에 깊이 물들어 불성을 지니고 있으면서도 쉽게 벗어나지 못하는 원인은 무명의 커텐인 줄도 알았다. 이제 그 무명만 제거하면 된다. 그런데 무명이 쉽게 제거되는 것이 아니다. 제거하는 방법을 알아야 한다. 이것이 삼세인과를 깨닫는 것이다.

무명을 걷어내는 방법은 우선 자연을 알고 자연을 잘 이용하여야 한다. 만물은 쓰임을 모르고는 옳게 이용할 수 없다. 나는 사람이다. 세상은 혼자 사는 세상이 아니다. 상대가 필요하다. 상대를 알려면 먼저 자신을 알아야 한다. 그러므로 이곳을 벗어나려면 이곳부터 알아야 한다. 이곳의 주인이 되어야 한다. 주인이 되려면 완전한 사람이 되어야 한다. 완전한 사람은 더 이상 구할 것도 갖출 것도 없는 사람이다. 모습으로는 32상과 80종호이며, 행동으로는 3천 위의와 8만 세행이다. 이러한 상호를 갖추는데 첫 번째 부족한 것이 세 가지 있다. 진각성존은 가난, 병病, 불화不和라 하였다. 이것이 중생의 삼고三苦이다. 중생의 삼고는 금생 것만이 아닌 과거의 인지음이 포함되어 미래까지 연결되는 것이다. 연결의 장소가 자연이며 이곳에서 형성되고 변천하여 윤회하는 것이다.

　　　지금이 있다는 것은 과거가 있었고, 또한 미래가 있다는 것이다. 어느 생이든 한 생에서 끝나는 것이 아니라, 삼세에 그 영향이 미친다. 만일 미래에 영향이 미치지 않으려면 현생에서 단절하는 인을 지어야 한다. 이것이 완전한 인간이 되는 것이다. 그러므로 현생을 소중하게 생각하여야 한다. 금생今生의 부모, 형제, 부부, 자식은 모두 과거 생의 인에 의하여 현성된 것이다. 이것이 다시 현생의 행위에 따라 미래까지 연결되기도 한다. 이것을 세분하면, 현재의 부모는 나의 과거요, 자식과 권속眷屬은 나의 미래이다. 그러므로 부모와 나와 자식과 권속은 항상 인연의 줄로 맺어있는 인과의 소산물이다. 나의 수명도 나 혼자 결정한 것이 아니다. 부모와 자식과 권속의 인연의 업業으로 결정지어진다. 진각성존의 《실행론》 '수요壽夭와 인과구분因果區分' 편에 잘 나타나 있다.

　　　"사람이 날 때 벌써 수요壽夭가 결정해지는 인과구분因果區分을 말하면, 전생부터 부모 태중胎中까지는 금생수명을 결정하는 인기因期가 되고, 입태入胎로부터 출생하여 열반할 때까지는 결정된 금생수명에 과기果期가 되므로 전생부터 자기가 짓고 태중胎中에 부모가 지은 자비와 살생은 금생 수요壽夭가 되고, 출생하여 열반할 때까지 자기가 짓고 열반하여 수생受生할 때까지 부모 권속들이 지은 자비와 살생은 내생來生의 수요壽夭가 되느니라."

우리의 수명은 삼세에 삼인三因으로 결정된다. 첫째 평생 내가 지은 자비와 살생의 인因, 둘째는 내가 열반한 후부터 다음 생으로 입태入胎까지 남겨둔 자식과 권속들이 행한 자비와 살생의 인因, 셋째 부모의 태중에 입태하여 출생할 때까지 부모가 지은 자비와 살생의 인因을 모아 금생의 화복禍福과 수명이 결정되는 것이다. 내가 받는 화복과 수명은 삼세를 연결하는 끄나풀에서 형성된 것이다. 그러므로 인연의 소중함을 알고 잘 만나야 한다.

　　　인으로 나타나는 응보는 반드시 받는다. 다만 시간과 장소만 다를 뿐이다. 수명을 보면, 인간세상에 태어날 때 80년을 머무를 수명이면 그 수명이 되어야 다음 생으로 옮겨간다. 그런데 50년이 되어 불의의 사고나 역병이나 자살 등으로 비명횡사하였다면, 곧바로 환생하지 못하고 남은 30년을 중음中陰으로 떠돌다가 80이 될 때 환생할 곳을 찾아가게 된다. 30년 동안 받을 몸이 없어 허공을 떠돌아다녀야 한다. 이를 중음신中陰身이라 한다. 30년을 중음으로 떠돌다가 실지 죽을 나이가 되면, 남아 있는 가족과 권속들에게 죽음을 알리게 된다. 그 현상은 인연이 가장 깊은 사람이나 살아생전에 집착하였던 물건을 통하거나 꿈을 이용하여 알리기도 한다. 알림의 과정에서 중음신이 영식이 되어 어느 특정인에게 들어가면, 그 사람은 자신의 본성이 아닌 중음의 본성으로 행동하고 말하게 된다. 이러한 사람을 흔히 신병神病이 들은 사람이라 한다. 평소에 망자가 성격이 급하였으며, 3년 전부터 알림의 현상이 나타나 접신 된 자는 3년간 본성을 빼앗긴 상태로 살아야 한다. 타의 몸에 접신接神이 된 중음신은 죽음의 나이 80이 되면 떠난다. 늦어도 49일이면 떠나간다. 그러나 악업이 짙기나 환생을 방해하면 1년 또는 몇 년을 중음의 상태로 접신한 사람을 괴롭힐 수도 있다. 이 과정에서 때로는 접신자를 바꾸면서 옮겨 다닐 수도 있다. 치유 방법으로는 접신자와 가족과 인연이 있는 권속들이 망자를 대신하여 진실한 참회 정진을 해야 한다.

우리는 누생累生을 윤회하면서 익힌 습관들이 죽은 후에도 업業으로 저장하여 다음 생으로 이어진다. 환생할 때 지난 생의 행위는 기억하지 못하지만, 성장하면서 천인처럼 축생처럼 아귀처럼 행동하고 소리를 흉낼 수는 있다. 이것은 전생에 익힌 습관이 나타난 현상이다. 다만 언어는 육도 어느 곳에 태어나도 전생에 사용하던 언어는 사용할 수 없다. 다만 '응아'의 아음阿音, A만 기억할 뿐이다. 만일 전생의 언어를 기억하여 현생에 사용한다면 좋은 점보다는 나쁜 일들이 많을 것이다. 옛날에 어느 수행자가 죽음을 맞이하였다. 보통으로는 모든 과거사를 잊어버리고 습習만 가지고 올 뿐인데, 도인은 언어까지 기억하고 있었다. 현생에 부모의 태중에 들었다가 태어나면서 "아! 시원하다. 답답하여 혼이 났다."라고 말하였다. 출산을 돕던 사람들이 말하는 갓난아이를 보고 놀라면서 한편으로는 두려워하였다. 부모와 지인들은 세상을 어지럽게 하는 아이라 생각하고 갓 태어난 아이를 죽게 하였다는 것이다. 도인은 다시 또 윤회의 틀에 의하여 출생하게 되었다. 또다시 그와 같은 말을 되풀이하여 또 죽임을 당하였다. 도인은 세 번째이나 거듭 죽임을 당하고 다시 태어나면서 말을 참고 '응아'라는 울음으로 대신 하여 목숨을 부지하였다는 설화가 있다. 인간이 태어나면서 알리는 첫소리는 '응아'이다. 이것은 울음이 아니다, 생명의 소중함을 알리는 소리이다. 그리고 자연과 교감하는 첫소리이다. 자연계의 첫소리는 문자로 표현하기를 'A', '아'로 표현된다. 이것이 모든 음과 소리의 첫 글자이다. '아'와 'A'는 긍정과 부정[生死]을 동시에 지니고 있으면서도 존재의 의미를 담은 시작을 알리는 소리이기도 하다.

　　　자연의 법칙은 아무렇게나 움직이는 것 같지만 일정한 규칙으로 움직인다. 윤회하는 인연 법칙으로 운행되며, 세밀하기가 무엇으로도 표현하거나 비교할 수 없다. 만일 법칙이 없다면, 서로서로 얽혀 변천하면서 혼돈을 가져올 것이다. 윤회하는 인연의 법칙에 지배를 받지 않으려면 처음부터 인을 짓지 않아야 한다. 이미 지은 업은 피할 수 없다. 그러므로 지수화풍地水火風의 연緣을 만나 형성된 몸은 어느 누구나 함부로 할 수 없다. 자신의 것이라고 하여도 함부로 다루어서는 아니 된다. 혼자만의 것이 아닌 모두의 것이다. 사생四生으로 태어난 생명체, 생명체가 존재토록 하는 많은 인연의 힘이 있었다. 한 알의 씨앗도 세상에 싹이 나려면 물과 빛과 공기와 공간이 필요하다. 주위 환경이 있었기에 생명이 활보할 수 있다. 이러한 인과법칙을 깨닫는다면 모든 것을 소중하게 생각하고 고맙게 생각해야할 것이다. 인연의 끄나풀을 단절할 때는 나만이 하는 것이 아니다. 나와 인연이 있는 모든 것들이 함께 단절하여야 한다. 이것을 알게 하기 위하여 비로자나불이 보살로 화현하여 중생을 제도하는 것이다. 동업의 이치를 가르치면서 교화하는 것이다. 동업의 소중함을 알리면서 인도하는 것이다.

우리는 석가모니불 열반 후 태어났으나 석가불 시대에 살아간다. 석가모니불로부터 성불 수기를 받은 것이다. 성불 시기는 자신이 완전한 인간이 된 삼고 해탈일이다. 이때 아라한이 먼저 될 것이다. 장소는 인간계이다. 인간계는 고락이 상반한 곳이기에 삼고를 확인할 수 있는 세상이다. 그림자처럼 따라다니는 삼고를 볼 수 있는 자리이기도 하다. 인간 세상에서 삼고의 고통을 알므로 벗어나고자 하는 발심을 하게 된다. 이러한 이치를 모르는 사람들은 사람은 누구나 다 그렇게 살아가는 것이라고 체념의 말을 하는가 하며, 고통을 받고 받지 않고는 부지런하고 게으름으로, 지혜롭고 어리석음으로, 밝고 어둠에서, 기회를 놓치고 잡음에서, 운이 있고 운이 없는 데서 삶의 차이가 있다고 생각하는 것이다.

삼세 인과를 모르는 사람은 살생의 기준을 사람에 한정하고 축생의 생명은 소중하게 생각하지 않는다. 시간상으로는 현생만 알고 과거와 미래를 부정하면서 윤회를 믿지 않는다. 조금 높은 차원의 종교는 과거는 전혀 믿지 않으면서 미래의 천당과 지옥을 믿기도 한다. 오늘이 있음은 어제도 있고 내일도 있다. 어제가 없는 오늘, 오늘이 없는 내일은 없다. 우리는 시간의 과거 현재 미래가 있고, 사람으로는 부모형제 권속으로 존재하는 것이다. 이제 이 틀을 벗고 해탈을 구하려면 모든 것에서 벗어나야 한다. 봄풀이 돋아나지 않게 봄을 없애고 꽃이 피지 않게 여름을 없애고 단풍이 없도록 가을을 없애고 겨울을 뛰어넘어야 한다. 벗어난다는 것은 그것을 깊이 음미한다는 것이다. 완전하게 음미를 하였을 때 미련도 집착도 사라지게 된다. 영원하지도 않은 봄풀의 미련은 꽃과 단풍을 향한 연민의 정을 버려야 한다. 방하착하라! 그 속에 대자유의 시간이 있고 대자유의 삶이 있고 대자유의 청옥빛이 기다릴 것이다.

빛의 해탈을 얻기를!

제6화

인과는 법계 진리가 다스린다

석가모니불도 행할 수 없는 법이 셋 있다. 과거불도 행하지 못한 것이다. 첫째 중생들이 받는 선악의 결과에 대한 것은 어찌하지 못한다. 부처님도 열반을 들기 전에 춘다의 공양독버섯 또는 부패한 음식을 받았다. 최후의 공양이라고 찬탄하면서 제자들은 물론 어떠한 생명도 먹지 못하도록 모두 땅에 묻게 하였다. 부처님과 춘다와의 과거 생의 인연으로 받아들여야 하는 고통을 감인攝忍한 것이다. 두 번째 인연 없는 중생은 제도하지 못한다. 화신불이 영원히 머물지 못하는 것은 인연 없는 중생들만 남았기 때문에 열반으로 모습을 감춘 것이다. 세 번째 무량한 중생들을 구원하지만, 중생계를 다 구제하지는 못하신다. 태허공을 다스리는 것은 법신이요, 공기 방울의 지구의 허공만 다스리는 불이 석가불이다. 타방 세계는 또다른 화신불이 다스리기 때문이다. 이것이 불의 삼불능三不能이다. 모두 인과법칙에서 생긴 것이다.

  부처를 이룬 싯다르타 태자는 45년간 설법으로 의무를 마쳤다. 현생의 인연 있는 중생들을 모두 제도하였다. 첫 제도자는 5비구요 마지막 교화자는 120세 수밧다이다. 남아 있는 중생들은 불을 친근하지 못하는 인연 자들이다. 우리들은 모두 후자에 속한다. 마하가섭은 석가모니불의 인연을 끝내고 미륵불과의 인연이 남아 있어서 부처님은 가사와 발우를 부촉附囑하여 미륵불을 기다리게 한 것이다.

자연법이自然法爾로 운행되는 인과법칙을 불보살이라 하여 마음대로 할 수 있는 것이 아니다. 이러한 이치를 모르기 때문에 불보살이 되면 우리들의 삶을 마음대로 하는 것으로 알고 불보살에 의뢰하여 섬기는 자도 있다. 이것이 기복적祈福的인 믿음이다. 시작도 모르는 광대한 겁으로 흘러오면서 고통에 시달림을 받은 우리, 그러면서도 현실 생활에서 모든 것을 자기가 다스릴 수 있는 것처럼 교만한 범부, 은혜로움과 원수짐을 모두 해결할 수 있다고 생각하는 자만심이 가득한 자신, 하나같이 윤회의 틀을 벗어나지 못하면서도 당당한 모습을 취하고 있다. 다음생은 지금보다 고통이 더욱 심한 곳에 태어날 수도 있다고 생각하지 않는다. 이것은 중생의 허물이 아니다. 중생은 본래부터 이러한 이치를 알지 못하기 때문에 잘못이 되지 않는 것이다.

중생은 인因을 지어 받기만 하는 것이지, 심판할 수 있는 자격은 없다. 심판은 법계 진리法界眞理가 하는 것이다. 자신의 인과도 믿지 못하고 알지 못하면서 어찌 타인他人의 인과를 이러쿵저러쿵 할 수 있겠는가? 백장 스님의 야고화野孤話를 보라. 전 백장 스님은 제자의 인과법 질문에 "깨달은 자는 인연에 떨어지지 않는다[不落因果]." 하여 500생 동안 여우 몸으로 태어났다. 후後 백장 스님은 여우 몸을 받은 전前 백장 스님의 인과법 질문에 "인과에 어둡지 않다[不昧因果]." 답하여 전 백장 스님의 여우 몸을 벗어나게 하였다.

깨달은 자는 인과 이치를 알고 행동하는 것이요, 깨달음을 얻지 못한 자는 인과 이치를 모르고 그 법에 지배를 받게 되어 자유가 없다. 인과법을 현실 법으로는 다스리지 못한다. 다스리는 것은 법계 진리의 몫이다. 변호辯護도 판관도 필요 없다. 그러므로 은혜로움과 원수 짐은 내가 심판하려 하지 말고 법계 진리에 맡겨야 한다.

진각성존은 말씀하였다.

"중생들이 다스리지 못하는 것은 법계 진리가 다스린다."

선악의 인과를 사회나 국가법이 심판하여 상벌을 준다면 인정이 앞서는 중생이라 정확한 심판으로 상과 벌을 내릴 수 없을 것이다. 바른 판단보다는 잘못된 판단으로 새로운 선악의 업을 짓게 되는 것이다. 사회법은 죄의 경중만을 논하고 인연의 원인을 논하지는 않는다. 불보살도 인과법은 다스리지 않는다. 자연법이自然法爾만이 심판하고 다스리므로 불평과 불만이 있을 수 없는 것이다. 중생계는 뿌린 씨앗은 반드시 추수하는 것이 원칙이다. 다만 추수하는 시기가 늦고 빠름이 있고, 추수하는 자가 다를 뿐이다. 시기가 다르다는 것은 삼세가 있기 때문이요, 추수하는 자가 다른 것은 동업으로 은원恩怨이 있기 때문이다.

《인과경》에 말씀하였다.

"여기에서 지어 저기에서 받고 저기에서 지어 여기에서 받는다. 갑에게 지은 것은 을에게 받고, 을에게 지은 것은 갑에게 받기도 한다."

인간계에서 지어 축생계에서 받기도 하고 지옥에서 받기도 하고 천상에서 받기도 하며, 시간으로는 아침에 지어 저녁에 받기도 하고 저녁에 지어 다음날 아침에 받기도 하며, 오늘 지어 내일 받고, 내일 지어 모래 받기도 하며, 과거에 지은 것을 현재나 미래에 받기도 하고 현재에 지은 것을 미래에 받기도 하는 것이다. 순서가 정해진 것이 아니다. 한꺼번에 모아서 받기도 하고 한번 지은 것을 분산하여 여러 번 받기도 한다. 보통으로는 악惡의 과보는 내가 가장 좋은 업을 받을 때 잘 나타난다. 이를 호사다마好事多魔라 한다. 인과응보를 비껴갈 수는 없다. 반드시 받아야 하는데 수행자가 바라는 것은 인과응보를 거부하는 것이 아니다. 고통은 소화시킬 힘이 있을 때 받기를 바라며, 좋은 것은 내가 가장 아쉬워할 때 나타나기를 바라는 것이다. 같은 고통이라도 그 느낌이 가벼워질 것이요, 같은 좋은 것도 배가될 것이다.

인과 이치를 생각하면서 한 번쯤 상대의 입장이 되어 보자. 진각성존은 "은혜는 평생으로 잊지 말고 수원讐怨은 일시라도 두지 말라." 하였다. 이 뜻은 은혜로운 자리에서 수원심讐怨心이 맺어진다는 뜻이다. 만일 은혜를 입지 않았다면 수원심도 생기지 않을 것이다. 우리가 열 가지 가운데 아홉 가지를 잘해주고 마지막 하나만 못해도 잘해준 아홉 가지는 쉽게 잊어버리고 잘못한 한 가지를 기억하는 것이 중생이다. 본성으로 바라보면 모든 것이 은혜로 받아들여 잘못한 것을 기억하지 말아야 한다. 자신만을 생각하는 마음이 팽대하여 상대의 마음이 어떠한지를 생각하지 않는 것이다.

우리의 속담 중에 "사촌四寸이 논을 사면 배가 아프다."라는 말이 있다. 사촌 형제가 논을 샀으면 좋아해야 할 일인데 왜 배가 아프다고 생각하는가? 알 수가 없다. 이 속담은 잘못 전달된 것이다. "사촌이 논 샀다는 소식을 들으면, 배가 아파 누워 있다가도 찾아가서 기뻐하고 좋아해야 한다." 이것은 시기와 질투심 많은 사람이 내용을 바꾼 것이다. 이렇게 속담에까지 상대를 헐뜯고 시기하고 질투하는 것으로 표현하는 것을 보면 왠지 마음이 씁쓸하다. 비로자나불의 청옥빛이 우리들 마음에 자리하여 상대의 마음을 읽고 배려하고 긍정하는 시절을 만날 수 있기를 서원한다. 성대방의 마음을 내 마음에 미루어 생각하는 마음공부를 하기를 바란다.

인과응보

인과법은 중생계 본유本有의 법이다. 콩 심은 데 콩이 나고, 팥 심은 데 팥이 나며, 하나를 심으면 하나를 얻고, 둘을 심으면 둘을 얻는 것이 정법이다. 만일 하나를 심어 열이 되고 백이 되는 것은 아니다. 한 치의 오차誤差도 없이 운행되는 인과법칙이다. 현실에서는 한 줌의 볍씨를 뿌려 말[斗]을 추수하기도 하고, 한 알에서 자란 과일나무는 수천의 열매를 추수하게 하되 몇 해를 추수한다. 좁은 소견으로 보면, 하나를 심어 하나를 얻는다는 인과 법에 어긋나는 것 같다.

　　　농부가 볍씨 한 알을 심었다면, 그 결과는 볍씨 한 알을 추수하게 된다. 한 알의 볍씨는 농부의 도움[加持]으로 둘이 되고, 땅의 도움[加持]으로 셋이 되며, 태양의 도움[加持]으로 넷이 되고, 그늘의 도움[加持]으로 다섯이 되고, 물의 도움[加持]으로 여섯이 되고, 바람의 도움[加持]으로 일곱이 되고, 비의 도움[加持]으로 여덟이 되고, 공기의 도움[加

持]으로 아홉이 되고, 거름의 도움[加持]으로 열이 된다. 때가 되어 김매고 물꼬를 트는 등 사람들의 손길[加持]이 100이 되는 것이다. 과일나무도 마찬가지이다. 추위를 막아주고, 가지치기, 꽃 따주기, 벌레 잡기, 거름주기, 통풍 온도조절 등이 100을 만들고 1,000을 만드는 것이다. 알곡과 열매의 충실함과 불성실함은 정성과 시간 맞춤에 있다. 이것이 하나를 심어 하나가 열린다는 인과의 정리正理에 어긋나는 것이 아니다.

불공의 공덕도 마찬가지이다. 부처님의 법에 따라 출가하고 계율 실천하는 수행승과 스승에게 공양하면 공덕이 100배가 되고, 부처님의 말씀을 과거로부터 현재까지 암송하고 기록하고 조각하여 전래하는 법[經]에 공양하면 공덕이 1,000배가 되고, 부처님께 공양하면 공덕이 10,000배가 되는 것은 가지와 관정으로 삼세를 이어가는 자비심에서 발생 된 공덕이다. 계율을 파괴하고 수행하지 않은 승이나 스승에게 공양하면 공양자는 10배의 공덕을 받게 되지만, 공양을 받은 스승은 복이 되지 않고 도리어 빚을 지게 된다. 공양 공덕 가운데 가장 큰 공덕은 삼륜청정三輪淸淨한 공양이다. 베푸는 자의 마음이 청정하면 100배의 공덕이 일어나고, 베푸는 물건이 청정하면 1,000배의 공덕이 일어나고, 받는 자가 청정하면 10,000배의 공덕이 일어나게 된다.

공양 공덕이 일회성으로 일어나기도 하고 장원하게 일어나기도 한다. 현재 파괴된 사원의 전각, 무너진 불탑, 머리 없거나 팔이 없는 불상, 찢기어진 불화와 탱화 등은 처음 조성할 때는 불가사의한 공덕이 있었다. 조성 당시에 신심 깊은 보시자와 청정한 조성자와 가지加持하고 관정灌頂한 전법아사리[三師七證師]의 법력에서 발생한 공덕이다. 법맥法脈, 계맥戒脈을 전수傳受받은 아사리의 숭고한 법력이 불탑과 불상에 깃들게 될 때 불가사의한 영험과 공덕이 일어나는 것이다. 이러한 관정의 공력이 머물 때는 불상과 불탑을 파손하거나 파괴할 경우 반드시 고통을 받게 된다. 손가락질만 하여도 악과를 받게 된다.

그러나 신심과 청정한 관정의 법력이 사라지면, 불상과 불탑은 무정물로 돌아가 파손하고 파괴하여도 악과를 받지 않게 된다. 불상과 불탑의 영험과 공덕이 장원하게 이어가려면, 청정승의 기도가 계속되거나 법맥, 계맥, 강맥, 선맥을 전승받은 아사리가 한 분이라도 그 도량에 주석한다면 공력은 계속된다. 불법의 흥망성쇠도 이와 같다. 부처님의 법을 사자상승師資相承한 법맥아사리, 계맥아사리, 강맥아사리, 선맥아사리 중에 한 분만이라도 상주하면 법난은 일어나지 않으며, 불상과 불탑은 파괴되지 않을 것이다. 불법의 흥왕에 승가의 화합, 상주물의 청정, 사자상승의 법맥, 계맥, 강맥講脈, 선맥禪脈이 중요하다는 것을 알아야 한다.

선善의 공덕이 이러하면 악惡의 과보도 마찬가지다. 지은 악이 미치는 영향에 따라 하나의 악이 10의 고통으로 나타나기도 하고, 100이 되어 나타나기도 하며, 1,000의 고통을 받기도 하고, 10,000의 고통을 받기도 하는 것이다. 선악의 인지음은 해바라기가 해를 따라 움직이듯 여건이 성숙하면 언제든지 받게 된다. 여건 성숙은 습관의 재현이다. 중생이 한번 익힌 습관은 쉽게 바꾸지 못한다. 바꾸려면 습관을 익힌 만큼의 시간이 필요하다. 그러나 밀교는 일념만년一念萬年하는 삼밀법이 있어 곧바로 바뀔 수도 있다. 몸으로 익힌 습관을 결인으로 모으고, 입으로 익힌 습관을 진언 염송으로 모으고 마음의 습관을 비로자나불 청정의 옥빛으로 불을 관하면서 자성을 일깨우는 삼밀 수행이면 된다. 뜻은 오로지 중생을 생각하는 마음으로 수행한다. 이것이 삼아승기겁을 일념이 되게 하는 삼밀행이다.

빛의 해탈을 얻기를!

제7화

밀교의 삼밀

밀교의 수행은 상호공양이다. 중생계의 모든 활동도 상호공양이다. 상호공양은 행동[身密]과 언어[口密]와 생각[意密]으로 나누어 작용한다. 이를 삼밀三密이라 한다. 삼밀은 생명 있는 유정과 생명 없는 무정물에도 작용한다. 현교顯敎에서는 삼업三業을 윤회하는 근본이라 하지만, 밀교에서는 인과를 일깨워 윤회에서 벗어나는 근본이라 한다. 삼밀에는 법신 삼밀과 중생 삼밀이 있다. 법신 삼밀은 진리적 빛의 삼밀로 진실삼밀이라 하며, 중생 삼밀은 빛을 가지 받아 해탈의 삼밀로 방편의 삼밀이다. 법신 삼밀의 신밀은 우주 자연 법계에 나타난 만상이요, 구밀은 만상의 소리이며, 의밀은 그들이 지닌 본성을 말한다. 진실한 삼밀은 형상 없는 형상, 소리 없는 소리, 마음 없는 마음이다. 중생도 본래는 형상 없는 형상이요 소리 없는 소리를 듣고, 마음 없는 마음이었다. 자신도 모르는 순간에 업業의 작용이 일어나 부처와 중생으로 나누어진 것이다. 다시 형상 없는 형상으로, 소리 없는 소리로, 마음 없는 마음으로 귀향하기 위해 형상과 소리와 마음이 서로서로 조화를 이루면서 공양 수행하는 것이다.

법신 삼밀과 중생 삼밀의 모두 평등의 상호공양으로 이루어진다. 법계의 삼라만상은 중생의 행동을 돕고, 법계의 언어는 중생의 언어를 돕고, 법계의 마음은 중생의 마음을 돕는다. 중생 역시 중생의 행동은 법계의 삼라만상을 돕고, 중생의 언어는 법계의 소리를 돕고, 중생의 마음은 법계의 마음을 돕는다. 중생은 부처의 도움으로 해탈하고 부처는 중생의 도움으로 해탈한다. 부처가 없으면 중생이 해탈할 수 없고 중생이 없으면 부처도 해탈할 수 없다. 이것이 불과 중생의 상호공양을 이루는 삼밀이다. 중생 삼밀 자체에서도 상호공양이 이루어진다. 행동은 행동을 돕고 언어를 돕고 마음을 도우며, 소리는 소리를 돕고 행동을 돕고 마음을 도우며, 마음은 마음을 돕고 행동을 돕고 언어를 도우는 것이 상호공양이다. 행동과 언어와 생각은 같은 하나로서 행동은 언어를 낳고 언어는 생각을 낳는다. 생각은 언어를 낳고 언어는 행동을 낳는다. 이러한 출생에서 어두움과 밝음의 길이 생겨나 윤회할 것인지 해탈할 것인지 결정이 된다. 상호공양이라면 해탈의 길이 보일 것이요 상호 찬탈한다면 어두운 길이 화려하게 보여 고통받게 될 것이다. 중생은 화려하게 꾸민 길에 유혹되어 자신도 모르게 빠져들어 해탈을 선택하지 않고 윤회를 선택하는 결과로 나타난다. 마음을 밝혀 거짓의 화려함에 유혹당하지 않아야 한다.

중생 삼밀은 복을 쌓고 지혜를 여는 삼밀로 나눈다. 복을 짓는 삼밀은 자비한 마음을 가지고 정화된 언어를 사용하며 좋은 행동으로 공양하는 것이다. 지혜를 여는 삼밀은 몸으로 삼보에 귀명하고 입으로 진언을 염송하며 뜻으로 자성불을 관하는 공양이다. 복을 짓는 공양은 현생의 삶을 윤택하게 하는 일시적 삼밀이요, 지혜를 여는 공양은 윤회를 벗어나 영원의 자리로 나아가는 수행이다. 복도 하나의 해탈이지만 영원한 해탈은 아니다. 복 짓는 삼밀로 인간계에서 복락을 누리거나 천상에 태어나 복락을 누려도 육도를 벗어나는 것은 아니다. 지혜를 여는 삼밀 수행만이 열반과 성불의 경지에 들어갈 수 있다. 우리는 근기가 낮아 먼저 복을 쌓는 삼밀부터 배우고 익혀야 한다. 복을 쌓는 삼밀에서 해탈의 경지를 맛보아야 하고, 그러한 연후에 열반의 경지를 증득하며, 비로자나불과 하나가 되는 불의 자리에 오르게 된다. 복덕이 얕은 것은 그만큼 악업을 많이 지었다는 것이며, 악업을 지었다는 것은 중생 습관이 몸에 배어있다는 것이다. 그러므로 중생은 복을 짓고 공덕을 쌓는 삼밀이 중요하다.

구체적으로 복 짓고 지혜를 여는 것은 무엇이며, 지혜를 연다는 것은 무엇인지 알아야 한다. 보통으로 삼보전에 예배 공경하는 것은 대부분 복이 되는 행위이다. 국가에 충성하고 부모에게 효도하며 부부가 화순하고 형제간에 우애하여 가정이 편안하게 하는 것은 모두 복지음이다. 배고픈 이에게 밥을 공양하고, 헐벗은 이에게 옷을 공양하며, 집 없는 자에게 집을 제공하고, 다리를 놓아주며, 목마른 자를 위하여 우물을 파고, 병든 자를 치료하며, 외로운 자를 돌보아주는 것이 복을 짓고 공덕을 쌓는 행위이다. 복 짓는 것이 어디 이것뿐이겠는가? 쓰러지는 나무를 세우고, 꽃을 가꾸고, 무거운 짐을 들어주고, 자리를 양보하고, 노래 부르고 춤을 추며 상대를 이롭게 하는 모두가 복이 된다. 이러한 복은 아무리 많이 지어도 영원한 것은 아니다. 다만 태어난 곳에서 넉넉하며, 존경받으면서 행복하게 살다가 그 복이 다하면 결국 다시 고통의 나락으로 떨어지게 되는 것이다.

지혜를 여는 삼밀은 다르다. 삼밀에는 자신만을 위한 것과 일체중생을 위한 삼밀이 있다. 중생계 부귀영화를 위하여 행하는 모든 것은 복을 짓는 공양이요, 불 세계로 돌아가는 행위는 지혜성취를 위한 삼밀이다. 진각성존은 자성참회의 가르침으로 나와 더불어 일체중생이 모두 함께 마음의 문을 열어 인과의 이치를 깨닫게 하는 삼밀을 말씀하신 것이다. 현생의 이익과 안락을 위한 것이 아니라, 삼세를 관통하여 대 자유인이 되도록 서원하는 것이 지혜를 여는 삼밀이다. 보리심을 발하고 삼밀을 행하는 것이 아니라, 삼밀을 함으로써 보리심이 일어난다면 그 자리가 열반의 자리요 성불의 자리가 되는 것이다. 혼자만이 타는 작은 배를 얻기 위함도 아니요 많은 사람을 태우는 큰배를 얻고자 함도 아니다. 내가 있는 이곳을 불국토로 만들기 위하여 삼밀을 하는 것이 지혜를 여는 삼밀이다. 큰마음으로 밝음 마음으로 맑은 마음으로 지혜를 여는 삼밀이 되도록 수행하기 바란다.

빛의 해탈을 얻기를!

제8화

밀교에서 보는 서원誓願

서원은 곧 승乘이다. 서원이 없으면 승이라 하지 않는다. 불승, 보살승, 성문승, 연각승, 소승, 대승, 금강승이라 하는 것은 서원의 차등을 말하는 것이다. 마하비로자나불을 불승이라 하지 않는다. 마하비로자나불은 형상도 이름도 없으므로 서원도 없다. 불승이라 부를 때는 지법신智法身 비로자나불을 가리킨다. 밀교의 모든 불보살은 중생교화를 위하여 지법신에서 화현하였다. 비로자나불에서 4불이 출생하였다 합하여 5불이며 이를 불승이라 한다. 보살로는 관정을 받은 금강승을 비롯하여 대승 보살과 출가 보살이 있다. 그 중에 대표적인 보살이 500의 문수, 1,000의 보현, 33의 관음과 《화엄경》의 52위 선지식보살 등이다. 보살에는 출가 보살이 있다. 대표적인 보살이 상구보리上求菩提하고 하화중생下化衆生하는 지장보살이다. 성문승은 자기만을 위한 서원으로 아라한이요, 독각승은 교화하지 않고 곧바로 열반에 드는 것으로 이를 성문승과 함께 소승이라 한다. 보살승은 함께 탈 수 있는 대승이요, 초대승超大乘인 밀교의 금강승은 이 땅을 금강법계의 불국토로 만드는 보살이다.

승乘인 서원은 인연 있어 머물고 인연 다하면 사라진다. 석가모니불이 이 땅에 오신 것은 일대사인연一大事因緣이다. 100년을 머물면서 제도해야 할 인연 중에 수밧다를 끝으로 회향하고 후세 제자들을 위하여 남기신 20년은 서원의 음덕蔭德이었다. 문수보살도 지혜를 일깨우려는 수행자 앞에 동자의 모습, 보살의 모습, 나무꾼금강좌에 풀을 깔아 줌의 모습 등 500의 모습으로 나타나 보였고, 보현보살도 인연 있는 중생을 제도하기 위해 행원을 보였으며, 관세음보살은 성관자재를 중심으로 33응신을 보여 중생들의 원에 답하고 있으며, 법장비구도 48원을 세워 아미타불이 되었고, 약왕보살은 12대원을 성취하여 약사여래가 되었다. 모든 제불 제보살은 모두 중생을 위하는 서원을 베푼 것이다. 진흙이 없으면 연꽃이 피어나지 않듯이 중생이 없으면 불보살은 출생하지 않는다. 진흙에는 연꽃이 있지만, 연꽃[佛菩薩]에는 진흙[衆生]이 없듯이 중생이 있는 곳에 반드시 불보살이 있지만, 불보살 세계에는 중생이 없다.

　　보살은 자신을 위한 서원이 없고 오로지 중생을 위한 서원뿐이다. 중생은 부족함이 많아 남을 위한 서원을 세울 여유가 없이 자신만을 위하는 서원을 세운다. 중생의 욕망이 많은 만큼 서원도 많다. 서원이 많을수록 성취도는 적다. 스스로 서원성취가 어려워서 불보살과 법과 스승과 선지식을 찾아 그의 힘을 빌리려 한다. 불보살은 중생들이 원을 성취하기 쉽게 기본서원을 제시한다. 4홍 서원은 현교의 기본서원이요, 5대 서원은 밀교의 기본서원이다. 4홍 서원은 부처 자리에서 하향하는 서원이라면, 5대 서원은 중생과 부처가 하나되는 서원이다. 부처 되지 못한 원인을 깨닫게 하여 부족한 부분을 채우기를 서원하며[衆生無邊誓願度], 가난과 병고와 불화의 고통을 소멸하고 지덕과 복덕을 원만하게 하기를 서원하며[福智無邊誓願集], 일상생활 속에 나타나는 모든 현상이 곧 진리로 향하는 가르침임을 깨닫기를 서원하며[法門無邊誓願覺], 일체중생과 삼라만상이 모두 법신불임을 알고 존중하고 섬기기를 서원하며[如來無邊誓願事], 이 모든 것이 불보살의 최상승법과 다를 바가 없다는 것을 증득하게[菩提無上誓願證] 하는 것이다.

중생은 욕망으로 행동하며 바램에서 시작된다. 바램은 소원所願과 서원誓願으로 구분한다. 소원은 현생에 성취되지만, 서원은 한 생만을 원하는 것이 아니다. 현실에서 중생은 서원이 없고 소원만 있을 뿐이다. 물론 서원이라고 하지만 그것은 모두 현실의 복에 해당하는 것이므로 소원이다. 예를 들면 벼슬 얻기를 서원하고, 재물 얻기를 서원하며, 건강하기를 서원하고, 자식 얻기를 서원하고, 자식들이 잘되기를 서원한다면 이것은 모두 복에 해당하므로 현생의 소원이 되는 것이다. 이러한 소원은 하지 않아도 된다. 나라에 충성하면 벼슬을, 부모에게 효순하면 건강을, 베풀기를 좋아하면 재물을, 살생을 금하면 건강을, 부부가 화합하면 자식을 얻을 수 있으니 소원은 필요없게 된다.

서원은 자신으로는 본래면목本來面目을 찾는 것이요, 상대로는 일체중생을 위하여 고행하는 것이다. 서원에는 다시 두 가지가 있다. 일상적인 원[平願]과 특정한 기원祈願이다. 일상적인 원은 일상생활 속에 항상 하는 서원이요, 특정한 기원은 불가사의한 힘을 가진 분을 믿고 위대한 힘을 가지 받기 위함이다. 밀교는 특정한 서원보다 일상적인 서원을 중요시한다. 일상생활 속에서 원[平願]은 신과는 상관없이 자신의 삶 속에 항상 하나가 되어있다. 습관과 항상 함께하며 한평생 원에 파묻혀 살아간다 하여도 틀린 말이 아닐 것이다. 아침에 일어나 세수하고 치장하는 것은 아름답게 보이고자 하는 원이요, 밥을 먹는 것은 생존을 위한 원이며, 말을 하는 것은 자신의 의사를 전달하고자 하는 원이요, 운동하는 것은 건강을 유지하기 위한 원이다. 저녁에 잠자리에 드는 것은 내일을 위한 원이 들어있다. 또 어린아이가 걸음마를 배우고 말을 배우고 행동을 익히는 것은 자신을 지키려는 원이며, 학업을 성취하고 직장을 구하는 것은 내일의 삶을 위한 원이며, 결혼하는 것은 가정을 이루기 위한 원이요, 모든 일에 최선을 다하는 것은 재물, 직위, 명예, 권력을 얻고자 하는 원이다.

일상생활의 평원平願에서 좋은 마음으로 생각하고 행동하고 말하면 좋은 인因이 되어 좋은 업業으로 나타나지만, 나쁜 마음으로 말하고 행동하면 결과는 좋지 못한 업業으로 나타날 것이다. 우리들의 삶을 인과법因果法에 비추어 보면, 행동 언어 생각이 모두 원이 된다는 것을 알 것이다. 이러한 이치를 알고서야 어찌 불행을 부르는 원의 행동을 하겠는가? 사람은 모르기 때문에 함부로 말하고 함부로 행동하는 것이다. 지금 자신이 받는 행복과 불행도 모두 평소에 자신이 행한 원이 이루어진 것임을 알아야 한다. 원은 또한 습관이 된다. 습관은 어떠한 환경에도 적응하는 원동력이다. 고난이 오면 고난을 극복하는 힘이 되고, 즐거움이 오면 즐거움을 누릴 줄 아는 힘이 된다. 가난하도록 길들인 습관은 가난한 삶을 살게 하고, 부富에 길들인 습관은 부富하게 살게 된다. 이생에서 길들인 습관은 몸을 바꿀 때도 중음이 되어 같은 습관을 있는 곳을 찾아간다. 습관이 하루아침에 부처의 행동, 부처의 언어, 부처의 마음으로 돌아간다는 것은 쉽지 않다. 진언수행에서는 참회와 공양으로 중생 습관이 하나씩 사라질 때를 행동으로 언어로 마음으로 좋은 습관이 자리하게 된다. 그 자리에 법신의 행동, 법신의 언어 법신의 마음이 있다.

일상생활 속에 자연스럽게 존재하는 밀교의 서원은 누구나 다 할 수 있는 서원이다. 그리고 서원을 위하여 형식적인 것을 요구하지는 않는다. 마음의 자세가 중요하다. 불법의 가르침이 아니라도 인과는 윤회한다. 본래 그대로 존재한다. 부처님은 본래의 법을 보인 것이다. 현상세계의 눈으로 보면 새롭게 만든 것으로 볼 수 있다. 세상의 모든 상황을 긍정적肯定的으로 받아들이면 모든 일이 긍정적으로 이루어지고, 부정적否定的으로 말하며 행동하고 생각하면 자신의 삶이 모두 부정적 삶으로 나타나게 된다. 긍정적인 삶은 성취감을 누리면서 사는 삶이요, 부정적인 삶은 실패를 거듭하는 삶이다. 자신이 삶에 욕망이 있으면, 상대도 삶의 욕망이 있다. 자신의 기쁨과 슬픔은 상대도 기쁨과 슬픔이 된다. 중생의 삶의 터전은 자연이다. 자연에서 기쁨과 슬픔이 누린다. 그러므로 자연은 자연으로 인정하고 만물은 만물로 인정해야 한다. 내가 자연과 만물을 인정하지 않으면, 자연과 만물도 나를 인정하지 않는다. 좋은 생각과 좋은 언어와 좋은 행동으로 상대와 자연과 만물과 함께 조화를 이루면서 살아간다면 나의 평원平願은 이루어진 것이다. 이것이 밀교의 5대서원 성취이다.

기원祈願은 무엇인가?

원이라는 것은 목적달성을 위함이다. 사람이 살아가는 데는 목적이 있어야 한다. 욕심을 목적의 근본으로 삼지 말고 자비한 마음의 뿌리로 잎과 열매를 맺어 일체중생에게 이로움을 주는 것을 목적으로 하여야 한다. 원하는 것 모두가 이루어지는 것은 아니다. 지식이 있어도 그 지식을 모두 사용하지 못하여 사장死藏되기도 하며, 능력이 있어도 모두 발휘하지 못하고 잠재우는 것과 같다. 이것은 지은 인因과 현실의 연緣이 다르기 때문이다. 결과로 나타날 때는 환경의 연緣이 맞아야 한다. 만일 인因이 있다하여도 연緣을 만나지 못하면 결과는 나타나지 않으며, 연에 따라 나타나는 결과가 다를 수도 있다. 즉 개선된 결과일 수도 있고 퇴보된 결과일 수도 있다. 사람이 인因 지은 대로만 산다면, 강물에 떨어진 나뭇잎처럼 운명에 맡겨 흘려가면 될 것이다. 인因은 바꿀 수 없지만, 환경의 연緣으로 결과는 바꿀 수 있다. 지혜와 방편에 배대하면, 인은 지혜요 연은 방편이다. 방편이 구경으로 하는 것은 얼마든지 바꿀 수 있다는 뜻이다. 그러므로 타고난 생을 바꾸려면 좋은 방편을 알아야 한다. 방편을 알고 서원을 세운다면 큰 힘을 들이지 않고도 큰 공덕을 얻을 수 있다. 수행에서도 정당한 수행 방편을 안다면 보리도菩提道 성취가 쉽게 될 것이다.

과거 생의 인으로 된 습관의 업을 받지 않으려면, 여건[環境]의 연緣을 과거처럼 만들지 않으면 된다. 아무리 나쁜 악인惡因이라도 싹이 틀 연을 만나지 않으면, 열매는 맺어지지 않는다. 연을 잘 조절하여 악은 짧고 적게 만들고 선은 장원하게 할 수 있는 방편을 배워야 한다. 사람을 만물의 영장으로 모든 것을 지배하려고 한다. 사람의 지배욕支配欲은 자신도 지배하지 못하면서 만물과 진리까지 지배하려는 어리석음을 범한다. 자신의 욕망과 자신의 성취를 위하여 그 어떤 것으로부터 힘을 청하려고 기원하는 것이다. 자신 속에 가진 방편을 사용하지 않고 해, 달, 별, 바다, 산, 큰 바위, 큰 나무 등을 찾는다. 그런데 자연은 자연을 닮은 자에게 힘을 준다. 자신을 닮지 않으면 힘을 주지 않는다. 화합하는 마음, 기다리는 마음, 질서를 지키는 마음, 지족하는 마음, 순응하는 마음, 평등한 마음 가운데 하나라도 가진 자에게 힘을 준다. 만일 자기만을 위하는 삿된 마음으로 기원하면 국가사회는 물론 자신까지도 패망으로 이끄는 기원이 되기 때문에 자연은 힘을 실어주지 않는다. 기원할 때 마음가짐과 서원과 기원하는 곳을 잘 택하여야 한다. 자신이 정견이 없으면 선지식을 찾아 가르침을 받아야 한다. 그런데 그것보다 더 쉬운 것은 자신의 힘으로 방편을 찾는 것이다. 자성만 지닌 것이 아니라 방편도 함께 지니고 있다. 자성을 찾는 힘의 반을 방편 찾는 것으로 힘을 쓴다면, 비록 악의 인이 있다 하여도 선의 인으로 바꾸면 자연히 선의 연을 만나 바라는 서원이 이루어질 것이다. 정법 정견 정심 정정진의 방편법을 익혀 참된 기원을 세우기 바란다.

빛의 해탈을 얻기를!

제9화

탐진치貪瞋癡

중생계는 탐진치가 치성한 세계이다[多貪衆生 多瞋衆生 多癡衆生]. 중생은 탐진치의 습관을 당연히 가지고 태어난다. 이 뜻은 중생의 삶 자체가 탐심貪心·진심瞋心·치심癡心으로 살아가기 적합하게 되어있다는 것이다. 만일 탐진치가 없다면 중생계는 존재하지 않을 것이다. 중생은 육도윤회를 구경삼아 탐진치 삼업三業의 습관으로 윤회를 즐기고 있다. 고통을 받으면서도 곧 즐거움이 있을 것이라는 믿고 참는 것이다. 생사의 바다를 오르고 내리면서도 이것이 삶의 본래의 모습으로 생각하고 즐기고 있다. 만일 윤회를 즐기지 않는다면 벗어나는 길을 찾을 것인데 그 길을 찾는 사람이 많지 않을 것을 보면 역시 고락을 당연한 것으로 알고 그 자체를 즐기고 있다고 생각할 수밖에 없다. 중생은 삶이 어려울수록 구하려고 하고, 얻으려고 하며, 가지려고 하고, 모으려고 하고, 윗자리에 오르려 하고, 존경받고 칭찬받으려고 하고, 아름다워지기를 바라고, 건강하기를 바라고 잘 살기를 바란다. 만일 이러한 마음이 없으면 하루도 살아갈 의욕이 없을 것이다. 이로 인하여 사회와 문화와 경제가 발전하게 되며 세상이 아름답게 된다고 믿고 있다. 심성의 어두

움과 자연이 파괴된다는 이면을 생각하지 않고 영원하리라 생각하고
있다.

탐심은 욕망에서 일어나고, 진심은 급함에서 생기며, 치심
은 우둔함에서 생긴다. 불보살의 세계에도 탐진치가 있다. 그러나 사용
하는 방법과 방향이 다르다. 탐진치를 버릴 수 없는 중생에게 탐진치의
본성이 무엇인지를 일깨우고자 방편으로 탐진치를 보인다. 중생의 탐
진치가 나쁜 것만 아니라는 것을 보여준다. 문제는 깊이 물들어 습관이
되어 미련과 집착으로 방하착放下著을 못한다는 것이다. 연꽃이 진흙에
서 자라지만 연꽃에는 진흙이 없고, 진흙은 또한 연꽃을 피우려는 마음
이 없다. 그러면서도 연꽃을 피워낸다. 우리도 탐진치를 버리는 것을 목
적으로 하지 말고, 탐진치를 깨달음으로 가는 사다리로 이용하면 된다.
스스로 방법을 찾지 못할 때 선지식이 필요하다. 선지식을 찾아 길을
떠나면 된다. 선재동자처럼 …….

중생은 탐진치 때문에 악업惡業을 짓는다고 한다. 진언수행
에서는 그렇게 생각하지 않는다. 탐진치는 중생이 짓는 수많은 업業 가
운데 하나일 뿐이다. 우리는 업業이라면 나쁜 쪽으로만 생각하는 고정
관념을 가지고 있다. 업業에는 동업同業과 별업別業, 선업善業과 악업惡業
이 있다. 무슨 업을 지어도 같은 힘이 소요되므로 자신이 마음대로 할
수 있다. 모두가 마음먹기에 달려있다. 베푸는 마음과 뺏는 마음의 힘
은 같으며, 웃는 마음과 성내는 마음의 힘도 같으며, 슬기로운 마음과
우둔한 마음의 힘도 같다. 시간과 장소와 사람에 따라서 동업이 되기도
하고 별업이 되기도 한다. 상대방에게 손해를 입히거나 괴로움을 주거
나 불편하게 한다면 그것은 죄가 되고 악업이 된다. 남의 인권 남의 이

익을 먼저 생각하면 이것이 복이 된다. 모두 같은 시간 같은 장소 같은 사람에게 같은 힘이 소요되는 행위이다. 자신의 판단 여하에 따라 선과 악이 나누어지는 것이다. 진각성존은 말씀하였다.

> "자기 목숨 중重하거든 남의 목숨 살생하지 말며,
> 자기 재물이 아깝거든 남의 재물 도적 하지 말며,
> 자기 부부夫婦 위하여서 남의 사람 범犯하지 말며,
> 자기 신용信用 위하여서 남을 속이지 말 것이며,
> 자기 명예名譽 중하거든 남을 이간離間하고 험담하지 말라."

이 말씀은 말과 행동을 하기 전에 상대를 자신처럼 생각하라는 가르침이다. 남을 해치거나 방해하거나 불편함을 주지 않고, 자신의 욕망과 성냄과 어리석음을 바탕으로 존경받는 자리에 올랐다 하여 이것이 악업이 되는 것은 아니다. 가진 것을 자랑하거나 교만으로 군림하고 상대를 멸시하여 고용인을 천대하면 이것이 죄가 되고 악업이 되는 것이다. 부처님은 20여 년을 무주상無住相을 바탕으로 하는 사상四相법을 설하였다. 잘난 척하지 아니하며, 아는 척하지 아니하며, 있는 척하지 아니하며, 높은 척하지 아니하는 법이다. 잘난 척하는 순간 탐진치는 죄가 되고, 아는 척하는 순간 악업이 되며, 가진 척하는 순간 죄가 되고, 높은 척하는 순간 악업이 된다. 진언수행자는 무여無餘의 유정계有情界를 이익利益하게 하고 안락安樂하게 하며, 모든 생명과 만물을 자신의 몸과 같이 생각하는 서원을 가질 때 탐심과 진심과 치심은 악업이 되지 않고 해탈의 사다리가 될 것이다. 일체중생을 고통의 바다에서 벗어나게 하는 서원할 때 탐진치는 도리어 복덕이 되며, 지혜를 일깨우는 좋은 선지식이 된다. 진흙에서 연꽃이 피어나듯 탐진치를 선지식으로 삼아 해탈 꽃을 피워야 한다. 진언수행자는 참회하는 마음으로 삼독을 삼밀로, 삼업을 삼밀로 바꾸는 수행으로 중생계 자체를 불세계로 만들어야 할 것이다.

빛의 해탈을 얻기를!

진언장

제1화

육자진언의 묘미

말이란 상대방에게 전달하고 알리는 방법 가운데 하나이다. 전달과 알리는 또 다른 방법으로 행동이 있고 마음이 있다. 언어가 정립되지 않았을 때는 행동으로 전달한다. 진실한 전달은 마음으로 전하는 것이다. 행동과 행동으로 전하는 이행전행以行傳行과 언어와 언어로 전하는 이언전언以言傳言보다 마음과 마음이 전하는 이심전심以心傳心이 진실을 담고 있다. 비유하면 가을 단풍의 아름다움을 보고, 글로 그림으로 그 아름다움의 느낌을 모두 전달하지 못한다. 이때 '아 -!' 하는 것이 가장 잘 전달하는 것이다. 마음의 진실을 언어로 표현한 것이 진언이다. 진언은 마음을 담은 것이므로 언어에서는 비밀이 되어 번역이나 해설이나 설명을 할 수 없다. 본래 비밀이란 입 밖으로 말을 하거나 행동으로 표현하면 비밀이 되지 않는다. 진언 역시 비로자나불의 자리에서 보면 비밀이 아니다. 물론 이심전심도 두 사람이상 알게 되었으므로 비밀이 되지 않는다. 그러므로 인간 세상에는 진실한 비밀이 없다. 방편상 비밀이라 하는 것이다.

　　진언을 주술呪術, 신주神呪, 주呪, 밀주密呪, 명明, 다라니陀羅尼

=만트라, mantra, 비밀언秘密言 등으로 표현한다. 이러한 명칭이 한꺼번에 생긴 것이 아니라, 역사적으로 주술로 시작하여 신주 ⇨ 주 ⇨ 밀주 ⇨ 명 ⇨ 다라니 ⇨ 진언의 순으로 자리하였다. 종류로는 제천·지천地天·제신諸神·성자聖者와 불교의 불·보살·성문·연각 등 8만 종류가 있다. 고대의 신주나 주는 확실하게 전래 되지 않고 있다. 우리에게 많이 알려진 것이 천수다라니, 능엄주, 불정존승다라니, 육자진언과 아미타불과 관세음보살 명호 등이다. 이 가운데 가장 많이 알려져서 쉽게 접하는 진언은 빛의 근원인 비로자나불과 모든 보살과 일체중생과 만물의 마음을 담은 육자진언이다.

　　　진언의 흐름을 보면, 인류 기원 초기에는 주술, 집단생활하기 시작하면서 주문, 종교가 성립되면서 만트라, 중국으로 전래 되면서 주 또는 진언으로 자리하게 된 것으로 보인다. 《대일경》에 보면, 진언은 범어 만트라mantra로 곧 진실하여 불망불이不忘不異한 것을 말한다. 만트라의 어원을 찾아보면 man은 '사유하는'의 형용사이고 tra는 후접사로서 명사화한 '사유를 표하는 언어 문자를 의미하는 것'으로 경견하고 진실된 어구이다. 진언은 일체 제불 제보살이 지은 것이 아니라 마음의 소리이다. 인간의 자연법이로 이루어져 사용된 것으로 옛것을 그대로 사용하는 것이 아니라, 불교의 교리나 밀교의 가르침에 따라 각각 다르게 생성된 소리이다. 이러한 진언은 한 자에 무량한 뜻을 지니기도 하고, 하나의 뜻만을 지니기도 한다. 무량한 의미를 지닌 진언은 단언으로 구성되며, 이를 총지總持라 부르기도 한다. 그리고 한 자에 하나의 뜻을 지닌 진언을 모은 장문의 진언도 있다. 무량한 의미를 지닌 것을 진언이라 하고 장문으로 구성된 것을 다라니로 구분하여 표현하는 것이 좋을 것 같다. 진언은 법이당연法爾當然의 실상을 나타내는 것으로 문자의 뜻에 있는 것이 아닌 자연의 소리 그대로가 진언이 되는 것이다. 진언의 기본음이 '옴', '아', '훔'이다. 이 옴아훔의 세 뜻을 모두 갖춘 진언이 옴마니반메훔이다.

옴마니반메훔의 진언은 시작과 진행과 마침으로 자체가 서원이며 성취며 불가사의한 공능功能을 지니고 있다. 보통으로는 현재 상황과 찰나에 공덕이 나타나지만, 삼세를 통괄하는 능지능차能持能遮의 공능功能까지 지니고 있다. 이때의 육자진언 옴마니반메훔은 관세음보살의 본심미묘육자대명왕진언이 아니라, 법신 비로자나불의 마음이요, 삼세제불의 마음이며, 모든 보살의 마음이요, 일체중생의 본심의 소리이다. 즉 불보살과 중생들의 마음의 소리이며 법계일심法界一心의 소리이다.

진각 밀교는 옴마니반메훔을 수행본존으로 하여 오로지 육자진언만 염송한다. 티베트나 기타지역의 전해지는 육자진언은 소리는 같지만 지닌 의미는 다르다. 관세음보살의 공능만 지닌 것과 글자마다 별도의 묘득을 가지고 있다는 점이다. 진각성존은 "팔만사천의 경전과 팔만사천의 삼매문이 육자진언을 머리로 하고 있다."라고 하였다. 그러므로 옴마니반메훔 염송하면, 팔만사천의 경전과 팔만사천의 삼매에 들어 불보살과 하나가 되며, 자연과 하나가 되어 법계의 주인공이 된다는 것이다. 비로자나불의 자연법이[佛], 삼라만상의 자연법이[法], 일체중생의 자연법이[僧]를 지니고 있다. 육자진언이 지닌 공능은 염송함으로써 발휘된다. 그 공능 일부를 살펴보면 다음과 같다.

옴자를 염송하면 비로자나불과 하나가 되는 것이며,

마자를 염송하면 아축불과 하나가 되는 것이며,

니자를 염송하면 보생불과 하나가 되는 것이며,

반자를 염송하면 아미타불과 하나가 되는 것이며,

메자를 염송하면 불공성취불과 하나가 되는 것이며,

훔자를 염송하면 일체 보살들과 하나가 되는 것이다.

옴자를 염송하면 비로자나불의 마음을 가지加持 받게 되고,

마자를 염송하면 아축불의 마음을 가지 받게 되고,

니자를 염송하면 보생불의 마음을 가지 받게 되고,

반자를 염송하면 아미타불의 마음을 가지 받게 되고,

메자를 염송하면 불공성취불의 마음을 가지 받게 되고,

훔자를 염송하면 일체금강보살들의 마음을 가지 받게 된다.

이것이 불보살의 가지 받아 동일체가 되는 경지를 말함이다.

옴자를 염송하면 법계체성지法界體性智가 열리게 되고,

마자를 염송하면 대원경지大圓鏡智가 열리게 되고,

니자를 염송하면 평등성지平等性智가 열리게 되고,

반자를 염송하면 묘관찰지妙觀察智가 열리게 되고,

메자를 염송하면 성소작지成所作智가 열리게 되고,

훔자를 염송하면 일체지지一切智智가 열리게 된다.

다섯 지혜와 일체지지가 모두 열리는 것을 뜻한다.

옴자를 염송하면 보시바라밀을 실천한 것과 같은 공덕이 있고,

마자를 염송하면 정계바라밀을 실천한 것과 같은 공덕이 있고,

니자를 염송하면 안인바라밀을 실천한 것과 같은 공덕이 있고,

반자를 염송하면 정진바라밀을 실천한 것과 같은 공덕이 있고,

메자를 염송하면 정려바라밀을 실천한 것과 같은 공덕이 있고,

훔자를 염송하면 지혜바라밀을 실천한 것과 같은 공덕이 있다.

이것은 육바라밀 실천으로 불보살의 반열에 오르는 것을 뜻한다.

옴자를 염송하면 천상세계를 다스리는 힘을 얻게 되고,

마자를 염송하면 수라세계를 다스리는 힘을 얻게 되고,

니자를 염송하면 인간세계를 다스리는 힘을 얻게 되고,

반자를 염송하면 축생세계를 다스리는 힘을 얻게 되고,

메자를 염송하면 아귀세계를 다스리는 힘을 얻게 되고,

훔자를 염송하면 지옥세계를 다스리는 힘을 얻게 된다.

이것이 육도에 자유로운 주인공이 되는 진언이다.

옴자를 염송하면 천상계를 닫히게 하는 공덕을 얻게 되고,

마자를 염송하면 수라계를 닫히게 하는 공덕을 얻게 되고,

니자를 염송하면 인간계를 닫히게 하는 공덕을 얻게 되고,

반자를 염송하면 축생계를 닫히게 하는 공덕을 얻게 되고,

메자를 염송하면 아귀계를 닫히게 하는 공덕을 얻게 되고,

훔자를 염송하면 지옥계를 닫히게 하는 공덕을 얻게 된다.

이것이 육도의 윤회의 문을 닫는 진언이다.

옴자를 염송하면 자신이 중앙이 됨을 알게 되고,

마자를 염송하면 자신이 동방의 주인공이 됨을 얻고,

니자를 염송하면 자신이 남방의 주인공이 됨을 얻고,

반자를 염송하면 자신이 서방의 주인공이 됨을 얻고,

메자를 염송하면 자신이 북방의 주인공이 됨을 얻고,

훔자를 염송하면 자신이 상하와 간방(間方)의 주인공이 되다.

옴자를 염송하면 탐심貪心이 사라지고,

마자를 염송하면 진심嗔心이 사라지고,

니자를 염송하면 치심癡心이 사라지고,

반자를 염송하면 교만심驕慢心이 사라지고,

메자를 염송하면 의심疑心이 사라지게 되고,

훔자를 염송하면 일체번뇌가 사라지게 된다.

이것이 자신이 주인공이 되면서 얻고자 하는 모든 것을 얻을 수 있는 해탈의 경지에 오르는 진언이다.

옴자를 염송하면 자신의 비장脾臟의 기능이 원만하게 되고,

마자를 염송하면 자신의 간장肝臟의 기능이 원만하게 되고,

니자를 염송하면 자신의 심장心臟의 기능이 원만하게 되고,

반자를 염송하면 자신의 폐장肺臟의 기능이 원만하게 되고,

메자를 염송하면 자신의 신장腎臟의 기능이 원만하게 되고,

훔자를 염송하면 자신의 육부六腑의 기능이 원만하게 된다.

옴자를 염송하면 법계를 바라보는 눈의 기능을 깨닫게 하고,

마자를 염송하면 법계의 소리를 듣는 귀의 기능을 깨닫게 하고,

니자를 염송하면 냄새를 맡고 숨쉬는 코의 기능을 깨닫게 하고,

반자를 염송하면 맛과 말을 하는 혀의 기능을 깨닫게 하고,

메자를 염송하면 몸의 감각기능을 깨닫게 하고.

훔자를 염송하면 이치를 인식하는 식의 기능을 깨닫게 된다.

이로써 몸으로부터 해탈하는 경지에 오르게 된다. 이 외에도 육자진언의 수행 공덕은 한강의 모래알처럼 많지만, 글과 말로로써 표현할 수도 쓸 수가 없다. 쉼 없이 마음으로 항송하라. 그러면 자연스럽게 육자진언의 묘리를 깨닫게 될 것이다.

빛의 해탈을 얻기를!

제2화

진언수행

진언수행은 별로 가리는 것이 없다. 시간을 정하지 않고 항송하여 오매불망이 되도록 하면 된다. 진언의 묘리에 접근하기 위해 몸과 마음을 모아 염송할 때는 금강권金剛拳을 결하거나 금강지권인金剛智拳印을 결하고 하는 것이 제일 좋은 방법이다. 진언수행법을 깊이 알고자 하면 진언수행하는 스승을 찾아 질문하기를 바란다.

부처님의 가르침은 수행으로 깨달을 수 있다. 수행하지 않고는 부처님의 가르침의 알 수 없다. 수행에는 많은 종류가 있다. 경전을 독송하는 수행, 불보살의 명호를 부르는 염불 수행, 화두를 탐구하는 참선 수행, 진언을 염송하는 진언수행이 있다. 이외에 운력, 사경, 경행, 오체투지 등 일상생활이 모두 수행이 된다. 수행의 최종 목적이 아뇩다라삼먁삼보리를 성취하는 것이지만, 경전 독송과 사경은 지혜문을 열게 되고, 명호수행은 현생의 서원과 내생의 안락을 얻게 되며, 참선 수행은 자성을 맑게 되고, 삼밀의 진언수행은 삼세인과를 깨닫게 되는 것이다. 인과를 깨닫는다는 것은 윤회하는 원인을 깨달아 현생부터 해탈의 공덕을 얻어 고통 없는 삶을 살고자 하는 것이다. 이것이 수행의 첫 번째 공덕인 인과에서 벗어나는 해탈이다. 해탈을 얻은 후에 열반의 경지에 오르고, 열반의 경지에서 성불의 경지에 이르게 된다. 진각 밀교는 무명을 걷어내기 위하여 참회법을 가르친다.

중생은 불가사의한 힘을 가진 존재이다. 본래 형상 없는 불심에서 형상을 만들었고, 만들면서 우주에 단 하나뿐인 모양을 만들었다. 손가락 끝의 문양까지 같은 문양을 만들지 않았다. 그리고 자신이 편리하게 사용할 수 있는 만물까지 만들었으니 정말 불가사의하다. 무無에서 유有를 창조하는 불가사의한 그 힘은 어디에서 나 온 것일까? 창조한 능력이 있으면 파괴하는 능력도 있을 것이다. 이제 잠자고 있고, 어두움에 가린, 숨겨 둔 파괴의 능력을 일깨워서 무명을 파괴하고 모든 것을 제자리로 돌려놓아야 할 것이다. 점점 유에 깊이 빠져드는 삼업三業의 행을 그만두고, 본래의 무의 자리로 돌려놓는 삼밀三密을 행해보자. 유와 무의 상대성이 아닌 절대의 독립된 존재로 돌아가 보자.

삼밀 수행은 행동의 습관을 바꾸고, 언어를 순화하고, 고정관념을 버리기 위함이다. 중생은 무수한 겁을 출몰하면서 익힌 습관을 하루아침에 바꿀 수 있는 것이 아니다. 익힌 세월만큼 버려야 한다. 중생의 습관은 욕심과 욕망으로 익혀진다. 그로 인하여 성내기도 하고 우둔해지기도 한다. 욕망은 또 다른 욕망을 만들어낸다. 끝없이 일어나는 보다 좋은 것, 보다 높이, 보다 장원하게, 보다 많게라는 생각이 우후죽순처럼 솟아오른다. 순간순간으로 일어나는 욕망은 작은 것을 얻어도 희열감을 느끼게 되며, 희열로 교만해지며, 교만에서 의심병이 생기게 된다. 탐진치만의로 이어지는 5대 악습이 근원이 되어 8만4천 종의 욕망을 일으킨다. 욕망은 집착과 고정관념의 새로운 업병을 만들기도 한다. 고정관념은 아집我執이 되고 독선이 되며, 선악시비선후본말善惡是非先後本末의 비교심이 고개를 들게 한다. 이와 같은 모든 행동과 생각이 자연스럽게 이루어지는 것이 중생이다.

중생의 마음이 광대무변하면 부처도 광대무변하다. 중생이 불가사의하면 부처도 불가사의하다. 중생이 탐진치로 가득하면 부처도 탐진치가 가득하다. 중생은 실지이지만 부처는 모든 것이 방편이다. 이제 중생도 부처님 법을 따른다는 것은 방편을 배우는 것이다. 부처는 중생의 마음을 따라 공덕이 나타난다. 중생 그릇이 부처의 마음 그릇이요, 부처의 그릇이 중생의 마음 그릇이다. 큰 그릇은 큰 것을 담을 수 있고 작은 그릇은 작은 것밖에 담지 못한다는 것을 보여준다. 중생이 염불하고, 독경하고, 참선하고, 염송하여 얻어지는 공덕은 구경에는 같지만, 누리는 시간이 누리는 장소가 다르다. 복의 공덕을 보는 자도 있고, 지혜를 얻는 자도 있고, 잘못을 참회하는 자도 있고, 현생에 받는 자도 있고, 내생의 극락을 얻는 자도 있다. 마음이 좁은 상태에서 수행하면, 크게 올라도 이승밖에 되지 못한다. 큰 마음으로 중생을 생각하는 넓은 마음으로 수행하면 불보살의 자리에 오르게 된다. 부처는 방편을 보이되, 대승만을 보이는 것이 아니다. 소승이든 대승이든 금강승이든 모두를 보여준다. 받아들이는 수행자가 자기의 마음 그릇에 따라 받아들이는 것이다. 중생은 불가사이한 능력을 기지고 있으면서 인정이나 사정에 따라 취사取捨를 잃는 것이고, 얕은 지혜는 존재와 비존재에 대해 잘 알지 못한다. 진언을 수행자는 자성이 곧 중생의 마음이며, 보살의 마음이며, 부처의 마음인 줄을 알고 일체 만물과 하나되는 유가[相應]에 머물 수 있다.

자성을 깨닫는 유가문은 무의 세계에 접어드는 것이다. 무의 창조는 법신 비로자나불의 완전무결한 세계이다. 이러한 세계를 건설를 비로자나불은 다섯 지혜로 표현하였다. 비로자나불[智法身]의 법계체성지와 아축불 대원경지와 보생불의 평등성지와 아미타불의 묘관찰지와 불공성취불의 성소작지이다. 다섯 지혜의 빛이 모이면 청정한 옥빛의 국토가 된다. 진언수행으로 청정 옥빛의 불세계를 나의 만다라 세계로 만드는 것이다. 첫째 언어를 다스리고, 마음을 다스리고, 몸을 다스려 불세계로 만드는 것이다. 먼저 언어를 다스린다는 것은 사바세계에서 가장 해탈하기 쉬운 방법이 소리의 깨달음이다. 소리가 정화되면 곧 아라한이며 이를 성문이라 한다. 옴마니반메훔을 소리하여 자연 법계의 소리와 만물의 소리와 뭇 생명의 소리가 일음이 되게 하는 첫 관문이 염송이다. 금강합장, 금강권, 금강지권을 결하여 자연법계와 만물과 뭇 생명이 몸과 하나 되게 하는 두 번째 관문이 결인이다. 이것이 불국토를 이루는 성소작지를 일깨우게 되고, 윤회를 타파하는 묘관찰지를 일깨우게 되고, 모든 것이 평등한 평등성지를 일깨우게 되고, 아뇩다라삼먁삼보리을 발하는 대원경지를 일깨우게 되어 무한의 청정 옥빛에서 노닐게 되는 것이다.

진언은 진실한 말이다. 진실한 말은 오로지 진리만의 소리이다. 참선의 화두도 이와 같지만, 그 뜻이 부처님의 뜻이 아닌 선지식의 뜻이기 때문에 진실의 진언에는 미치지 못한다. 진언은 영원한 소리로 언제든지 누구에게나 소용되는 언어지만, 화두는 일문일답으로 생긴 언어이므로 장소가 바뀌고 사람이 바뀌면 뜻이 변색하는 언어이다. 하나의 화두에 하나의 사자상승의 깨달음이 있다. 지금까지 전해진 화두는 1,700공안에서 멈췄다. 팔만 사천의 화두가 성립될 수도 있지만 멈춘 것이다. 1700의 묵은 화두를 반복하여 사자상승師資相承하고 있다. 법신불의 진언은 무한한 뜻을 지닌 언어로 변함이 없다. 장소와 사람을 가리지 않는다. 언제 어디에서나 관정灌頂 받아 정진하면 사자상승하게 된다.

일상생활 속에서 가장 쉽게 할 수 있는 수행이 진언수행이다. 몸이 있고 입이 있고 마음만 있으면 할 수 있는 수행이다. 일상생활 모든 부분에 진실한 행동과 진실한 말과 진실한 생각을 가지면 된다. 중생의 눈으로 보면 가리고 버릴 것이 많지만, 법신의 눈으로 보면 버릴 것이 하나도 없다, 모든 것이 법신의 몸이요, 법신의 언어며, 법신의 마음이다. 새소리 물소리 바람 소리에 비로자나불의 소리가 있다. 중생들도 내면의 진실한 소리와 자연의 진실 소리가 서로 상응하게 하는 진언수행이 무연無緣의 자비행이 되도록 하여야 한다.

빛의 해탈을 얻기를!

제3화

자성을 밝히는 것이 심인진리이다

중생들은 본래부터 불성佛性을 가지고 있다. 불성은 자성自性이라 하며, 자성은 비로자나불이 관정灌頂한 영원성이다. 비로자나불의 관정은 자비가 근본이다. 그러므로 자성은 자비가 바탕이 되어야 영원성의 공능은 지닐 수 있다. 누구든지 관정을 받으면 영원성의 자비를 지니게 된다. 중생으로 태어났으면 업식은 자연히 따른다. 따르는 업식을 제거하려 하지 말고 그것에서 자비의 공능을 관정 받으면 업식이 자비로 변한다. 자비로 변한 심인이 윤회의 업을 사라지게 한다. 진각성존은 《실행론》에 밝혔다.

> "심인은 곧 비로자나불이 인증認證한 마음이요,
> 진리는 변함없는 만유 실체 본성이다."

비로자나불로부터 인증받은 마음은 곧 법신이다. 형상이 없는 진리가 중생계에 나타날 때는 중생의 형상을 빌린다. 중생이란 형상으로 논하는 세상이기 때문이다. 그것도 상대가 있는 형상, 비교할 수 있는 형상이다. 불과 중생은 손과 같다. 손바닥이 있으면 손등도 있는 것이다. 밝음이 있으면 어둠이 있고, 긴 것이 있으면 짧은 것이 있고, 높은 곳이 있으면 낮은 곳도 있고, 올라가면 내려와야 하는 생사문의 중생 세계다. 생과 사, 선과 악, 기쁨과 슬픔, 넉넉함과 가난함, 존귀함과 비천함, 아름다움과 추함, 깨끗함과 더러움이 평등하게 보일 때 보리가 성숙한 진여세계가 된다.

　　　　우리는 생사문에서 현재를 살고 있다. 현재의 삶은 과거로부터 이어져서 미래로 나아가는 생사의 삶이다. 생사의 삶에서 진여의 세계로 진입하려면, 마음 챙김이 필요하다. 중생의 마음 챙김은 먼저 욕망이 무엇이며, 자비가 무엇인? 성냄이 무엇이며 참음이 무엇인가? 시기 질투는 무엇이며, 용서는 무엇인가? 수원심은 무엇이며 은혜는 무엇인가? 만용蠻勇은 무엇이며 용기는 무엇인가? 상대와 절대絶對의 이치를 알고 고정관념은 언제 버릴것인가? 과거는 지나갔고 미래는 아직 오지 않았고, 현재는 잡을 수도 없는데 어찌 집착하고 방하착하지 않는지 알 수가 없다. 남들은 과거 미래 현재를 별도로 보지만 하나이다. 순간순간이 과거요, 순간순간이 현재며, 순간순간이 미래이다. 찰나 중에 삼세三世를 가 있다. 그러므로 순간을 소중하게 생각하여 생사문을 진여문으로 바꾸는 수행을 미루지 않았으면 한다.

　　　　부처가 인증認證한 심인이 순간순간 원하지도 않는 방향으로 전개하여 고통의 나락으로 추락할 수도 있다. 마음 챙김으로 추락하는 원인을 제대로 알아야 한다. 찾았다 하여도 쉽게 올라올 수 있는 것은 아니다. 그 속에는 습관이라는 복병이 가로 막고 있다. 왼손잡이를 오른손잡이로 바꾼다는 것이 쉽지 않은 것과 같다. 어느 순간에 왼손으로 돌아간다. 행동과 언어의 습관도 이와 같다. 제행무상諸行無常한 행동, 제법무아諸法無我인 언어, 열반적정涅槃寂靜의 마음으로 본래의 진실로 돌아가야 한다.

싯다르타 태자는 긴 시간의 고행을 거쳐 보리수 아래에서 무상정등정각을 이루었다. 긴 시간에 수행한 것은 중생의 습관과 고정관념을 버리기 위함이었다. 이제 마지막으로 남은 상대성이다. 궁중 생활에서는 부왕과 제바달타가 큰 상대자였고, 고행할 때는 수백년 전통으로 내려온 고행이었다. 카필라성을 출가하면서 정반왕과 제바달타의 상대가 사라지면서 출가의 공덕을 얻었고, 보리수에 이른 것은 수백년 뿌리를 가진 전통의 고행이 사라지면서 수행의 공덕을 얻었다. 이제 마지막 남은 상대자는 마왕 파순波旬이다. 마왕에게 제법무아의 이치를 보이면서 마왕이 사라졌다. 이로써 아뇩다라삼먁삼보리를 이루게 된 것이다.

그 후 마왕은 제2의 싯다르타가 나오지 않도록 수행자 주변을 맴돌고 있다. 항상 우리와 함께 걷고 머물고 앉고 눕고 말하고 움직이고 있다. 고정관념과 습관이 짙어지기를 바라면서 함께 하고 있다. 마왕은 심인을 관정 받지 못하도록 눈을 가리고 있다. 마음을 챙기지 못하도록 유혹하면서 방해하고 있다. 웃으면서 용기를 용기를 뺏어간다. 가는 길에 호화로운 섶으로 웅덩이와 가시밭을 덮었다. 의뢰하도록 자주성도 뺏어간다. 우리는 바보다. 마왕이 감춘 속내를 모르고 겉모습의 화려함에 반하여 좋아하면서 생활한다. 그러한 마왕은 누구인가? 어디에 있는가? 멀리서 찾지 않기를 바란다. 자성의 뒷면에 그림자가 되어 숨어 있다. 밝은 눈으로 찾아 그의 유혹에 이끌러가지 않기를 바란다.

심인도 번뇌도 불가사의한 힘이 있다. 이 힘으로 무엇이든지 될 수 있다. 좋은 것으로는 가장 복되고, 가장 높이 되고, 가장 많이 가질 수도 있고, 건강하게 살 수도 있다. 나쁜 것으로는 가난하고 헐벗고 굶주릴 수도 있고, 병으로 고통받을 수도 있고, 하천한 자리에서 멸시를 받을 수도 있다. 모든 힘을 가지고도 굳이 좋은 길로 두고 나쁜 길로 가는 이유는 무엇일까? 참으로 우둔하며 어리석다. 부처로부터 인증받은 심인으로 새롭게 출생하자. 오늘도 출생하고 내일도 출생하고 순간 순간 출생하면서 해탈과 열반만을 누리자. 꽃과 열매가 동생하는 연꽃처럼 백연화, 황연화, 적연화, 청연화, 흑연화처럼 태어나자. 선의 진리, 공덕의 진리, 청 옥빛의 청정함과 영원성을 지닌 심인으로 출생하자.

빛의 해탈을 얻기를!

제4화

육자진언수행과 계행

인간이 살아가는 데는 규범이 있다. 이 규범의 통칭이 계戒이다. 중생계는 더불어 살아가는 세계이다. 그러므로 무슨 일이든 나만이 모든 것을 할 수 있다는 생각을 버려야 한다. 누구나 자신들이 가진 능력을 알고 상대방의 능력을 인증하여 서로서로 성의를 다할 수 있도록 분위기를 조성하는 세상이 되어야 한다. 이것이 규범의 기초이다. 과거 칠불은 "모든 악을 짓지 말고 거듭거듭 선을 받들듯 행하면 자연히 그 뜻이 청정해지리라, 이것이 모든 부처님의 가르침이다[諸惡莫作 重善奉行 自淨其意 是諸佛敎]." 하여 선과 악을 논하는 것 같지만, 상대방을 인증하여 배려하고 양보하면서 자연히 질서가 유지된다는 말씀이다. 이것이 어느 한 편으로 치우치지 않는 보살도의 계행이다.

　　불교 수행은 계율을 기본으로 삼아야 한다. 출가인은 하지 말라는 계가 중심이지만 재가인은 하라는 계를 실천하는 것이 보살도이다. 하지 말라는 것은 소극적 가르침이요, 하라는 것은 대승적 가르침이다. 공동생활하는 우리는 모두가 함께 이익과 편안함을 누리기 위하여 계율을 제정하여 질서를 지키게 하는 것이다. 계를 지킨다는 것은 먼저 자신을 낮추고 상대에게 배려하는 마음에서 시작된다. 자신이 좀 불편하고 손해가 있어도 상대가 이익되고 편안하다면 양보해야 한다. 그리고 자신을 낮춘다는 것은 상대를 존중한다는 뜻이 된다. 이것이 불교에서는 삼보귀명계三寶歸命戒이다. 삼보귀명계는 불교 계율의 근본이요, 신앙의 시작이며, 수행의 기본자세이다. 삼보귀명계를 성취하지 않으면 수행도 공덕도 성취되지 않는다. 《대승이취육바라밀다경》에 말씀하였다.

> "부처님에게 귀명하는 계는 의심오탁疑心汚濁 없게 함이요,
>
> 법에 귀명하는 계는 탐욕을 떠나 진실眞實 되게 함이요,
>
> 승에 귀명하는 계는 화합和合 최승함을 말함이다."

이것은 청정성淸淨性과 진실성眞實性과 화합성和合性을 말씀한 것이다. 청정성은 비로자나불의 자리로 영원한 법계를 진리를 말함이요, 진실성은 8만4천의 법문으로 삼라만상이 형상의 진리임을 말하며, 화합성은 삶의 변천작용을 말한다. 변천작용은 사람과 만물[空間]과 시간의 조화에서 이루어진다. 이 세 가지 가운데 제일은 화합이다. 진각 밀교의 참회문에 처음도 끝도 육대 사만 삼밀이라 한다. 육대는 불佛의 청정성 화합을 말함이요, 사만은 법法의 진실성 화합을 말하며, 삼밀은 중생 삼밀과 불의 삼밀의 화합을 말하는 것이다.

중생계는 화합하지 않고는 어느 것도 이루어지지 않는다. 이루어졌다 하여도 화합의 조건이 맞지 않으면 원만한 이룸이 아니다. 청정성의 모양이 둥근 것이라면 진실성은 네모이다. 둥근 모양과 네모 모

양을 조화롭게 결합하는 것이 삼각의 조화이다. 삼각은 창조며 발전이며 안정이다. 하늘과 땅과 사람이 삼각관계이며, 시간과 공간과 인간이 삼각형이요, 몸과 말과 생각이 삼각관계이다. 삼각관계를 조화롭게 운용하면 안정되어 편안함을 누릴 수 있다. 옛 어른들은 솥이나 향로를 주조할 때 발을 셋으로 하였다. 발 하나가 짧거나 길어도 한쪽으로 기울지언정 절룩거리지는 않는다. 그래서 안정이라 한다. 《법화경》의 회삼귀일會三歸一과 《화엄경》의 일승법계一乘法界는 모두 화합을 말하고 있다.

삼보귀명계가 성취되면 다음으로 삼취정계三聚淨戒의 원을 세워야 한다. 첫째 섭율의계攝律儀戒는 자신을 향한 서원으로 자신 스스로 질서와 법을 지키기를 서원하는 것이다. 두 번째 섭선법계攝善法戒는 상대를 위한 서원으로 악을 짓지 않기를 서원하는 것이다. 셋째는 이익중생계利益衆生戒는 일체 중생과 만물을 제도하여 불국토로 만들겠다는 서원이다. 삼보귀명계는 수행자의 믿음을 확실하게 세우는 것이라면, 삼취정계는 일체중생을 요익하고 안락하게 하여 불국토를 건설을 약속의 보살도이다. 삼취정계가 성립되면 정계바라밀로 보살도를 실천하게 된다. 정계바라밀에는 두 가지가 있다. 첫째 정계로써 모든 계를 청정히 하는 것이요 둘째 바라밀이 정법으로 인도하는 것이다. 제정된 계율은 근기根機에 따라 각각 다르고, 시대와 장소에 따라서 각각 다르다. 그리고 계를 청정히 하려면 반드시 참회가 있어야 한다. 계를 잘 지킨다는 것은 참회를 잘함이요 참회를 잘 한다는 것은 계를 잘 지킨다는 것이다. 참회에는 상중하 삼단의 실천도가 있다. 제1단계 하품참下品懺에는 아귀왕이나 수라왕이 지켜야 하는 하품 상계가 있고, 축생왕이 지켜야 하는 하품 중계가 있고, 지옥의 염마왕이 지켜야 하는 하품 하계가 있다. 제2단계 중품참中品懺으로 평범한 인간이 지켜야 하는 중품 하계가 있고, 인왕들이 지켜야 하는 중품 중계가 있고 천상의 제왕들이 지켜야 하는 중품 상계가 있다. 제3단계 상품참上品懺으로 수행자와 보살들이 지켜야 하는 상품 하계가 있고, 전륜성왕이 지켜야 하는 상품 중계가 있고, 법왕이 지켜야 하는 상품 상계가 있다. 삼취정계의 정의가 성립되면 육바라밀의 정계바라밀이 구체화 된다. 삼취정계까지는 현생의 이익과 안락만을 위하는 공덕이 일어나고 정계바라밀은 현생의 해탈에서 한 걸음 나아가 피안의 세계에 이르게 되는 것이다.

　　　진각 밀교에서 지켜야 할 계율은 참회계懺悔戒가 근본이다. 현교는 의식과 수행을 나누어 보고 있지만, 밀교는 의식 그 자체를 수행으로 보고 불사佛事가 곧 수행이다. 모든 불사는 참회로 시작하여 참회로 회향한다. 먼저 참회가 되지 않으면 서원한 공덕을 얻지 못할 수도 있다. 진언 염송을 하여도 나타나는 법문은 참회와 관련한 법문이며 실천할 법도 참회가 우선이다. 염송 중에 온몸에 열이 나거나, 땀이 나거나, 눈물이 나는 경우는 계율이 청정하게 되어 서원이 이루어진다는 알림의 현상이다. 싯다르타도 진각성존도 이러한 현상을 얻은 다음 깨달음을 얻었다.

　　　진언을 수행자는 날마다 달마다 참회 정진하여 시시로 때때로 업장을 소멸하여 공덕이 나타나도록 해야 한다. 삼보에 귀명하는 계를 바탕으로 신심이 굳건해져서 삼취정계의 서원으로 일체중생들에게 이익과 안락을 줄 수 있는 대승보살도인 육바라밀을 성취하여야 한다. 부처님의 가르침은 어려운 법이 아니다. 우리들 자신이 잘 알지도 못하면서 잘난 척하고 아는 척하면서 모든 지식을 동원하여 어렵게 만들었을 뿐이다. 일상생활 속에 물 흐르듯이 그대로 두면 된다. 물은 언제 어디에서나 낮은 곳으로 흐르고 흐르면서 수평을 이룬다. 그리고 두 번 다시 같은 길로 흐르지 않는다. 낮음과 평등과 돌아보지 않는 것이 법이다. 베풀[施] 때는 자신을 낮추고, 지킬[戒] 때는 용감하고, 참을[忍] 때는 미련을 갖지 않고, 나아가[進] 갈대는 돌아보지 않고, 멈출[禪] 때는 후회하지 않는 슬기로움[智]으로 생활해야 한다. 신구의를 청정을 중심으로 육행을 실천하면 이것이 부처님이 가르치는 계법이 성취되어 즉 신성불의 공덕을 얻게 되는 것이다.

빛의 해탈을 얻기를!

제5화

육자진언수행과 팔정도

중생계는 소리로 시작하고 소리로 끝맺는다. 태어날 때 '응아'가 죽을 때는 'ㅎㅡ'이 된다. 이 뜻을 진리의 소리로 표현하면 옴마니반메훔이다. '옴'은 자연의 진리 첫소리요, '마 니 반 메'는 옮기는 진행의 소리며, '훔'은 회향하는 빛의 소리이다. 마 니 반 메의 진행의 소리에 팔정도의 삶이 있다. 팔정도는 기본으로 출가자나 재가자 누구나 행할 수 있는 수행이다. 부처님이 사슴의 동산에서 가장 먼저 설한 실천법으로 "중생의 살림살이는 즐거움보다는 고통이 많다. 고통은 현생 것만 아니라, 누생의 업이 쌓이고 모인 것이다. 그 결과로 몸에 쌓여 있고 언어에 쌓여 있고 생각에 쌓여 습관의 고질화로 태어났다. 이렇게 쌓은 습관의 업을 소멸하여 상락아정常樂我淨의 열반에 이를 수 있는 것이 정도의 행이다. 정도에는 여덟종류가 있다."라는 법륜을 굴리었다.

　　　팔정도는 부처님이 제정한 것이 아니다. 우리 생활에 자연법으로 묻어 있는 것이다. 이것을 알기 쉽게 세분화 한 것일 뿐이다. 본래 존재하는 인과법을 12인연으로 나누었듯이 정도도 팔정도로 세분한 것이다. 정도를 말하는 것은 질서를 세우고자 함이요 불편을 없애고자 함이요, 고통을 없애고자 함에 있다. 아기가 태어날 때 머리부터 나오면 바로 나온 것으로 알고 모두 안심하지만, 발부터 나오면 거꾸로 나왔다 하여 아기 일생을 근심한다. 이것이 사람들이 정도가 무엇인지 알지 못하면서도 보이지 않은 가운데 질서 있고 편안하고 고통 없는 것이 정도가 아니겠는가 생각하는 것이다.

팔정도는 생활에서 실천하는 덕목으로 몸의 행동과 언어와 생각을 바르게 하고자 함이다. 정도의 기준을 명확하게 세울 수가 없다. 어느 곳으로도 기울지 않는 것이어야 한다. 그러므로 중도中道라고 한다. 행동으로 옮기고 언어로 옮기고 마음으로 생각하는 올바른 방법을 찾기 위하여 수행하는 것이다. 정도는 모든 것에 통한다. 남을 해치지 않고 자연을 파괴하지 않으면서 행동하고 말하고 생각하는 것이 정도이다. 그냥 그렇게 느끼는 것이요, 그냥 그렇게 끄덕이는 것이며, 그냥 그렇게 웃음으로 표현하는 것이다. 진각성존은 평소의 몸가짐, 언어, 마음가짐을 살피고 조심하면서 자신의 본래면목을 찾고 깨닫는 삼밀수행이 곧 정도라 말씀하였다.

> "삼밀三密로써 내 마음에 항상 인印을 새겨가져 실상實相같이 자심 알아 내 잘못을 깨달아서 지심으로 참회하고 실천함이 정도正道니라."

삼밀 수행은 정도가 되지 않으면 올바른 수행이 되지 못한다. 삼밀은 익힌 습관을 정도의 습관으로 바꾸게 하는 수행이다. 바꿈에서 정견을 중심으로 하여 8문이 있다. 정도의 중심은 바르게 봄[正見]이다. 본다

[見]는 것은 안이비설신의眼耳鼻舌身意의 총체이다. 눈[眼]으로 보는 것과는 다르다. 한자 견見은 '눈 목目', '책상 궤几' 합성어로 '책상 위에 눈'이라는 뜻이다. 이때의 눈은 촉, 움, 보임, 트다 등으로 감촉, 움틈, 감지한다, 두드린다, 점검한다는 뜻이다. 눈으로 본다, 코로 냄새 맡아 본다, 귀로 들어본다, 입으로 맛본다, 몸으로 부딪쳐 본다, 생각해 본다 등으로 무슨 일을 시작할 때 사전에 그 일에 대하여 점검하고 살피고 생각하고 두드리고 조심한다는 것이다. 이렇게 보는 행위와 동작에서 올바른 봄이 되어야 한다. 올바른 봄이 되지 않으면 모든 것이 어긋나며 실패와 재앙과 고통이 일어나게 될 것이다. 정견은 제3의 눈과 같아서 팔정도의 근원이 되므로 첫 자리에 둔 것이다. 옷을 입을 때 첫 단추를 잘 끼우는 것과 같다. 정견이 서면 뒤의 7가지는 큰 힘을 들이지 않아도 따라오게 된다. 정견의 뿌리에서 설계를 바르게 하며[正思惟], 바른 설계를 이룬 후에 진실한 말로 설명을 하며[正語], 앞의 세 가지가 성취되면 자연히 올바른 것을 찾아 행동하게 된다[正業]. 이러한 바른 업은 일시적인 업이 아닌 장원한 내일을 향하여 바르게 이어가게 된다[正命]. 이어가는 중에 앞의 모든 것이 바르게 이루어졌기 때문에 의심하지 않는 바른 나아감이 될 것이다[正精進]. 잡념 없이 의심 없이 오로지 마음 모아 한길만을 생각하게 된다[正念], 오로지 한길만을 생각하면서 여기까지 왔으면 이제 남은 것은 안정된 생활[正定]이다. 비록 중생의 삶이지만 부처의 삶과 같은 삶을 살게 되는 것이다. 진언을 염송으로 팔정도를 실천한다면 그것이 올바른 견해로 올바르고 안정된 삶이 이루어질 것이다. 나만의 삶이 아닌 우리 전체의 안정된 삶을 누리게 될 것이다.

싯다르타가 수행에서 삼매의 들어가는 기준이 팔정도이다.

중생은 자기중심으로 모든 것을 고정관념화하여 그것에 집착하고 있다. 고정관념은 처음부터 부처의 정도의 가르침을 인증하지 않고 자기 마음대로 행동하고 말하며, 무엇에도 구속받기 싫어하는 마음이 강하여 정도를 외면한 것이다. 유일신唯一神이 창조한 것은 창조주 마음대로 한다고 주장하듯이 고장관념의 집착이 강한 사람은 상대를 믿지 않고 멋대로 행동하고 있다. 이것은 정도의 이치를 알지 못한 우둔함 때문이다. 자신의 익힌 습관에 의하여 행幸과 불행不幸이 존재한다. 행을 원하면 행의 행동과 행의 말과 행의 생각을 해야 하고, 불행을 원한다면 말과 행동과 생각을 불행한 것을 찾아 행하면 된다. 자신이 인을 짓고 과를 받는데 뉘라서 나무라며 어디를 향해 원망하겠는가? 주고받음은 누구도 대신할 수 없으며, 줄 수도 없고 뺏을 수도 없는 것이다. 정도의 밝은 눈을 가지기 위하여 몸과 말과 마음의 삼업을 삼밀로 바꿔서 생활하면 된다. 행주좌와(몸) 어묵(말) 동정(생각)을 항상 바르게 하여 육자진언을 염송하면 본성의 빛인 자성을 찾게 될 것이다. 정도를 실천하면 자연 절로 고통받지 않을 것이요, 정도 실천이 없으면, 해탈도 열반도 성불도 얻을 수 없다. 이 땅 이대로가 고통의 땅도 되고 즐거움의 땅도 된다. 상락아정이 이곳에 있고, 무간지옥이 이곳에 있다.

빛의 해탈을 얻기를!

제6화

육자진언수행과 습관

진언수행법은 일반적 수행법과 다른 점이 있다. 티베트나 다른 지역에서는 진언을 많이 부르는 것으로 수행의 측도를 삼기도 한다. 참선參禪은 흩어진 마음을 모으는 것이다. 번뇌를 모아 한꺼번에 제거하여 본래 청정한 마음을 일깨우는 것이다. 청정한 마음이 다른 곳에서 가져오는 것이 아니며, 자신의 내면에 이미 자리하고 있다. 이를 진각 밀교에서는 심인心印이라 한다. 시작함을 모르는 어느 순간에 비로자나불로부터 이탈한 몸이 번뇌 망상을 일으켜 중생이 되었다. 순간으로 일어난 번뇌 망상은 수없는 겁 동안에 나고 죽고 하는 과정에서 윤회의 습관習慣으로 자리매김하여 육도를 여행한다. 마치 맑은 하늘에 구름과 바람이 일어났다 사라지는 것과 같다. 이로써 하늘은 바람과 구름과 비를 제조하는 습관을 지니게 되었다. 허공이 있고 하늘이 있는 한 비, 바람, 구름은 존재할 것이다. 중생도 사람의 고정관념이 있는 한 번뇌의 습관은 존재하는 것이다. 습관은 누가 가르쳐 주어 나타나는 것이 아니다. 본인이 지은 것이기 때문에 인연因緣이 되면 저절로 나타나게 된다. 욕심의 습관이 그러하고, 성냄의 습관이 그러하며, 어리석음의 습관이 그러하고, 교만驕慢의 습관이 그러하며, 의심의 습관이 그러하다. 몸에는 살생을 행하고 투도偸盜를 행하며 사음邪淫을 행하는 습관이 있으며, 입에는 거짓말하고 말을 꾸미며 두말을 하고 악담하는 습관이 있고, 생각에는 탐심이 있고 성냄이 있고 우둔함의 습관이 있다. 이러한 습관에 의하여 자신도 모르게 일어나는 선악의 업은 막지 못하는 것이다.

　　지금 우리가 가진 습관이 전부는 아니다. 이보다 먼저 가지고 있었던 습관이 있다. 그것이 청정성이며 자성이며 심인이다. 다만 뒤의 익힌 습관에 활동이 강하여 자리를 빼앗겼을 뿐이다. "굴러온 돌이 박힌 돌을 뽑아낸다."라는 속담처럼 본래 가진 여래의 청정 습관을 중생의 번뇌로 몰아내고 주인행세를 하고 있다. 그것이 고통의 근원인 줄도 모르는 채 물들어 있는 것이다. 이제 수행을 통하여 본래의 자리를 돌려 놓아야 할 것이다. 〈자경문〉에 이런 게송이 있다.

　　　　"주인공아 나의 말을 들어라. 수많은 사람들이 공문空門에서
　　　　깨달음을 얻었거늘, 너는 무엇 때문에 고통의 세계에서 굳
　　　　이 윤회하는가? 그것은 네가 시작함을 모르는 때부터 현생
　　　　에 이르기까지 깨달음의 길을 등지고, 세속티끌에 어리석
　　　　게 물들어 항상 많은 악을 지어 삼악도에 떨어져 고통의 수
　　　　레바퀴에 들어갔으며, 모든 선을 닦지 아니하고 태란습화胎
　　　　卵濕化의 바다에 침몰하여 있었음이라."

　　이것은 자신의 본래 면목인 청정성의 습관을 잃어버리고 중생 번뇌의 업습관業習慣에 물들어 있음을 밝히면서 참다운 수행을 강조

한 말씀이다. 올바른 수행으로 번뇌의 습관을 버리고 본래 청정의 습관으로 돌아가야 한다. 이것이 중생의 묶임의 업에서 해탈하여 불보살의 습관으로 돌아가는 것이다.

　　　진언수행 중에 오온五蘊 수행법이 있다. 오온 수행은 오온의 습관을 자성의 습관으로 인식하는 것이다. 오온이란 색수상행식色受想行識을 말한다. 색色은 물질인 몸이요, 수상행식은 마음 작용이다. 수受는 대상을 만나는 것이요, 상想은 생각이요, 행行은 행위요, 식識은 기억하는 것이다. 먼저 색념관色念觀을 해야 한다. 몸으로 금강지권이나 금강권을 결하는 것을 말한다. 다음으로 마음의 경계에 들어가야 한다. 마음의 경계에는 수념관受念觀, 상념관想念觀, 행념관行念觀, 식념관識念觀의 4단계로 되어 있다. 먼저 수념관은 경계를 본다는 뜻이다. 안이비설신의眼耳鼻舌身意를 통하여 법계 만물의 경계를 상대하는 것을 말한다. 다음 상념관은 경계를 본 연후에 그것을 분석하는 것을 말한다. 분석이 이루어지면 다음으로 행념관을 하게 된다. 행념관을 행위를 말한다. 행위가 이루어지면 다음으로 식념관의 경지에 이른다. 식념관은 기억記憶을 말한다.

　　　4념관의 차제를 보면, 어떤 물건이 몸에 닿았을 때 속히 분석한다. 그리고 행동으로 응대한다. 한번 행한 것은 반드시 저장한다. 저장되면 다음부터는 보다쉽게 응대하게 된다. 이것이 수상행식의 행위이다. 흐름을 보면 색(몸) ⇨ 수(받음) ⇨ 상(생각) ⇨ 행(행동) ⇨ 식(기억) ⇨ 다시 행(반복작용)으로 흐른다. 이것은 순간적 찰나에 이루어진다. 그러나 리듬이 늦은 자도 있고 빠른 자도 있다. 예를 들면, 지구의 리듬 기본이 초秒이다. 정상적인 사람은 색수상행식이 모두 0이다. 그러지 못한 경우에는 색이 0이라면 수는 1이 되고 상은 2가 되며, 행은 4가 되고 식은 8이 된다. 예를 들면, 생각이 늦은 사람은 몸에 물건이 닿고 난 다음 2초 뒤에 반응을 보이고, 행동이 늦은 사람은 4초 뒤에 반응이 보이고, 식이 늦은 자는 8초 뒤에 반응을 보인다. 반대로 생각이 빠른 사람은 2초 전에 반응이 나타나고, 행동이 빠른 사람은 4초 전에 반응이 나타나고 기억이 좋은 사람은 8초 전에 반응이 나타난다. 이 사람은 멀리서 날아오는 화살도 피할 수 있다. 전체가 다 늦다면 반응은 23초 뒤에 나타난다. 그러므로 지적 장애가 있으면 23초(1+2+4+8+8) 늦게 반응이 나타난다. 가시에 찔려도 23초 뒤에 통증을 느끼고 불에 대어도 23초 뒤에 반응이 나타나기 때문에 화상 입고 화재를 미연에 방지하지 못하는 경우가 생긴다. 특히 오온의 작용이 빠르면 빠를수록 예지叡智가 생기고 예언豫言을 할 수 있다.

자성을 밝히는 수행은 빠른 감각을 지니기 위한 것이다. 가까운 것으로는 현재의 일을 알게 되고, 멀리는 미래의 일과 과거를 기억하게 되는 것이다. 이곳이 삼세를 관통한다는 의미이다. 이러한 깨우침이 가장 잘 나타나는 수행이 육자진언수행이다. 입으로 시작되는 옴마니반메훔의 울림이 눈과 귀와 코를 울려 미세하게 잠자는 뇌세포를 깨우므로 지난 일을 들어내고 미래의 일들을 맞이할 힘이 생기며, 현재 과거 미래의 삼세를 빠른 활동의 리듬을 얻게 된다. 리듬이 빠름은 청정하다는 뜻이요, 느리다는 것은 현상에 물들어 걸림이 많아 어둡다는 것이다. 진언의 울림 염송은 깊숙이 저장된 불성의 청정성을 일깨우는 행위이며, 집착으로 느린 습관을 소멸시키기 위함이다. 중생 습관은 곧 허물이다. 허물을 버리기 위하여 참회한다. 참회 역시 빠름으로 이르게 되는 수행의 일부이다. 참회로 식이 맑아지면 식관識觀에 저장되어 있던 습관의 기억력이 사라지게 된다. 우리는 두 가지 기억을 가지고 있다. 청정의 기억과 습관의 기억이다. 청정의 기억은 본래의 기억이요, 습관의 기억은 뒤에 생긴 것이다. 진언 염송으로 청정한 기억력에 힘을 실어주면 습관의 기억은 힘을 잃고 사라질 것이다.

진언 염송으로 습관을 바꿀 수는 있다. 몸으로 금강지권인을 결하는 것은 몸의 습관을 바꾸기 위함이요, 입으로 육자진언을 염송하는 것은 언어의 습관을 바꾸기 위함이며, 마음으로 불보살을 관하는 것은 청정의 습관으로 바꾸기 위함이다. 깨달음은 잘못 익힌 습관을 고치는 것이다. 바탕을 깨끗이 한 연후에 단청을 그리는 것[質白晝丹靑]과 같은 이치이다.

빛의 해탈을 얻기를!

제7화

진각밀교의 수행법 1

인류가 지상에 존재하는 그 날부터 가장 가까이 접한 것이 자연을 숭배하는 샤머니즘shamanism, 토테미즘totemism이다. 시간이 흐르면서 성인이 출현하여 보여준 모습에서 종교가 성립된다. 보여준 모습에서 옛것과 합일하는 과정에서 정통성과 사이비성으로 구분된다. 정통성은 오로지 일체중생을 위하여 존재하는 것이며, 자주성으로 인간의 본성을 깨우치게 하는 것에 중심을 둔 것이며, 사이비성은 무엇인가를 요구하며, 의뢰하는 마음을 갖도록 유도하는 것이다. 즉 정통성은 자주력自主力을 강조하고 사이비성은 의타력依他力을 장려한다. 세계의 삼대종교인 불교와 기독교와 이슬람의 교주를 보면, 부처와 창조주와 여호와이다. 중생들이 볼 때 이 셋은 부족함이 없이 모든 것이 원만한 유일신이다. 이 셋은 이름은 각각 다르지만, 사상은 같은 것이다. 다만 시대에 따라 인종에 따라 가르침이 다른 것처럼 보일 뿐이다. 부처님이 무엇을 요구하겠는가? 여호와가 무엇을 요구하겠는가? 창조주가 무엇을 요구하겠는가? 다만 인류가 당신들의 가르침에 따라 평화롭게 생활하기를 바랄 뿐이다. 이것이 정통성 종교이다. 이것 외에 믿음의 대상이 되는 천신이나 자연신이나 귀신 등은 부족함이 있는 신들이다. 믿는 자가 믿음을 깊이 가질수록 요구하는 것이 많아진다. 이것이 사이비성 종교이다. 인간은 각자의 능력과 근기따라 자기가 하고 싶은 대로 삼독三毒과 오욕五慾을 부리며 살고 있다. 삼독과 오욕을 부리는 순간부터 평화는 사라지고 괴로움이 시작된다. 이것을 바라보는 비로자나불이 가만히 있겠는가? 자비가 충만한 부처님이 그냥 넘어갈 리가 없다. 스스로 가진 것을 바르게 사용하는 법을 알려주고자 당신이 인간을 닮은 몸으로 출현하는 것이다. 기독교나 이슬람은 예언자를 보내고 불교는 화신불을 보낸 것이다.

성인은 어디에서 출현하는가? 가르침의 방법은 무엇인가? 모두 자연법이自然法爾이다. 자연과 종교, 종교와 성인, 성인과 방편을 꽃에 비유하여 보자. 꽃은 다양한 색상으로 빛내지만, 녹색은 잎에 양보하여 녹색 빛 꽃을 피우지 않는다. 이것이 첫째 자연법이다. 다음으로 아름다운 꽃잎의 자연법이이다. 꽃잎의 숫자에 따라 아름다움이 다르다. 꽃잎을 한 닢(1)을 가진 꽃과 두 잎(2)을 가진 꽃에서 꽃잎의 수의 진리 전개로 세 잎(3=전1+후2)을 가진 꽃과 다섯 잎(5=전2+후3)을 가진 꽃과 여덟 잎(8=전3+후5)을 가진 꽃과 열셋 잎(13=전5+후8)을 가진 꽃과 스물한 잎(21=전8+후13)을 가진 꽃과 서른넷 잎(34=전13+후21)을 가진 꽃과 쉰다섯 잎(55=전21+후34)을 가진 꽃과 여든아홉 잎(89=전34+후55)을 가진 꽃과 일백마흔넷 잎(144=전55+후89)을 가진 꽃들로 이루어진다. 이렇게 한 송이의 꽃에도 꽃의 종류에 따라 꽃잎이 맺어지는 수의 법칙이 있다. 이 법칙에서 황금비율 1:1.618(89÷55)의 원리를 찾은 것이다. 이것이 세 번째 자연법이다. 만일 이 법칙을 벗어난 꽃잎이 있다면, 그것은 개량된 것이거나 조작된 것으로 올바른 꽃으로서의 가치성이 없다. 정통성을 가지고 자연적으로 피어난 종류의 꽃 가운데 아름다움의 기본 꽃잎은 다섯 잎을 가진 꽃이다. 5라는 것은 숫자로 기본 수 1~9의 중심이 되는 수이다. 중심이 되는 5는 모든 수의 근본 수이다. 육도의 중심이 인간계다. 인간계의 중심은 사람이다. 사람의 손가락과 발가락이 5로 구성되어 있다. 천지 운행을 살피는 역학에서도 화수목금토의 5행으로 풀어나간다. 밀교의 오불 사상과 육자진언5불(옴마니반메)+자성불(훔)도 이 법칙을 따르고 있다. 이제 인류의 역사와 함께 진화된 정통성의 종교도 이것이 갖추어져 있다. 첫째 두려움에서 벗어나게 해야 한다. 둘째 고통에서 벗어나게 해야 한다. 셋째 참회하도록 해야 한다. 넷째 자신을 찾도록 해야 한다. 다섯째 베푸는 마음을 갖도록 해야 한다. 이 가운데 하나만을 주장하거나 하나라도 결함이 있으면 그 종교는 사이비성 종교가 되는 것이다.

첫째 인류의 역사에 최초로 자연에 대한 두려움이 있었다. 태양, 달, 땅, 바람, 천둥, 번개, 비가 두려운 존재이다. 그 두려움에서 보호하고자 도리어 그들을 섬기게 된다. 이로써 두려움은 사라지게 된다. 이것이 인류 최초의 종교 형성샤머니즘이다. 이것이 종교의 첫 번째 꽃잎이다. 다음으로 아픔의 고통이 있다. 자연을 섬기면서 농사짓고 고기 잡고 사냥하면서 살아가는 중에 태어남과 죽음의 고통을 중심으로 다치고 상처 나며, 쇠약하여 병들기도 하는 고통이 항상 따른다. 이것을 없애기 위하여 약물과 주술로 처방하였다. 이것이 종교의 두 번째 꽃잎이다. 이러한 시대가 끝나면서 먹을 것을 저장하고 영토를 넓히는 일들이 일어나 강한 자가 약한 자를 지배하는 시대가 왔다. 이러한 시대에 생명을 가벼이 여기어 살상하며 가족을 지키고 땅을 지킨다는 이유로 갖은 죄업을 짓게 된다. 모두 상대성에서 일어나는 일들이다. 종교는 그러한 분쟁을 멈추게 하고 서로가 존중하는 삶을 살도록 하면서 지난날의 잘못을 참회하게 하는 계율의 가르침을 전하게 된다. 이것이 종교의 세 번째의 꽃잎이다. 다음으로 이러한 삶을 살아가는 우리는 어디에서 온 것이며 나는 누구인가? 그리고 영원한 삶은 없는가? 하면서 모든 것이 장원하기를 바란다. 이에 성직자는 그들에게 자신을 찾는 길을 가르친다. '자신을 보라' 나는 한 부모의 아들딸이며, 한 가정의 남편과 부인이며, 아들과 딸의 아버지요 어머니이다. 그리고 한 사람의 사회인으로 교육자이기도 하고, 경제인이기도 하고, 정치인이기도 하고, 법조인이기도 하다. 내가 무엇이 되었던 그 위치에서 최선을 다하도록 가르치는 것이 종교이다. 이것이 자신을 찾는 수행법으로 종교의 네 번째의 꽃잎의 형성이다. 다시 종교는 자신의 삶만을 위할 것이 아니라, 얻어진 모든 것을 만물과 상대를 위하여 회향하라고 가르친다. 이것이 보시행의 봉사정신으로 베푸는 화합의 삶을 살도록 하는 것이다. 평화는 베푸는 마음에서 성취된다. 항상 상대의 부족함을 채워줄 수 있는 베풂의 삶을 살도록 가르친다. 이것이 회향법으로 종교의 다섯 번째 꽃잎이다. 이렇게 다섯 꽃잎이 완성된 종교가 진정 종교의 정통성을 지닌 것이다.

　　　　일반적으로 혹세무민하고 의뢰심만 가르치는 종교는 하나같이 이 다섯이 갖추어지지 않고 있다. 천신과 자연신과 귀신만을 믿으라는 식으로 인도하고 있다. 예를 들면, "내가 곧 하느님이요, 내가 곧 부처이며, 내가 곧 여호와다." 하면서 "나에게 그 힘이 내려왔다." "내가 진실한 예언자다." 등을 주장하는 성직자가 있다면, 그들이 속해있는 집단은 사이비 종교집단이다. 두려움과 고통을 교묘하게 이용하고 종교간 갈등과 분쟁을 일으키는 발언을 하는 자, 또한 올바른 성직자가 아니다.

　　　　법신 비로자나불을 교주로 창종한 진각종은 가장 먼저 강조하는 것이 자주성을 길러야 한다는 것이다. 우리는 누구나 불가사의한 힘을 가지고 있다. 그 힘이 잠시 잠을 자고 있을 뿐이다. 잠자는 능력을 깨우는 불사가 진언수행이다. 이제 부처님의 자비 자석磁石으로 잠자는 심인心印을 깨워 불러내야 한다. 육자진언을 염송하여 비로자나불의 본심이요, 제불의 본심이며, 모든 보살의 본심이요, 일체중생들의 본심이며 나 자신의 본심을 불러내어야 한다. 자석이 쇠를 붙이듯이 옴마니반메훔이 본심을 일깨울 수 있다. 육자진언 염송은 자신이 가지고 있는 불가사의한 잠재력을 찾아내어 일상생활에 이용하게 하는 것이다. 눈으로 보지 못한 곳의 일을 보게 되고, 듣지 못한 곳의 일을 듣게 되며, 소리만 듣고도 모든 것의 본과 말을 구분하게 되고, 행동만 보아도 진실과 거짓을 알게 되며, 한번 들은 것은 영원히 잊어버리지 않으며, 하는 일마다 자비심이 충만하여 일체중생을 이익하게 하고 안락하게 하는 제일 좋은 방법이 진각 밀교의 육자진언수행에 있다.

빛의 해탈을 얻기를!

제8화

진각밀교의 수행법 2

믿음과 수행은 다르다. 믿음에는 서원성취가 없고 수행을 통해서만 서원성취가 있다. 학생이 학교에만 가면 성적이 올라가는 것이 아니다. 3년 동안 결석하지 않고 다니면 3년 개근상을 받게 되지만, 성적은 오르지 않는다. 성적을 올리려면 열심히 공부해야 한다. 믿음과 수행도 이와 같다. 일반적으로 중생들은 믿는다는 그 자체만으로도 묘덕妙德을 얻을 수 있다고 생각한다. 믿음으로 얻어지는 것은 복덕이다. 즉 믿음을 가지면 복덕福德, 개근상처럼이 증장하게 되고, 수행 정진하면 공덕功德, 성적처럼이 일어나게 되는 것이다. 복덕은 좋은 인을 지으면 자연히 생기는 것이요, 공덕은 덕을 쌓는 것으로 수행정진 하여야 한다. 수행에도 종류가 있다. 일반적인 수행은 공덕이 있어도 미세하다. 정도正道 수행과 난행고행難行苦行을 하였을 때 큰 공덕을 이룩할 수 있다.

　　　　믿는다는 것은 종교적인 것만을 말하는 것이 아니다. 우리들의 삶 속에서도 믿음이 있다. 농부는 땅을 믿음으로 소중한 씨앗을 땅에 뿌리고, 어부는 바다를 믿음으로 그물을 던지는 것이다. 이것이 일반적 삶의 믿음이다. 제가諸家들의 믿음은 어떠한가? 유가儒家의 믿음은 오륜五倫의 제정에서 찾을 수 있다. 꿀벌의 생활 모습을 보고 군신유의 君臣有義를 생각하게 하였고, 호랑이가 새끼 사랑하는 행동을 보고 부자 유친父子有親을 제정하게 하였고, 말들이 4촌까지 알아본다는 것에서 부부유별夫婦有別을 생각하게 하였고, 기러기 떼의 나르는 모습을 보고 장유유서長幼有序를 생각하게 하였고, 개미들의 생활에서 붕우유신朋友有信을 생각하게 하였다는 고사가 있다. 이러한 의친별서義親別序가 모두 믿음을 바탕으로 하고 있다. 서울의 사대문의 현판도 중앙에 믿음을 상징하는 보신각普信閣을 중심으로 동대문은 인仁을, 서대문은 의義를, 남대문은 예禮를, 북문은 지智로 이름하였다. 선가禪家의 믿음은 스승의 말을 믿고 위법망구爲法亡軀 하는 것이다. 혜가慧可 스님의 단비斷臂, 노행자의 무거운 돌을 짊어지고 방아 찧는 모습, 구정九鼎선사의 솥을 거는 모습은 믿음을 보인 것이다. 은산절벽銀山絶壁에서 다시 한 발을 내딛어라[百尺竿頭進一步]. 하는 가르침을 따르는 것이 믿음의 복덕을 얻게 되는 것이다.

　　　　수행은 또 어떠한가? 수행은 곧 고행苦行의 길을 의미한다. 고행은 고생苦生과 다르다. 고생은 지은 업業에 의하여 반드시 받아야 하는 고통의 업보를 말한다. 고행은 스스로 행하여 업으로 받는 고통을 소멸시키는 수행을 말한다. 수행으로 얻은 공덕 가운데 가장 큰 공덕은 성불이다. 성불의 공덕을 얻기 전에 열반의 공덕을 얻어야 하고, 열반의 공덕을 얻기 전에 해탈의 공덕을 얻어야 한다. 해탈의 공덕 없이 열반의 공덕은 얻을 수 없고, 열반의 공덕을 얻지 않으면 성불의 공덕은 얻을 수 없다. 그러므로 중생은 해탈의 공덕을 먼저 얻어야 한다.

　　　　부처님의 가르침은 먼저 자성 중생을 제도하는 데 목적이 있다. 자성을 찾는 수행의 첫 관문이 삼보에 귀명하는 수행이다. 부처님께 귀명하는 계는 믿음을 굳게 하여 의심오탁疑心五濁을 끊기 위함이다. 법에 귀명하는 계는 가르침을 굳게 믿어 작심삼일의 마음을 갖지 않게 하는 것이요, 승에 귀명하는 계는 화합하는 마음으로 수행자를 굳게 믿어 다 함께 성불하고자 함이다. 특히 자성을 찾는 진언수행자는 믿음을 굳게 하는 삼보귀명을 실천해야 한다. 육자진언은 비로자나불의 본심이요[佛] 모든 보살의 본심이며[法] 일체중생의 본심[僧]으로 삼보의 공능을 지닌 진언이기 때문이다.

다음으로 진언 염송 중에 나타나는 법문에 믿어야 한다. 이것이 법신불의 당체법문當體法門에 수순하는 것으로 법신 비로자나불과의 대화이다. 법신불과 법담을 나눌 때, 갖춰야 할 자세가 있다. 첫째 믿음을 가져야 하고, 둘째 진실한 마음으로 수순해야 하며, 셋째 법문대로 실천하는 마음이 있어야 한다. 믿는 마음이 바르지 못하면 본성을 찾을 수 없고, 본성을 찾지 못하면 정진을 계속할 수 없다. 비로자나불의 법문은 듣는다는 것은 석가모니불 재 세시로 돌아가 당시의 제자들처럼 법을 듣는 것과 같이 생각하고 법문을 들어야 한다. 비로자나불의 법문은 대부분이 자신의 허물을 보이는 것이다. 법문을 실천하였을 때 공덕이 일어난다. 법문을 실천한다는 것은 참회한다는 것이다. 보여지는 허물은 설혹 참회하지 않아도 그로 인하여 고통받지는 않는다. 다만 서원성취만 이루어지지 않을 뿐이다. 부처님은 가르침을 따르지 않는다하여 벌을 주는 분이 아니다. 또 법을 실천하였다 하여 복을 주는 분도 아니다. 올바른 법을 설하여 복덕이 되고 공덕이 되는 방향으로 인도하는 것이다. 실천하고 하지 않고는 믿는자 자신에게 있다. 항상 자신의 허물을 찾아 참회함으로써 막히고 더딘 것을 스스로 제거하도록 인도할 뿐이다. 마치 소를 물가로 끌고 갈 수는 있지만 먹일 수는 없는 것과 같다. 진언수행자는 항상 조심하고 삼가면서 티끌마한 잘못이라도 태산처럼 생각하고 참회하여야 한다. 참회는 합장하고 고개 숙이는 것이 아니다. 진실한 참회는 사람을 마주하거나 만물을 대할 때 항상 함께할 수 있음에 은혜롭게 생각하고 고맙게 생각하면서 베풀려는 마음을 가지는 것이다. 이러한 마음이 일어나도록 육자진언 염송을 하는 것이다.

빛의 해탈을 얻기를!

제9화

정송과 정시법

진각 밀교는 옴마니반메훔을 수행본존으로 하여 오로지 육자진언만 염송한다. 산스크리트어로는 Auṃ Maṇi Padme Hūṃ이며, Aum Ma Ni Bhan Me Hum으로 발음한다. 육자진언의 공덕에 대하여 크게 3가지로 설명한다. 첫째 일체의 업장을 소멸시키는 해탈의 진언이요, 두 번째 마음의 안정을 찾는 열반의 진언이며, 세 번째는 서원성취로 구경에는 성불하는 진언이다. 티베트, 부탄, 북인도에서는 해탈하는 진언으로 해석한다. 일체 악업이 소멸하고 일체 고통에서 벗어나 피안의 세계로 건너가는 것을 최고의 경지로 생각하면서 무시항송 한다. 이것이 생활화하기 위해 사원이나 곳곳에 마니륜이 설치되어 있고, 각자가 마니륜을 가지고 돌리면서 육자진언을 염송한다. 티베트인은 피안의 세계는 인간의 시야로는 비록 닿지 않은 곳이지만, 진언 염송 한마디가 피안 길에 1보 가까워진다고 믿고 있다. 그러므로 많이 부르는 것으로 108염주 중간중간에 염주알 10개씩 3가락이 붙여 10만8천 번, 또는 6가락을 붙여 1억8백만 송을 할 수 있도록 표시한 염주를 돌리면서 부르고 있다. 10만8천은 인간의 가장 먼 거리로 흔히 '10만8천 리 멀다' 하는 숫자이면서 피안의 1보를 딛는 첫걸음의 수이기도 하다. 부탄은 1억 8백만번 부르게 되면 부처님의 국토에 태어나는 복을 누린다고 믿고 수행한다.

진각밀교 염송법은 숫자에 있지 않다. 염송의 회수를 논하지 않고 시간을 정하여 염송한다는 것이 다를 뿐이다. 초기에는 숫자로 많이 하는 염송을 전하였다. 진각성존께서 어느 날 밀각심인당에서 아침 정송을 마치고, 2층 서원 도량의 정진에서 인간과 공간과 시간의 삼위일체의 뜻을 당체법문으로 증득 하였다. 이로써 시간 중심의 염송으로 통일하였다. 서원도량은 전국적으로 2곳에 있었다. 공식화한 곳은 대구 남산동 심인당이요, 공식화하지 않은 곳은 서울 밀각심인당이다. 밀각심인당 2층 서원도량은 진각성존이 법문을 보거나 해인경을 결집할 때 사용한 곳이며, 평소에는 자성학교로 사용하였다. 시간을 중심한 염송을 할때는 일체 다른 말을 삼가도록 하였다. 만일 염송 중에 다른 말을 했을 경우 그때부터 다시 정한 시간을 하도록 엄격하게 하였다. 시간 없이 행하는 무시 항송에는 남과 말을 해도 무관하다. 시간을 정한 염송법으로는 새벽정진, 공식불사시간, 각종의식불사, 4분(새벽, 오전, 오후, 저녁)염송, 법문 보는 염송, 서원 염송 등이다. 공식시간과 정송과 항송을 이외의 모든 염송 시간으로는 가장 짧게는 3분, 가장 길게는 7시간 염송이 있다. 기간으로는 3일, 7일, 21일, 49일, 100일, 1,000일, 10년 불공이 있다.

여러 가지 염송법 중에 특수한 법이 정송定誦과 정시법定施法이 있다. 정송은 마음을 다스리는 법이요 정시는 자비실천으로 물질을 정화하는 법이다. 이것은 불교를 생활화하고 생활을 불교화하는 법으로 반드시 실천하도록 가르치고 있다. 정송과 정시법은 계정혜戒定

慧 삼학三學을 실천하는 법이기도 하다. 중생은 성불이 쉬운 것이 아니다. 해탈을 얻지 않고는 성불할 수 없다. 해탈은 중생의 습관에서 벗어나 불보살의 습관이 되어야 한다. 부처의 습관을 익히는 첫 단계가 계정혜 실천이다. 계戒를 지키는 것은 중생의 신구의 삼업을 정화하여 불의 삼밀이 되게 하는 것이요, 정定에 들어가는 것은 자성을 살피는 것이요, 혜慧를 얻는 것은 신구의를 슬기롭게 사용함이다. 이것이 몸의 행동과 언어와 마음 살펴 불보살과 같게 하는 것이다. 이러한 경지에 오르기 위해 계를 지키고 다음으로 정에 들어간다. 진각성존은 진언수행자에게 정에 들어가는 법으로 정송과 정시법 제정한 것이다.

정송법은 염송법의 일종이요 정시법은 희사법의 일종이다. 염송은 불보살의 명호名號를 부르는 명호 염송, 경전을 독송하는 경전 독송과 암송, 불보살의 본심을 부르는 진언 염송이 있다. 진각 밀교는 오로지 옴마니반메훔만 염송한다. 염송법은 행주좌와 어묵동정에 아무 구애 없이 행하는 항송법과 시간의 양을 정하여 행하는 정송법이다. 정송은 부처님과의 믿음의 약속으로 행하는 수행법이다. 그러므로 일정한 시간을 정하여 하루도 빠트리지 않고 평생 염송하는 것이다. 만일 하루라도 빠트리면 부처님과의 약속을 어긴 것이 되어 장원한 공덕을 이루지 못한다. 정송과 정시는 첫째 매일 할 수 있는 만큼 정해야 한다. 욕심을 내어서 많이 하려고 해서는 안 된다. 시간은 10분간, 20분간, 30분간, 1시간 중에서 정한다. 둘째 정한 법은 어떠한 일이 있어도 빠트리지 않고 평생 실천하여야 한다. 몸이 심하게 아파도, 어디 먼 곳에 갔을 때도, 외도들과 함께 생활하여도, 일이 바쁠 때도, 빠트리지 않고 할 수 있는 정송과 정시가 되어야 한다. 죽는 날도 정송과 정시는 하고 죽어야 한다는 굳건한 믿음으로 정해야 한다. 그리고 정송과 정시는 어떤 염송보다 먼저 해야 한다. 새벽 잠자리에 일어나서 곧바로 하는 것이 제일이다. 이를 계명鷄鳴염송, 새벽정송이라 한다. 정송에는 서원을 세우지 않는다. 믿음을 굳건하게 하는 염송이다. 정송으로 하루가 편안하고 안정되며, 과거에 지은 업으로 위급함을 받거나 불상사가 생긴다하여도 슬기롭게 잘 넘길 수 있게 된다. 매일 행하는 정송과 같은 정송이 있다. 그것은 공식 불사 시간 중의 염송, 서원 불공 염송, 불공 기간 중의 염송, 법문 보는 염송이다. 이때에도 염송 중에는 남과 말을 하지 않아야 한다. 정한 시간, 정한 날, 정한 양은 절대 빠트리지 않아야 한다. 만일 빠트리는 경우 얻고자 하는 공덕을 얻지 못하고 다만 믿음만 가져가게 된다. 이러한 여러 가지 방법의 염송에서 얻고자 하는 공덕이 쉽게 일어나게 하는 것이 평생 행하는 정송에 있다. 비유하면 정송은 평소에 모아두었다가 필요할 때 사용할 수 있도록 은행의 적금과 같다.

진각 밀교는 염송을 시작하기 전에 희사부터 하는 법이 있고 매일 일정한 금액을 정하여 빠트리지 않고 행하는 정시법과 수입에 따른 정시법과 서원이 있어 불공을 할 때 하는 희사법과 길흉화복이 있을 때 행하는 희사법이 있다. 이 외에 언제든지 마음이 일어날 때 행하는 유상시와 무상시가 있다. 유상시는 스승공양과 행사와 기념일 등에 사용하는 희사요 무상시는 언제든지 하고 싶은 대로 이름 없이 행하는 희사법이다. 여기서는 정시법을 살펴본다. 매일 행하는 정시와 수입에 따른 정시와 서원이나 불공 정진할 때 정하는 정시로 구분한다. 매일 행하는 정시는 매일 빠트리지 않고 평생하는 법으로 감사하는 마음으로 행하는 보은의 희사이다. 정시는 부처님과의 약속으로 행하는 것이며 평생 동안 하루도 빠트리지 않고 행할 수 있는 금액으로 정해야 한다. 정시는 새벽 정송 할 때 하는 것이 제일 좋다. 매일 행하는 정시법 다음으로 수입에 따른 정시법이 있다. 수입의 1/10, 1/20, 1/100 가운데 하나를 택하여 실천한다. 수입의 정시법은 빠트리기 쉬운 경우가 있다. 예를 들면, 수입의 1/10을 하기로 정하였다면, 100원의 수입에 10원을 희사해야 하고, 1,000원의 수입에서 100원을 실천해야 하는데, 10원과 100원을 가벼히 생각하여 빠트리는 경우가 있고, 1억의 수입에 1천만원을 희사해야 하고, 10억의 수입에서 1억을 실천해야 하는데 욕심이 생겨 1/10이라는 생각을 하지 않고 1천만원 1억원이라는 생각에 하지 못하는 경우가 있다. 이때 법을 실천하지 못하면 두 번 이상 생길 수입이 중단될 수도 있다. 가벼히 생각하고 욕심으로 인하여 장원한 공덕을 얻지 못할 수도 있다. 어떠한 경우라도 빠트리지 않고 실천하도록 노력해야 한다. 정시법은 유상의 복덕을 무상의 공덕으로 바꾸는 법이므로 수입이 상승하며 병고로 나가거나 손해를 보거나 도둑을 만나거나 억울한 일로 당하거나 사업이 실패하는 일들이 없어지게 된다.

　　　월초 불공 대해대서원 불공, 49일 불공, 100일 불공, 1,000일 불공, 10년 불공을 할 때는 염송과 희사법은 자유이다. 서원에 따라 염송이 부족하면 염송법을 알려주고 희사가 부족하면 희사법을 알려준다. 알려준 법문따라 실천하면 서원이 성취된다. 현증을 보기 위하여 염송은 10분, 1시간 행하는 것이나 갑자기 큰일이 있을 때 3시간, 7시간을 염송할 때는 삼종시[經施, 濟施, 檀施]를 한다. 비율은 전체 금액을 1 : 2 : 7로 하는 것이 적당하다. 처음 입문하신 분, 또는 정시와 정송법에 의문이 있으면, 반드시 스승에게 질문하여야 한다. 그 외에 염송이나 희사는 정송과 정시법에 구애받지 않고 마음이 일어나는 대로 행하면 된다. 정송과 정시는 부처님을 믿는 마음이 성불할 때까지 변함없이 하겠다는 맹세하는 표현이다. 부처님 말씀에 "신은 도의 으뜸이요 뭇 공덕의 어머니라." 하였다. 믿음이 깊은 사람일수록 시간 정진과 차별 염송에서 원하고자 하는 서원이 빠르게 이루어진다. 믿음이 얕은 자는 서원성취가 더디며 약하다. 변함없는 신심으로 일체중생이 다 함께 해탈하고 열반하고 성불하기를 바라는 마음으로 정법을 실천하기를 바란다. 정송과 정시법을 실천하여 육자진언의 불가사의한 묘덕으로 안정된 삶, 행복한 삶을 살면서 구경에는 아뇩다라삼먁삼보리 성취기를 서원한다.

회향의 장

지구촌의 밀교의 흐름은 신주神呪시대에서 주呪시대로 주시대에서 밀조密呪시대로 다시 명주明呪시대와 만트라시대를 지나 진언시대로 이어졌다. 신주시대는 게시啓示를 받았다는 특정한 사람이 행하던 시대요, 명주시대는 깨달음을 얻은 성인이 행하는 시대였다. 이 시대에서 보편화 되면서 일반인들도 행하는 다라니 진언 시대가 된 것이다. 진언시대는 누구나 언제든지 부를수 있는 항송시대이다. 이제 항송시대에서 한 걸음 진보하는 정송시대에 이르른 것이다.

　　　　세상은 어떠한가? 우리가 사는 이곳은 한 방울의 공기 방울인 지구촌이다. 지구촌 안에 공간이 허공이다. 지구촌 밖의 공간은 하나의 태양이 운행하는 태허공太虛空이다. 이러한 태허공이 수없이 많이 있지만, 현재 우리는 하나의 테 허공만 알고 있다. 다른 태허공의 태양은 밝기가 우리의 태양보다 100배 또는 200배 이상 밝은 것도 있다. 모든 태양계는 빛으로 운행 된다. 그 빛을 비로자나라고 한다. 지구촌의 빛은 비로자나불의 빛을 받은 석가모니불의 빛이요, 태허공의 빛은 비로자나불의 빛이요 모든 태양계의 빛은 마하비로자나불의 빛이다. 즉 지구촌의 허공은 석가모니불의 설법 공간이요, 태허공은 비로자나불의 설법 공간이요, 모든 태허공은 마하비로자나불의 설법 공간이다.

지구촌 생명체가 가질 수 있는 지능지수는 최고 360이다. 지구촌 주인공 행세를 하는 인간은 108 정도만 가져도 살아가는 데 불편함이 없다. 108은 가장 좋은 수이다. 이것보다 높으면 똑똑한 사람이라 하며, 150이 넘으면 지혜로운 사람이라 하며 180을 넘으면 영재라 한다. 이러한 모든 것은 깨달음으로 얻은 지능이 아니다. 타고난 지능이다. 마음 모아 수행을 한다면 타고난 지능이 아닌 깨달음이라는 새로운 지능지수가 열린다. 이러한 이치로 지능을 억지로 분석하면, 마하비로자나불의 빛은 1억8천만이요, 비로자나불의 빛은 10만8천이며, 화신 석가모니불의 빛의 지능은 360이다. 인간이 가진 빛의 지능은 기본이 108이다. 인간은 지능지수로 이제 겨우 마음의 눈을 떠서 지구촌을 벗어나는 일을 시작하였다. 지구촌 허공만 날던 탈것에서 태허공을 나는 탈것을 만들기 시작하였다.

그런데 태허공이 무한하여 다른 별자리까지 간다는 것이 지구촌 시간으로는 계산할 수 없어 빛의 시간을 적용하여 계산하고 있다. 태허공의 시간 단위는 빛의 단위이기 때문에 광년光年이라 한다. 지구촌의 물건은 지구촌에서만 사용하게 되어 있다. 태허공에서 사용하려면 빛의 보이지 않는 힘을 얻어야 한다. 많은 연구가 필요할 것이다. 특히 태양 가까이 갈수록 몸체를 보존하기 어려울 것이다. 빠르기도 또한 다르다. 제일 좋은 방법은 순간 이동이다. 태허공의 운행이 빛이므로 빛의 순간 이동만이 가능할 것이다. 지구촌에 들어오는 태양 빛도 직접 피해 입지 않도록 보이지 않는 막으로 둘려져 있다. 이를 대기권이라 하며 오존층이 이러쿵 저러쿵 논하고 있다. 모든 태양계의 태허공에서 태양계 태허공으로 태허공에서 지구촌 허공으로 이어진 현상들이 비밀이다. 이 비밀을 가르침이 빛이며 이를 태허공 밀교이다. 마하비로자나불의 가지를 받은 비로자나불이 빛을 석가모니불에 가지加持하여 지구촌으로 내려보낸다.

스리랑카에서는 석가모니불 이전에 이 땅에 28불이 다녀간 것으로 말한다. 4불이 다녀간 시간을 1무시 광겁으로하여 7무시 광겁이 끝나고 제8 무시 광겁이 지금이다. 28불은 어느 세상에서 왔을까? 마하비로자나불의 태허공의 어느 별에서 이 땅에 화현한 것이다. 별이란 한자漢字로 성星이다. 태양을 머리에 두고 생성하는 모습이다. 이것을 우리는 지구와 다르다는 뜻으로 별別이라 하며, 별星이라 한다. 즉 별은 태허공에 떠도는 지구를 닮은 다른 공기방울이다. 태허공 펼쳐져 있는 것 중에 지구와 가까운 동방에 각角 항亢 저氐 방房 심心 미尾 기箕의 방울촌과 서방에 규奎 루婁 위胃 앙昴 필畢 치觜 참參의 방울촌과 남방에 정井 귀鬼 유柳 성星 장張 익翼 진軫의 방울촌과 북방에 두斗 우牛 녀女 허虛 위危 실室 벽壁의 방울촌에서 성인이 한 분씩 왔다. 이것이 28숙宿에서 온 28불佛이다. 올 때 많은 성자들도 함께 다녀간 것이다. 28숙과 28불의 명칭은 같다. 마하비로자나불의 빛이 지구촌에 내려오면서 비로자나불이 되고 다시 화현하여 화신불이 된 것이다. 화신불이 비친 빛을 불교라 한다. 빛 가운데 비로자나불의 빛과 석가모니불의 빛을 밀교와 현교로 구분하는 것이다.

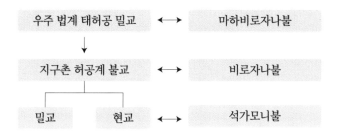

　　태허공과 허공의 활동은 빛이다. 빛의 활동은 시간을 중심으로 하는 정송과 정시를 실천함으로써 가까이는 지구촌에 비추는 비로자나불의 빛을 깨닫고, 멀리는 태허공의 마하비로자나불의 빛으로 귀향하는 것이다. 태허공의 법계는 참으로 멀고도 아득한 세상이다. 무엇으로 비교하지 못하며 상상도 할 수 없는 그냥 자연법이自然法爾라 하며, 아뇩다라삼먁삼보리라 할 뿐이다. 밀교의 흐름 이야기는 빛의 창조에서 빛의 흐름으로 이어지면서 일상생활에서 빛의 모습을 찾고자 하였다. 빛의 세계로 향하는 방법으로 진언수행으로 결말을 짓고자 한다. 지구촌 밖의 태허공 속에 있는 근본 빛의 이치를 밀교적으로 이해했으면 한다. 무한한 태허공의 세계를 알려면 서원 없는 정송과 정시를 빠트리지 않고 실천함으로 마하비로자나불의 빛을 받을 수 있다. 그날까지 세세생생 도반이 되어 쌍조쌍차雙照雙遮하는 수행을 하고를 바란다.

　　　　　　　　　　　　　　　　　　　　　빛의 해탈을 얻기를!

최종웅(혜정·惠淨)

1975년 대한불교진각종에 입문하여 스승의 길에 들어 유가·탑주·밀각·행원·지륜심인당 등에서 교화하였다. 교육원장을 거쳐 유지재단 대표이사, 학교법인 회당학원 대표이사, 사회복지법인 대표이사, 회당학회장 등 종단의 주요보직을 거치고 제28대 통리원장을 역임하였다. 세계불교도우의회W.F.B 오계파지위원장으로 활동하기도 하였다. 2011년 방글라데시 승원으로부터 '아띠샤 디빵가라 평화황금대상Atish Dipankar Peace Gold Award'을 수상하였으며, 스리랑카 정부로부터 '사사나 마마까Sasana Mamaka 존자' 창호를 수득하였으며, 위덕대학교에서 명예철학박사학위를 수득하였다. 저서로는 《남인도 북인도를 가다》, 《대승장엄보왕경》, 《대일경 주심품이야기》, 《밀교강좌》, 《마음의 등불》, 《밀교 보리심론》, 《밀교 진언수행이야기》, 《인간, 석가모니를 만나다》 등이 있다.

밀교 기원 이야기

초판 1쇄　2020년 10월 14일
지은이　최종웅(혜정·惠淨)
펴낸이　오종욱
펴낸곳　올리브그린
　　　　경기도 파주시 회동길 145, 아시아출판문화정보센터 연구동 2층 201호
　　　　olivegreen_p@naver.com
　　　　전화 070-6238-8991 / 팩스 0505-116-8991

가격　18,000원
ISBN 978-89-98938-37-6　03220

이 도서의 국립중앙도서관 출판예정도서목록(CIP)은 서지정보유통지원시스템 홈페이지(http://seoji.nl.go.kr)와 국가자료종합목록 구축시스템(http://kolis-net.nl.go.kr)에서 이용하실 수 있습니다. (CIP제어번호 : CIP2020042389)

· 이 책은 올리브그린이 저작권자와의 계약에 따라 발행한 것이므로, 이 책 내용의 일부 또는 전부를 사용하려면 반드시 올리브그린의 동의를 받아야합니다.

· 잘못된 책은 바꿔드립니다.